KURSBUCH Religion ELEMENTAR 2

Ein Arbeitsbuch für den Religionsunterricht
im 7./8. Schuljahr

Diesterweg
westermann

calwer

Kursbuch Religion Elementar wird herausgegeben von Wolfram Eilerts
und Heinz-Günter Kübler

Beratung: Ingrid Käss

Genderhinweis: Wo in Einzelfällen nur eine Geschlechtsform genannt wird, ist die andere mitgemeint.

Druck A[10] / Jahr 2025
Alle Drucke der Serie A sind im Unterricht parallel verwendbar.

Redaktion: Hans-Jörg Gabler
Herstellung: Corinna Herrmann, Frankfurt am Main
Umschlaggestaltung: Rainer E. Rühl, Alsheim
Layout-Konzept, Satz, Seitengestaltung und Grafik: thom bahr GRAFIK, Mainz
Illustrationen: thom bahr GRAFIK, Mainz; Uli Gutekunst, Neuffen; Ekki Stier, Karlsbad
Druck und Bindung: Westermann Druck Zwickau GmbH, Crimmitschauer Straße 43, 08058 Zwickau

ISBN 978-3-7668-**4332**-6 (Calwer)
ISBN 978-3-425-**07895**-3 (Diesterweg)

Inhaltsverzeichnis

6. Propheten
Eintreten für Gerechtigkeit 72

7. Jesus Christus
Das Reich Gottes wird sichtbar 86

8. Passion und Ostern
Jesu Sterben, Tod und Auferstehung 98

9. Kirche
Gute Zeiten, schlechte Zeiten 114

10. Martin Luther
Ein Mönch verändert die Welt 128

Kursbuch-Rallye

Vor dir liegt dein neues Religionsbuch mit vielen neuen und interessanten Themen. Die Kursbuch-Rallye hilft dir, dein Buch besser kennenzulernen und dich gut in ihm zurechtzufinden.

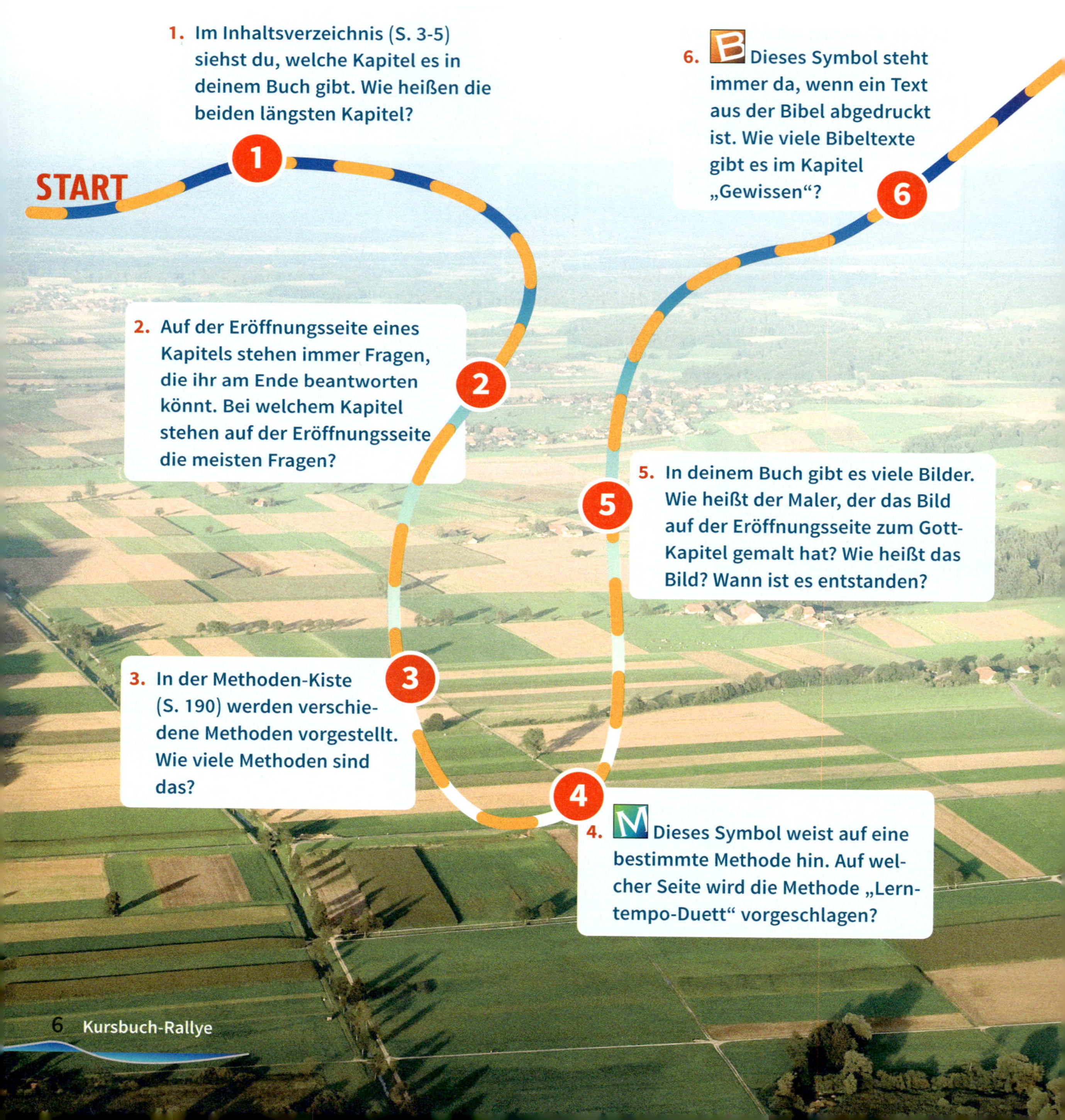

1. Im Inhaltsverzeichnis (S. 3-5) siehst du, welche Kapitel es in deinem Buch gibt. Wie heißen die beiden längsten Kapitel?

2. Auf der Eröffnungsseite eines Kapitels stehen immer Fragen, die ihr am Ende beantworten könnt. Bei welchem Kapitel stehen auf der Eröffnungsseite die meisten Fragen?

3. In der Methoden-Kiste (S. 190) werden verschiedene Methoden vorgestellt. Wie viele Methoden sind das?

4. M Dieses Symbol weist auf eine bestimmte Methode hin. Auf welcher Seite wird die Methode „Lerntempo-Duett“ vorgeschlagen?

5. In deinem Buch gibt es viele Bilder. Wie heißt der Maler, der das Bild auf der Eröffnungsseite zum Gott-Kapitel gemalt hat? Wie heißt das Bild? Wann ist es entstanden?

6. B Dieses Symbol steht immer da, wenn ein Text aus der Bibel abgedruckt ist. Wie viele Bibeltexte gibt es im Kapitel „Gewissen“?

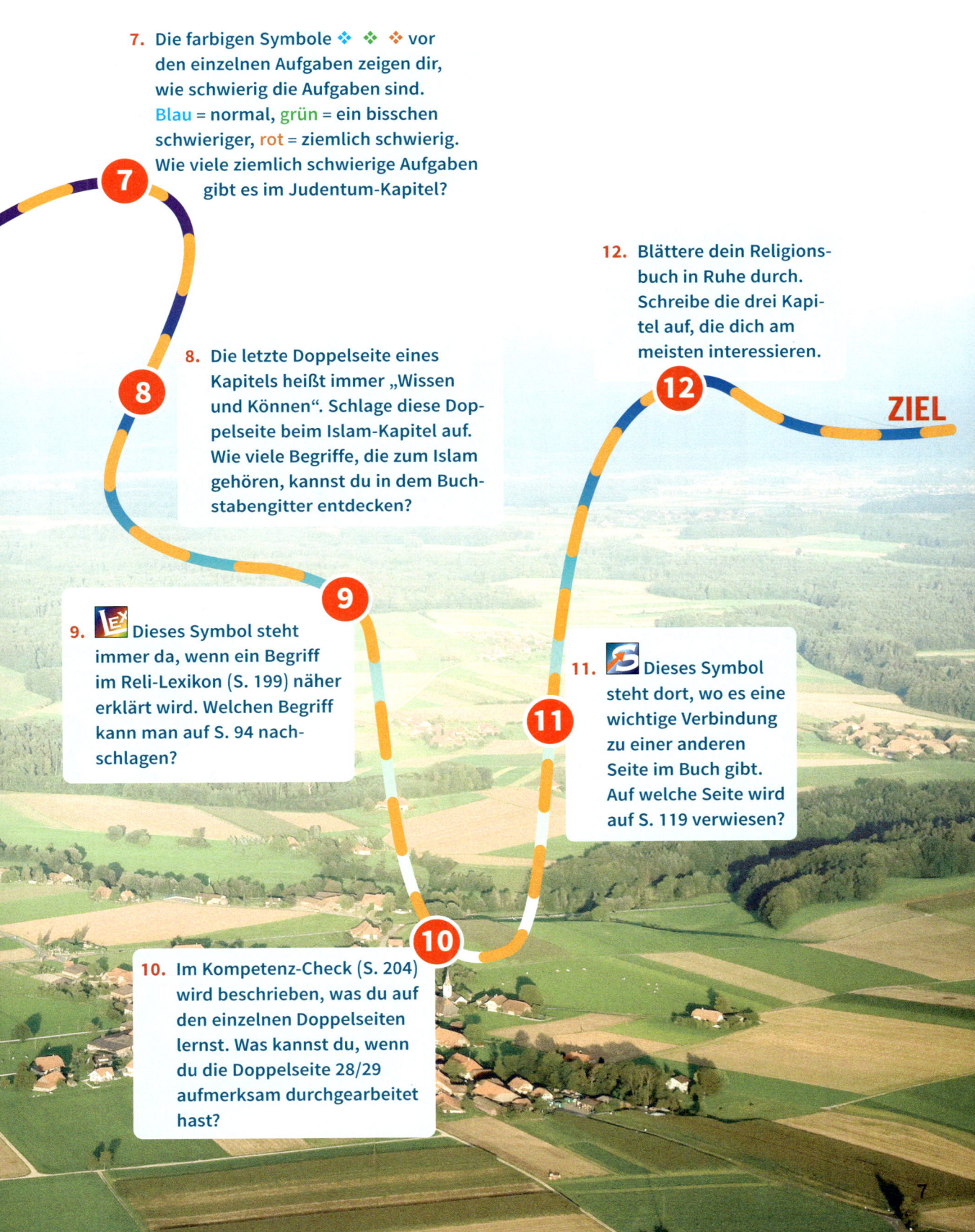

7. Die farbigen Symbole ❖ ❖ ❖ vor den einzelnen Aufgaben zeigen dir, wie schwierig die Aufgaben sind. Blau = normal, grün = ein bisschen schwieriger, rot = ziemlich schwierig. Wie viele ziemlich schwierige Aufgaben gibt es im Judentum-Kapitel?

8. Die letzte Doppelseite eines Kapitels heißt immer „Wissen und Können“. Schlage diese Doppelseite beim Islam-Kapitel auf. Wie viele Begriffe, die zum Islam gehören, kannst du in dem Buchstabengitter entdecken?

9. Dieses Symbol steht immer da, wenn ein Begriff im Reli-Lexikon (S. 199) näher erklärt wird. Welchen Begriff kann man auf S. 94 nachschlagen?

10. Im Kompetenz-Check (S. 204) wird beschrieben, was du auf den einzelnen Doppelseiten lernst. Was kannst du, wenn du die Doppelseite 28/29 aufmerksam durchgearbeitet hast?

11. Dieses Symbol steht dort, wo es eine wichtige Verbindung zu einer anderen Seite im Buch gibt. Auf welche Seite wird auf S. 119 verwiesen?

12. Blättere dein Religionsbuch in Ruhe durch. Schreibe die drei Kapitel auf, die dich am meisten interessieren.

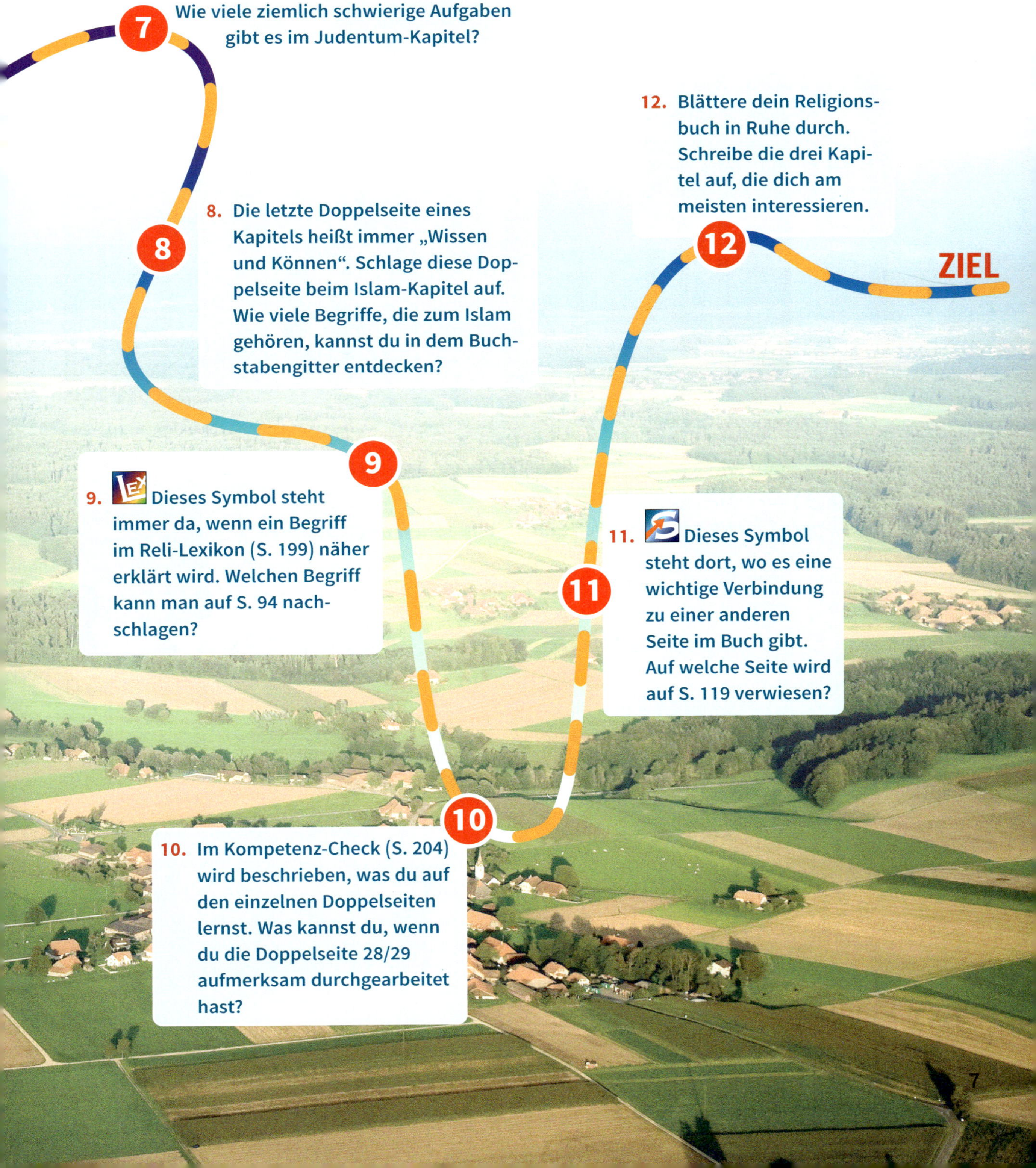

Verantwortung für mein Leben

- *Wie ist das, wenn man erwachsen wird?*
- *Wie sehe ich mich selbst, wie sehen mich andere?*
- *Ist es gut, ein Vorbild zu haben?*
- *Was ist eine Sucht?*
- *Wie soll ich mit eigenen Fehlern und den Fehlern von anderen umgehen?*

1. ❖ Auf den Fotos seht ihr Max in unterschiedlichen Altersstufen. Beschreibt jeweils die Veränderungen von Max.

2. ❖ Wie könnten Fotos von Max mit 30 oder 50 Jahren aussehen?

Glaube entwickelt sich, S. 64

3. ❖ Beschreibt mögliche Wünsche, Ziele und Sorgen in den einzelnen Lebensabschnitten.

4. ❖ Sammelt Assoziationen zum Thema Erwachsenwerden.

Assoziationen sammeln, S. 190

5. ❖ a) Was verändert sich, wenn Menschen erwachsen werden?
   b) Was war für dich bisher auf dem Weg zum Erwachsenwerden besonders wichtig?
   c) Willst du so werden wie deine Eltern? Was würdest du gern von ihnen übernehmen, was würdest du anders machen wollen?

6. ❖ Im folgenden Text fehlen die Vokale. Schreibe den Text richtig in dein Heft. Nenne Beispiele, die zu dieser Aussage passen, oder gestalte ein Bild dazu.

RWCHSN SN BDTT:
CH BRNHM FR MCH SLBST ND MN LBN D VLL VRNTWRTNG

Lebenswege

1. ❖ Das ist die Lebenskarte von Benny (14 Jahre, rote Mütze). Welche Ereignisse kannst du erkennen?
2. ❖ Beschreibe mit Hilfe der Karte Bennys bisherigen Lebensweg. Unterscheide zwischen eher guten und eher schlechten Erfahrungen, sowie zwischen Ereignissen, die schon passiert sind, und Ereignissen, die noch in der Zukunft liegen.

3. ❖ Erstelle eine ähnliche Lebenslandkarte für dich. Unterscheide dabei zwischen den Ereignissen in deiner Vergangenheit und den Vorstellungen, die du von deiner Zukunft hast.

Pubertät – Stress für alle

Fragen an family-doc.com, Ratgeber für Kids und Kids-Eltern

Sehr geehrter Herr Family-Doc,
unser Sohn Finn ist 14 Jahre alt. Gestern hat er uns eröffnet, dass er am kommenden Samstag mit einem Freund und dessen Auto nach Frankfurt fahren will, in eine Disco und dann bei Bekannten übernachten. Als wir gefragt haben, welcher Freund das ist, und gesagt haben, dass wir darüber erst nochmals sprechen müssten, hat Finn geantwortet, dass wir ihm gar nichts mehr zu sagen haben, dass er für sich selbst entscheiden kann und sich nicht mehr bevormunden lassen will. *(Eltern von Finn)*

Jesus hilft in der Angst, S. 94

Lieber Family-Doc,
ich kenne mein kleines Mädchen gar nicht mehr. Innerhalb weniger Wochen hat sich meine 14-jährige Hanna völlig verändert. Seit sie in so eine komische Clique geraten ist, läuft sie nur noch in Schwarz rum, mit Nieten und weiß geschminktem Gesicht. Sie kommt mir ganz fremd vor. Und jetzt will sie sich auch noch die Lippen piercen lassen. Ich komme gar nicht mehr an sie ran und mache mir Sorgen, dass sie mit den schlechten Freunden auf die schiefe Bahn kommt. *(Mutter von Hanna)*

Hi Familiy-Doc!
Mein Problem ist, dass ich den Körper einer Zehnjährigen habe. Das stört mich total. Gibt es nicht ein Mittel, dass der Busen schnell größer wird? Ich habe auch noch keine Achsel- und Schambehaarung. Die Mädchen aus meiner Klasse haben alle viel geilere Körper und ärgern mich damit, dass ich so zurückgeblieben bin. Und ich würde doch so gern zu dieser Clique gehören. Jungs interessieren sich überhaupt nicht für mich. Ich habe gehört, dass Jungs sehr auf den Busen achten. Und da habe ich keine Chance. Was kann ich bloß tun? Ich bin schon völlig verzweifelt. Bitte helft mir. *(Charlotte, 13)*

Hallo Family-Doc! Mein Penis ist zu klein. Ich bin 13 und mein Penis kommt gerade mal (in steifem Zustand) auf 8,5 cm: Ich mache mir Sorgen, dass ich deswegen keine Freundin bekomme. Kann ich etwas machen, damit er länger wird? *(Leon, 13)*

Ich finde mich dick und hässlich. Wenn ich in den Spiegel schaue, könnte ich kotzen. Ich bin total unzufrieden mit mir und deshalb auch meistens nicht gut drauf. Niemand versteht mich, meine Eltern hören mir nicht zu. Die anderen lachen oft über mich und nennen mich Trauerkloß oder Hackfresse. *(Maja, 14)*

1. ❖ Beschreibe, um welches Problem es den Ratsuchenden jeweils geht. Was ist deine Meinung dazu?
2. ❖ Wähle dir allein oder mit einem Partner eine Anfrage aus und schreibe eine Antwort, die dem Ratsuchenden helfen könnte.
3. ❖ Bei den Anfragen handelt es sich um typische Probleme in der Pubertät. Welche Probleme entdeckst du?

Blitzlicht, S. 192

4. ❖ Führt eine Blitzlichtrunde zum Thema Pubertät durch.

Pubertäres Verhalten – was steckt dahinter?

1. ❖ Auf den blauen Karten stehen Interessen oder Verhaltensweisen, die Jugendliche häufig während der Pubertät zeigen. Lest diese Karten durch und nennt jeweils Beispiele dazu.

Orientierung und Maßstäbe, S. 54f.

2. ❖ Untersucht, welche dieser Interessen und Verhaltensweisen eher auf Jungen, eher auf Mädchen oder auf beide zutreffen.

3. ❖ Auf den gelben Karten steht, was möglicherweise hinter diesen Interessen und Verhaltensweisen steckt. Ordnet jeder gelben Karte die passende blaue zu.

1. Kämpfen, Kräfte messen
2. Video- und Computerspiele
3. Abwertung und Abgrenzung von Mädchen
4. Pornografie und sexistische Ausdrücke
5. Geld und Statussymbole (Handy, Markenklamotten)
6. große Klappe, Pöbeleien
7. mit der Clique unterwegs sein
8. Probieren von illegalen Drogen
9. Regelmäßiges Rauchen oder Alkohol trinken
10. Zickig sein, provozieren
11. Vergleich mit anderen, Mode
12. Starkult (Boy-Groups)
13. Abwertung und Abgrenzung von Jungen

A Abenteuer, Versuch, Grenzen zu überschreiten, Abgrenzung vom Erwachsenenverhalten

B Geltung, Akzeptanz, Macht, Freiheit

C eigene Sehnsüchte, Wünsche und Fantasien werden auf die Stars übertragen

D Unsicherheit im Umgang mit Jungen, Angst, nicht fraulich zu sein, insgeheimer Kontaktwunsch

E Überspielen von Unsicherheiten und Verletzlichkeit

F Suche nach Anerkennung, Spaß; den eigenen Körper spüren, Angst, zu unterliegen

G Anerkennung bei Jüngeren, sein wollen wie Erwachsene, Hemmungen überspielen, Probleme verdrängen

H Suche nach Anerkennung, Wunsch, schön zu sein, Angst, nicht dazuzugehören

I EDV-Interesse, Abgrenzung, Suche nach Vorbildern und Idealen, Vertreiben von Langeweile

J Unabhängigkeit, Zugehörigkeit

K Unsicherheit im Umgang mit Mädchen, Angst, unmännlich zu sein, insgeheimer Kontaktwunsch

L Neugierde, Wunsch nach Information, Gruppendruck, Angst, kein richtiger Mann zu sein

M Imponieren wollen, sich selbst aufwerten, Angst vor eigener Unsicherheit

Wie bin ich? Wie sehen mich andere?

Die Schülerinnen und Schüler der 8. Klasse bereiten sich auf das Schnupperpraktikum vor. Um herauszufinden, welche Praktikumsstelle zu einem Schüler passt, macht der Ausbildungslotse mit jedem Schüler einen Talent-Check. Dabei schätzt sich jeder Schüler anhand vorgegebener Eigenschaften selbst ein (1 = das bin ich eher nicht, 4 = das trifft voll auf mich zu) und nennt zusätzlich jeweils eine Fähigkeit, die er sehr gut und die er überhaupt nicht gut kann. Danach sucht sich jeder eine Vertrauensperson und lässt seine Eigenschaften von dieser einschätzen.

Talent-Check von Henry									
So sehe ich mich						So sieht mich : *Frau Reiser (Klassenlehrerin)*			
1	2	3	4			1	2	3	4
			X	fleißig, zielstrebig, aktiv			X		
			X	kontaktfreudig, gesellig					X
X				aggressiv, reizbar				X	
		X		dominant				X	
		X		ausdauernd		X			
			X	unterhaltsam, witzig				X	
X				vorsichtig, ängstlich		X			
		X		ungeduldig, impulsiv				X	
		X		mitfühlend, fürsorglich			X		
		X		ordnungsliebend		X			
	X			ausgelassen, lebensfroh				X	
	X			höflich, zuvorkommend			X		
	X			unselbstständig				X	
		X		wissbegierig, neugierig				X	
			X	selbstbewusst, selbstständig			X		
	X			kreativ, ideenreich				X	
	X			genau			X		
		X		diszipliniert			X		
		X		tolerant, großzügig			X		
	X			ausgeglichen, ruhig			X		
		X		anpassungsfähig				X	
			X	zuverlässig, pflichtbewusst, pünktlich			X		
	X			musikalisch			X		
			X	sportlich					X
			X	*Fußball*	*mit Tieren umgehen*				X
X				*Nähen*	*Mathe!!!!!!*	X			

1. ❖ **Untersucht Henrys Talent-Check. Wie schätzt sich Henry ein? Wie sieht ihn seine Lehrerin? Wo gibt es Übereinstimmungen, wo Unterschiede? Was könnten Gründe für diese unterschiedlichen Einschätzungen sein?**

2. ❖ **Erstelle einen Talent-Check für dich. Welche Eigenschaften sind bei dir stark ausgeprägt, welche eher nicht?**

3. ❖ **Wie schätzen dich andere ein? Lass einen guten Freund oder deinen Lehrer oder deine Lehrerin den gleichen Check zu deinen Fähigkeiten machen. Wo sind die Einschätzungen ähnlich, wo unterschiedlich? Was könnten die Gründe dafür sein?**

Umgang mit Misserfolg

Theo und Babette sind in Mathematik ungefähr gleich gut. Beide haben ungefähr gleich viel für die Arbeit gelernt und bei beiden besteht die Gefahr, dass sie am Ende des Schuljahres sitzen bleiben.

Oh Nein, das gibt's doch nicht! Was für ein Pech aber auch, dass gerade das drangekommen ist, was ich nicht gelernt habe. Der Meier kann aber auch nichts richtig erklären. Im letzten Jahr bei der Schulze hatte ich nur Zweier und Dreier. Scheißegal, bei der nächsten Arbeit lerne ich mehr, dann schreibe ich mindestens eine Eins oder eine Zwei und das reicht dann locker für die Versetzung.
Oh Nein, ich hab's gewusst, wieder eine Fünf. Ich bin die totale Versagerin. Ich kann einfach keine Mathe. Ich blick das einfach nicht und dabei hab ich doch so gelernt. Ich weiß nicht mehr, was ich noch machen soll. Jetzt bleibe ich bestimmt sitzen. Ich könnte heulen.

1. ❖ **Beschreibt, wie beide Schüler ihren Misserfolg bewerten und mit ihm umgehen.**

2. ❖ **Welche Konsequenzen könnten sich aus diesen beiden Verhaltensweisen jeweils ergeben?**

3. ❖ **Beschreibe einen großen Misserfolg, den du in deinem Leben bisher erlebt hast, und wie du damit umgegangen bist.**

Interview mit der Psychologin Frau Dr. Schlau

Interviewer: Sehr geehrte Frau Dr. Schlau. Sagen Sie uns: Warum leiden gerade Jugendliche oft besonders unter Misserfolgen?

Frau Dr. Schlau: Misserfolge und Niederlagen haben immer direkte Auswirkungen darauf, was man selbst von sich hält. Gerade wenn Jugendliche ohnehin mehr an sich zweifeln, nagt ein Misserfolg umso schlimmer am eigenen Ego.
Menschen mit einem hohen Selbstwertgefühl können grundsätzlich besser mit Misserfolgen umgehen. Sie konzentrieren sich in schwierigen Situationen auf ihre Stärken und machen die äußeren Umstände für ihr Scheitern verantwortlich. Menschen mit weniger Selbstwertgefühl geben sich eher selbst die Schuld für ihr Versagen.

Interviewer: Was kann denn bei einem Misserfolg helfen?

Frau Dr. Schlau: Der schlimmste Fehler ist, zu glauben, dass man bei einem Misserfolg weniger wert ist als andere, erfolgreichere Menschen. Mir persönlich hat bei Misserfolgen mein christlicher Glaube immer sehr geholfen: Zu wissen, dass jeder Mensch von Gott erschaffen und damit einzigartig und wertvoll ist – egal ob mal irgendetwas schief läuft. Oder wenn ich daran denke, dass Jesus sich ja gerade um die besonders kümmert, die Fehler gemacht oder versagt haben. Diese Gewissheit gibt mir Sicherheit und hilft mir sehr.

4. ❖ **Frau Dr. Schlau unterscheidet im Umgang mit Misserfolgen zwei Typen. Beschreibe diese beiden Verhaltensweisen.**

5. ❖ **Ordne diese beiden Typen den Schülern in der Zeichnung zu.**

6. ❖ **Erörtert, inwieweit der christliche Glaube im Umgang mit Misserfolgen helfen kann.**

Stars und Vorbilder

Vorbilder der Jugend heute

Familie	15%
Freunde	18%
Musiker	19%
Schauspieler	12%
Sportler	18%
Politiker	1%
Sonstige	6%
sich selber	4%
kein Vorbild	7%

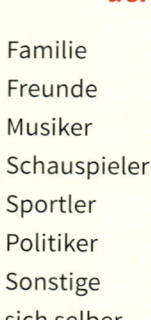

Stars

Als Star wird ein Mensch bezeichnet, der sich durch überragende Leistungen in einem bestimmten Gebiet und durch ein großes öffentliches Interesse auszeichnet. Je nach Fachgebiet unterscheidet man Filmstars, Musikstars, Sportstars, Fernsehstars, Modestars und noch viele andere.
Stars werden vor allem von Jugendlichen verehrt. Sie verkörpern häufig die gerade in der Pubertät auftretenden Bedürfnisse nach Individualität, Freiheit, Liebe oder auch Sex.

Vorbilder

Vorbilder sind Personen, die man aufgrund ihrer Leistungen oder Charaktereigenschaften besonders achtet, bewundert oder verehrt. Sie laden zum Nachahmen ein und können so den Lebensstil und die Wertvorstellungen anderer beeinflussen.
Laut aktueller Jugendstudien haben derzeit knapp 90% der Jugendlichen in Deutschland ein Vorbild. Bei der Mehrheit der Vorbilder handelt es sich um Prominente und Stars aus den Massenmedien: Sportler, Sänger oder Schauspieler. Mutter und Vater belegen aber immer noch den ersten bzw. den zweiten Platz im Ranking der Vorbilder.

1. ❖ Nenne zu jedem Bereich des Diagramms zwei Personen, die für dich Stars oder Vorbilder sein könnten. Begründe deine Wahl.
2. ❖ Beschreibe den Unterschied zwischen einem Star und einem Vorbild.
3. ❖ Gibt es in deinem Leben Menschen, die du besonders bewunderst? Begründe deine Meinung. Von welchen würdest du dir Bilder in dein Zimmer hängen?
4. ❖ Wer ist für dich ein Vorbild? Warum? Stelle deinen Mitschülern einen Menschen vor, der für dich ein Vorbild sein könnte.
5. ❖ Erstellt eine Mindmap zum Thema Stars und Vorbilder.

Mindmap, S. 195

Wenn der Star zum Idol wird

Seit die 14-jährige Alina ihre Lieblingsband „Death Rider“ live gesehen hat, ist sie in Dustin, den Frontmann, verliebt. Dustin ist der Mittelpunkt ihres Lebens geworden. Ihr Zimmer ist voll mit Postern von ihm, an der Decke hängt ein Tuch mit seinem Portrait und neben ihrem Bett steht in einem herzförmigen goldenen Rahmen die Autogrammkarte. Alina findet ihn super süß. Sie hört den ganzen Tag nur noch seine Musik und versucht möglichst viel von ihm nachzuahmen. Wie er will sie nur noch schwarze Lederkleidung tragen, am liebsten geschnürte Hosen mit Nieten und hohe Stiefel. Sie lässt sich wie Dustin einen Nasenring und fünf Ohrringe stechen. Als sie liest, dass Dustin auf Tätowierungen steht, will sie sich den Namen Dustin in chinesischen Schriftzeichen auf die Schulter tätowieren lassen. Doch ihre Eltern lehnen die notwendige Einwilligung dazu ab. Als Dustin in einem Interview erklärt, Schule sei total unwichtig – er selbst habe ja auch die Schule abgebrochen –, wichtig sei, auf seine innere Stimme zu hören und ohne Kompromisse so zu leben, wie man es für gut findet, verliert Alina das Interesse an der Schule. Als ihre Versetzung gefährdet ist, will sie auch die Schule abbrechen und für eine Übergangszeit, bis sie weiß, was sie wirklich will, als Aushilfskraft in einem Tattoo-Studio arbeiten. Alle Versuche ihrer verzweifelten Eltern, sie davon abzuhalten, scheitern.

1. ❖ Beschreibt die Beziehung von Alina zu ihrem Idol. Wie versucht Alina ihr Idol nachzuahmen?

2. ❖ Formuliert, weshalb Alinas Eltern verzweifelt sind.

3. ❖ Stell dir vor, Alinas Eltern würden sich mit ihrem Problem an family-doc.com, Ratgeber für Kids und Kids-Eltern, wenden. Welchen Rat könnte der family-doc ihnen wohl geben?

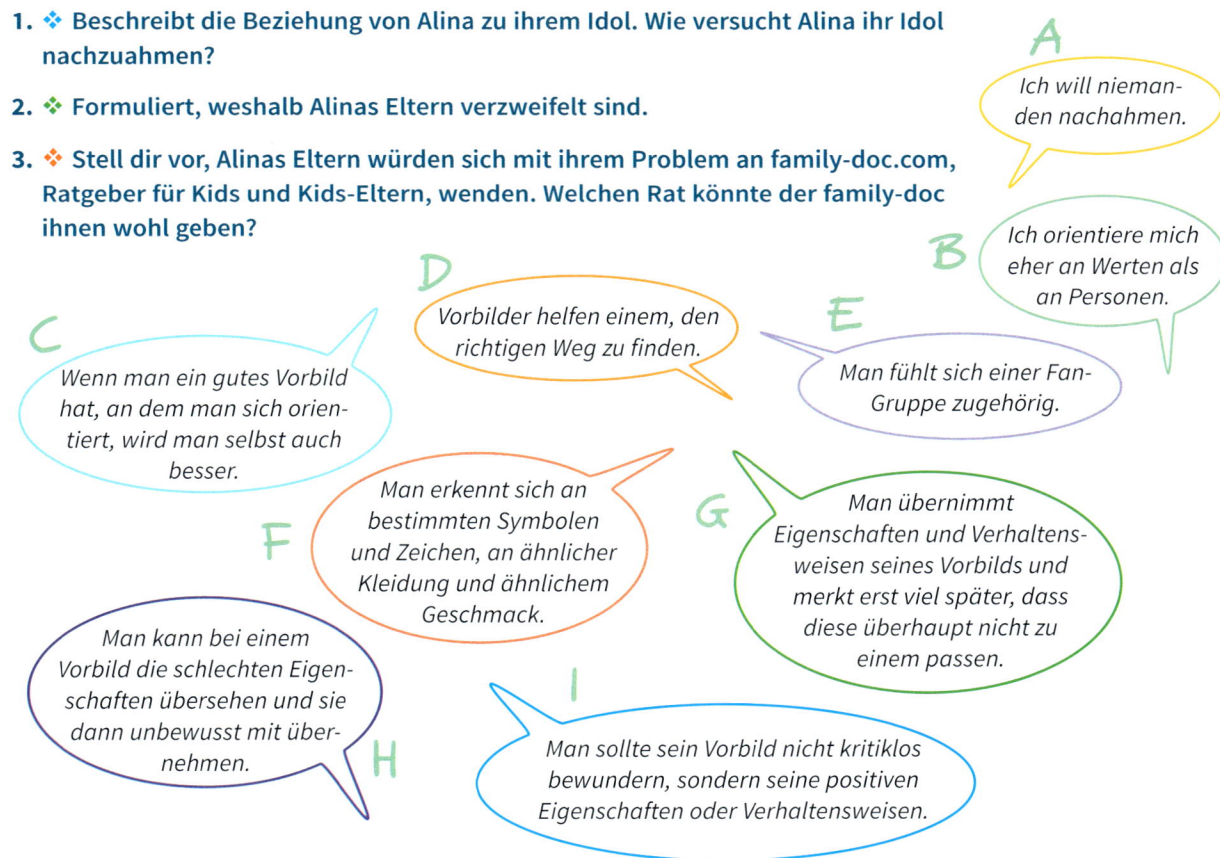

A *Ich will niemanden nachahmen.*

B *Ich orientiere mich eher an Werten als an Personen.*

C *Wenn man ein gutes Vorbild hat, an dem man sich orientiert, wird man selbst auch besser.*

D *Vorbilder helfen einem, den richtigen Weg zu finden.*

E *Man fühlt sich einer Fan-Gruppe zugehörig.*

F *Man erkennt sich an bestimmten Symbolen und Zeichen, an ähnlicher Kleidung und ähnlichem Geschmack.*

G *Man übernimmt Eigenschaften und Verhaltensweisen seines Vorbilds und merkt erst viel später, dass diese überhaupt nicht zu einem passen.*

H *Man kann bei einem Vorbild die schlechten Eigenschaften übersehen und sie dann unbewusst mit übernehmen.*

I *Man sollte sein Vorbild nicht kritiklos bewundern, sondern seine positiven Eigenschaften oder Verhaltensweisen.*

4. ❖ a) Diskutiert die einzelnen Aussagen.
❖ b) Welche Aussagen sehen Idole und Vorbilder eher positiv, welche eher kritisch?
❖ c) Stellt die wichtigsten Pro- und Kontra-Argumente gegenüber.

M Pro und Kontra, S. 196

Ich übernehme Verantwortung für mich

1. ❖ **Benennt die Süchte, die sich hinter den einzelnen Gegenständen verbergen könnten.**
2. ❖ **Unterscheidet dabei zwischen stoffgebundenen und stoffungebundenen Süchten.**
3. ❖ **Zeigt auf, welche negativen Folgen die verschiedenen Süchte für den Betroffenen haben können.**
4. ❖ **Erörtert Hilfsmöglichkeiten, die ein Betroffener jeweils in Anspruch nehmen könnte.**
5. ❖ **Vergleicht eure Erfahrungen mit Süchten oder mit Personen, die einer Sucht verfallen sind.**
6. ❖ **Sucht mit der ABC-Methode möglichst viele Begriffe zum Thema Sucht.**

ABC-Methode, S. 190

Sucht
Als Sucht bezeichnet man ein unstillbares Verlangen nach einem bestimmten Erlebnis. Dieses Verlangen ist stärker als die Kräfte des Verstands. Es beeinträchtigt die freie Entfaltung der Persönlichkeit und zerstört die sozialen Bindungen des Betroffenen.

Stoffgebundene und stoffungebundene Süchte
Bei *stoffgebundenen* Süchten (Alkohol, Nikotin, Cannabis, …) gibt es eine süchtig machende Substanz, die auf das Gehirn in einer bestimmten Art und Weise, z. B. beruhigend oder stimulierend, einwirkt.
Bei *stoffungebundenen* Süchten (Spielsucht, Kaufsucht, …) handelt es sich um Verhaltensweisen, die zwanghaft und ohne Kontrolle ausgeführt werden.

Psychische Abhängigkeiten
Bei allen Suchtformen besteht eine psychische Abhängigkeit, d.h. ein unstillbarer Zwang, etwas gegen besseres Wissen zu tun. Ein Entzug kann zu Unwohlsein, Nervosität, Aggressivität und Depression führen. Eine psychische Abhängigkeit lässt sich nur in einer langwierigen Therapie überwinden.

Körperliche Abhängigkeiten
Bei stoffgebundenen Drogen gibt es eine körperliche Abhängigkeit nach dem süchtig machenden Stoff. Wird dieser nicht zugeführt, kommt es zu heftigen körperlichen Entzugserscheinungen wie Schwitzen, Übelkeit und Zittern. Die körperliche Abhängigkeit lässt sich in der Regel in relativ kurzer Zeit überwinden.

Luca nimmt sein Leben in die Hand

Mit 13 Jahren probiert Luca zum ersten Mal Alkopops. Die schmecken süß, und man merkt kaum, dass da auch ziemlich viel Alkohohl drin ist. Luca geht es gut dabei und er und seine Freunde trinken solche Drinks seitdem öfters.

Mit 14 beginnt Luca zu rauchen. Alkopops sind nicht mehr so angesagt, die Clique trinkt auf ihren Partys den Wodka lieber pur.

Mit 15 hat Luca eine Alkoholvergiftung. Im Gespräch mit seinen Eltern sagt Luca, dass er kein Alkoholproblem habe, sondern halt nur am Wochenende mit seinen Freunden unterwegs sei. Den Wunsch der Eltern, mehr etwas mit den Jungs aus seiner Klasse zu unternehmen, lehnt Luca strikt ab. Die Klassenkameraden findet Luca kindisch und doof.

Mit 15 probiert Luca zum ersten Mal einen Joint aus. Luca fühlt sich gut. Von da an gehören Joints ebenfalls zum Wochenendprogramm der Clique. Freunde außerhalb der Clique hat Luca keine mehr. Luca hat zu nichts mehr große Lust und keine besonderen Interessen mehr. Seine schulischen Leistungen verschlechtern sich rapide, er muss die 9. Klasse wiederholen. Mit Mühe und einem schlechten Durchschnitt schafft er schließlich die Mittlere Reife. Seine Eltern besorgen ihm eine Ausbildungsstelle als Mechatroniker. Die Arbeit macht Luca keinen Spaß. Dafür trifft er sich jeden Abend mit seinen Kumpels. Alkohol und Kiffen machen alles leichter. Als Luca wiederholt zu spät zur Arbeit kommt, wird er noch während der Probezeit entlassen.

Seine Eltern wollen, dass er sich von seinen Freunden trennt und mit den Drogen aufhört. Dafür bezahlen sie ihm den Führerschein. Luca will es versuchen. Doch das klappt nicht lange. Zum einen weiß er nichts mit seiner Zeit anzufangen, denn er hat ja keine anderen Freunde mehr, und zum anderen merkt er, dass es ihm schlecht geht, wenn er längere Zeit keinen Alkohol trinkt oder Hasch raucht. Er fängt an zu zittern und hat Schlafstörungen. Als Luca mit dem Auto eines Freundes bekifft in eine Verkehrskontrolle kommt, verliert er seinen Führerschein. Es kommt zum Bruch mit den Eltern. Luca zieht in die WG von drei Freunden. Luca hat kein Geld und beantragt Hartz IV. Als er angesprochen wird, ob er etwas Gras besorgen kann, macht er das. Bei der Übergabe wird er von einem Polizisten in Zivil erwischt. Luca kommt wegen Beschaffungskriminalität vor Gericht. Die Richterin verurteilt ihn zu einer Bewährungsstrafe von zwei Jahren und sagt, dass Luca beim nächsten Vorfall ins Gefängnis muss. Luca fällt ein Stein vom Herzen. Er ist noch einmal davongekommen. Danke, danke, lieber Gott, murmelt er vor sich hin. Als Luca nach der Verhandlung in seine WG zurückkommt, begrüßen ihn seine Kumpels freudig mit einer Flasche Jägermeister und einer Windmühle, das sind vier zusammengebaute Joints. Doch plötzlich will Luca das alles nicht mehr. Er weiß selbst nicht warum, er weiß nur, dass es so nicht weitergehen kann. Er will den Jägermeister nicht und nicht die Windmühle. Er will dieses Leben nicht mehr. Entschlossen geht er an seinen Kumpels vorbei in sein Zimmer, startet seinen Computer und gibt in die Suchmaschine „Hilfe bei Sucht" ein.

1. ❖ Diskutiert die folgenden Fragen:
- Wie verändert sich das Suchtverhalten von Luca?
- Wie wirkt sich der Alkohol- und Drogenkonsum auf sein Leben aus?
- Aus welchen Gründen scheitert Lucas erster Versuch, von den Drogen loszukommen?
- Wer oder was hätte Luca helfen können?
- Luca will sein Leben ändern. Was kann er tun, damit es diesmal klappt?

2. ❖ Recherchiert im Internet, an welche Beratungsstellen man sich bei den verschiedenen Süchten wenden kann.

3. ❖ Luca hat es geschafft, von seiner Sucht loszukommen. Was könnte er Jugendlichen raten, um nicht süchtig zu werden bzw. wieder von ihrer Sucht loszukommen?

Alle Menschen machen Fehler

Anton hat geklaut

Die Religionsklasse 7/8 war in heller Aufregung. Eben waren zwei Polizisten gekommen und hatten Antons Schultasche durchsucht. Als sie dort das gestohlene Handy von Grete fanden, nahmen sie Anton gleich mit.
„Hoffentlich fliegt der jetzt endlich von der Schule", meinte Julian.
„Der ist doch schon mal erwischt worden, als er in seinem Fußballverein sich in der Sporttasche eines Mitspielers zu schaffen gemacht hatte", weiß Elias.
„Ich hab's gleich gewusst, dass es der war", meinte Grete, „der hat doch so komisch geguckt, als unser Rektor die Ansage gemacht hat."
„Dass der aber auch so blöd ist, das Handy in der Tasche zu lassen", kann es David nicht fassen. „In der eigenen Klasse zu klauen, das geht ja gar nicht. Der braucht gar nicht mehr zu kommen."
Da schaltet sich die Religionslehrerin Frau Kluge ein und meint: „Jetzt macht aber mal halblang. Ihr wisst doch noch gar nicht genau, was passiert ist."
„Ach Sie immer mit Ihrer christlichen Nächstenliebe", ruft Johanna. „Was soll denn schon genau passiert sein? Der Anton hat der Grete das Handy geklaut. Das reicht doch hoffentlich für einen Schulausschluss." „Ja, genau", schließt sich Jonas an, „und waren es nicht Sie, die in der letzten Stunde gesagt hat, dass Erwachsenwerden bedeutet, für sich und sein Leben Verantwortung zu übernehmen? Das soll der Anton jetzt mal machen und abhauen."

1. ❖ **Beschreibt die Situation in der Religionsklasse 7/8 in eigenen Worten.**

Diskussion, S. 193

2. ❖ **Diskutiert die Äußerungen der Schülerinnen und Schüler und die der Religionslehrerin.**

Jesus und die Ehebrecherin

Frau Kluge lässt die Klasse in einem Stuhlkreis zusammenkommen und erzählt folgende Geschichte von Jesus:

Konflikt – Tipps von Jesus, S. 42

Mose, Rabbi, S. 202

Jesus war in Jerusalem. Frühmorgens ging er in den Tempel und lehrte die Menschen. Da kamen einige Schriftgelehrte und Pharisäer. Sie brachten eine Frau, die gerade beim Ehebruch ertappt worden war. Aufgebracht stellten sie die Frau in die Mitte. Die Männer fragten Jesus: „Rabbi, diese Frau ist gerade auf frischer Tat beim Ehebruch ergriffen worden. Das Gesetz des Mose schreibt vor, dass solche Frauen gesteinigt werden. Was meinst du dazu?" Aber Jesus schwieg und malte mit seinen Fingern auf die Erde. Ungeduldig fragten sie wieder: „Was meinst du dazu?" Da richtete sich Jesus auf, sah in die Menge und sagte: „Wer unter euch ohne Sünde ist, der werfe den ersten Stein auf sie."

Dann setzte er sich wieder und schrieb weiter in den Sand. Einer nach dem anderen ließ seinen Stein fallen und ging betreten fort.
Jesus blieb mit der Frau allein zurück. Er stand auf, schaute die Frau an und fragte sie: „Wo sind die Männer, die dich angeklagt haben? Verurteilt dich keiner mehr?“ Die Frau antwortete: „Niemand, Herr!“ Da sagte Jesus: „Dann verurteile ich dich auch nicht. Geh und sündige von nun an nicht mehr.“

Jesus hat Feinde, S. 100

nach Johannes 8,1-11

Nachdem Frau Kluge die Geschichte beendet hat, meldet sich Julian zu Wort ...

1. ❖ **Untersuche die Geschichte von Jesus und der Ehebrecherin mit Hilfe der Methode „Pozek-Schlüssel“.**

Pozek-Schlüssel, S. 195

2. ❖ **Erkläre, warum plötzlich alle Ankläger der Frau verschwunden waren.**
3. ❖ **Was wollte Jesus mit seiner Antwort den Menschen sagen? Wähle einen der folgenden Sätze aus und begründe deine Auswahl:**
   a) Ehebruch ist nicht so schlimm.
   b) Man soll über die Fehler von anderen hinwegsehen.
   c) Wer selbst Fehler macht, soll nicht andere wegen deren Fehlern verurteilen.
   d) Die Todesstrafe ist schlecht.
4. ❖ **Skizziert Gründe, warum Frau Kluge der Klasse diese Geschichte erzählte.**
5. ❖ **Julian meldet sich zu Wort. Was könnte er sagen?**
6. ❖ **Betrachte das Bild genauer. Verfasse einen Bilddialog.**

Bilddialog, S. 191

Wassili Dmitrijewitsch Polenow: Christus und die Sünderin, 1888.

Wissen und Können

Das weiß ich

- Die Pubertät ist eine Zeit starker körperlicher Veränderungen und des Entdeckens der eigenen Sexualität, eine Zeit, in der sich das Mädchen zur Frau und der Junge zum Mann entwickelt. Die Pubertät ist sozusagen die Brücke zwischen Kindheit und Erwachsensein.
- Alle Menschen haben von Zeit zu Zeit Misserfolge. Wenn etwas nicht geklappt hat, ist man kein Versager. Es ist nur eine bestimme Handlung oder ein bestimmtes Vorhaben noch nicht gelungen. Bei einem Misserfolg soll man sich fragen: Was kann ich daraus lernen? So kann auch aus einer Niederlage noch etwas Gutes entstehen.
- Ein Vorbild ist eine Person, mit der ein – meist junger – Mensch sich identifiziert und deren Verhaltensmuster er nachahmt oder nachzuahmen versucht. Dabei besteht die Gefahr, dass man auch die negativen Eigenschaften eines Stars kritiklos übernimmt.
- Von einer Sucht spricht man, wenn jemand von einer Substanz oder einem Verhalten so abhängig ist, dass er das nicht mehr selbst kontrollieren kann. So jemand braucht dann oft Hilfe von außen. Im Internet findet man viele Hilfsangebote und Adressen von Beratungsstellen, die einem Betroffenen bei den verschiedenen Süchten helfen können.
- In der Geschichte von Jesus und der Ehebrecherin zeigt Jesus, dass alle Menschen Fehler haben und Fehler machen. Er will damit sagen, dass wir die Fehler der anderen deshalb auch nicht verurteilen müssen.

Das kann ich

A) Pubertät

An Family-Doc!
Meine Mutter ist voll peinlich! Weil es regnete, hat sie mich heute in die Schule gefahren. Als ich vor der Schule ausgestiegen bin, hat sie mir einen Kuss auf die Wange gegeben. Meine Kumpels haben das gesehen und nur noch gegrinst. Ich hasse meine Mutter! Was kann ich bloß machen, damit sie mich nicht mehr wie ein Baby behandelt? *(Noah, 13)*

1. **Beschreibe das Problem von Noah.**
2. **Versuche dich in die Mutter von Noah hineinzuversetzen und formuliere deren Sichtweise auf diese Situation.**
3. **Schreibe einen kurzen Dialog zwischen Noah und seiner Mutter, der in einem Kompromissvorschlag endet.**

B) Erfolg und Misserfolg

Maja, 14 Jahre, spielt Handball im Verein. Sie ist schnell und wendig. Allerdings fehlt ihr etwas die Kraft beim Torwurf. Krafttraining ist nicht so ihr Ding. In der Vorbereitung auf die neue Saison hat Maja sehr viel trainiert, sie fühlt sich topfit.
Vor dem ersten Spiel nimmt sie ihr Trainer beiseite und sagt: „Maja, du spielst in dieser Saison nur Ersatz. Du wirfst einfach zu wenig Tore.“
Für Maja bricht eine Welt zusammen.

1. **Nenne zwei Möglichkeiten, wie Maja mit diesem Misserfolg umgehen kann, und begründe, was für dich die beste Möglichkeit wäre.**

C) Stars und Vorbilder

a) Vorbilder machen Mut.
b) Alle Menschen machen Fehler.
c) Ich will niemanden nachahmen.
d) Es ist schön, in einer Fan-Gemeinschaft zu sein.
e) Ich orientiere mich eher an Werten als an Personen.
f) Man erkennt sich an bestimmten Symbolen und Zeichen.

1. **Unterscheide bei den folgenden Aussagen zwischen Argumenten, die eher für einen Starkult sprechen, und solchen, die dagegen sprechen. Formuliere zu jeder Gruppe ein weiteres, eigenes Argument.**

D) Ich bin für mich verantwortlich

a) Spielsucht	e) Tablettensucht
b) Nikotinsucht	f) Kaufsucht
c) Alkoholsucht	g) Koffeinsucht
d) Magersucht	h) Chatsucht

1. **Ordne zu, bei welchen der folgenden Süchte es sich um eine stoffungebundene Sucht handelt.**

Schluss-Check

Überlegt gemeinsam:
- *Das war (mir) wichtig in diesem Kapitel: …*
- *Das sollte man sich merken: …*
- *Gibt es etwas, das noch geklärt werden muss?*

Manchmal ganz schön kompliziert!

- *Gibt es mehrere Arten von Liebe?*
- *Gibt es die große Liebe?*
- *Freundschaft – wie geht das?*
- *Was hilft bei Liebeskummer?*
- *Was ist Sexting?*
- *Welche Liebespaare aus der Bibel sollte man kennen?*

1. ❖ Beschreibt die Szene auf Seite 24.

2. ❖ Welche Gefühle könnten die Einzelnen gerade haben?

3. ❖ Formuliert für jede Person einen Gedanken, der ihr gerade durch den Kopf gehen könnte.

4. ❖ Entwerft eine Mindmap zum Thema Liebe.

Mindmap, S. 195

Ist es Liebe?

1 Moritz (15 Jahre) ist in Grete (14 Jahre) verliebt. Bei der Faschingsdisco haben sie sich zum ersten Mal geküsst.

2 Nadine (32 Jahre) arbeitet als Erzieherin in einem Waisenhaus. Sie kümmert sich sehr um jedes einzelne Kind. „Ach, ich liebe sie, die kleinen Würmchen“, sagt sie oft.

3 Heiko Müller (48 Jahre) hat keine feste Freundin. Ab und zu verabredet er sich über eine Sex-Dating-App mit einer Frau, um mal wieder „Liebe zu machen“.

4 Robin ist gelernter Heizungsinstallateur. Die Arbeit macht ihm viel Spaß. Er liebt seinen Beruf.

5 Martin (28 Jahre) und Theo (30 Jahre) sind seit zwei Jahren ein Paar. Sie lieben sich und wollen nun heiraten.

6 Zoe (22 Jahre) ist glücklich. Eben ist Elias (25 Jahre) vor ihr niedergekniet und hat ihr ganz offiziell einen Heiratsantrag gemacht. Die beiden lieben sich seit fünf Jahren.

7 Tina (28 Jahre) und Sven (28 Jahre) kennen sich schon seit ihrer Schulzeit. Sie sind kein Paar und nicht zusammen. Doch wenn sie sich drei- bis viermal im Jahr treffen, kann es sein, dass sie zusammen schlafen. „Wir sind Sex-Kumpels“, sagt Sven.

8 Finn liebt Spaghetti mit Tomatensoße.

9 Sandra (29 Jahre) und Andreas (31 Jahre) lieben ihre beiden Kinder sehr.

10 Annika (32 Jahre) ist seit Jahren Single. Sie will so leben. Sie liebt ihre Freiheit.

5. ❖ Diskutiert, was die einzelnen Beispiele jeweils mit Liebe zu tun haben.

6. ❖ Ordnet die Beispiele den verschiedenen Formen der Liebe zu.

7. ❖ Finde für jede Form der Liebe ein weiteres Beispiel.

Formen der Liebe

Unter Liebe kann man Verschiedenes verstehen.
Zum Beispiel:

A helfende, fürsorgliche Liebe
B körperliche Liebe, Sex
C zärtliche, romantische Liebe
D Liebe zu bestimmten Dingen, Tätigkeiten oder Ideen

8. ❖ Gibt es Formen von „Liebe“, die man auch kritisch sehen kann?

Fest zusammen sein?

Der Radiosender „Kids Hotspot“ macht eine Sendung zum Thema „Ich will einen Freund / Ich will eine Freundin“. Dabei können Jugendliche anrufen oder ins Studio mailen, wenn sie Erfahrungen oder Fragen zu diesem Thema haben. Hier einige Beiträge:

Im Schullandheim hatten wir am letzten Abend eine Disco. Dabei hat mich Linus geküsst. Es war der erste Zungenkuss meines Lebens. Wieder zu Hause, fragt mich Linus, ob wir jetzt zusammen sind. Was soll ich denn antworten? Ich weiß gar nicht richtig, was das bedeutet. (***Pauline, 13 Jahre***)

Alle machen mit Mädchen rum. Feste Freundin – auf so einen Kram hab ich überhaupt keinen Bock! Ich bin lieber mit meinen Kumpels zusammen. So Hand in Hand mit einer Tussi rumzulaufen, ist doch voll peinlich. (***Levin, 14 Jahre***)

Ich hätte voll gern einen festen Freund. Die meisten meiner Freundinnen sind schon mit jemandem zusammen. Auf Partys oder so ist es dann voll ätzend, wenn die knutschen und ich allein rumstehe. Aber irgendwie scheint sich niemand für mich zu interessieren. (***Anna Lena, 14 Jahre***)

Ich glaube, ich bin in Jana aus der Parallelklasse verliebt. Sie gefällt mir super gut. Ich muss immer an sie denken und dann kribbelt es mir im Bauch. Aber wenn ich sie treffe, bin ich total aufgeregt und krieg kein gescheites Wort heraus, obwohl ich mir vorher ein paar coole Sprüche überlegt habe. Ich wäre gern mal mit Jana allein zusammen, aber ich weiß gar nicht, wie das gehen soll. (***Oskar, 13 Jahre***)

Sooooo gern hätte ich einen festen Freund. Ich hätte gern jemanden zum Kuscheln, zum Reden, zum ins Kino gehen, einfach zum Liebhaben, jemanden, dem ich vertrauen und alles sagen kann, der mich drückt und in den Arm nimmt, mit dem ich mein Leben zusammen verbringen kann. Einmal hat mich jemand gefragt, ob ich mit ihm gehen will. Da sind meine Eltern schier ausgerastet, als ich es ihnen gesagt habe. Sie meinen, ich sei viel zu jung dafür. (***Celine, 13 Jahre***)

Mein Freund Tom (18 Jahre) ist super, nett, treu, ehrlich. Er liebt mich genau so arg, wie ich ihn liebe. Ich bin sooooo glücklich. Aber als ich ihn vor kurzem meiner Mutter vorgestellt habe, war die ganz entsetzt. Denn er ist Afroamerikaner und meine Mutter will nicht, dass ich mit einem Schwarzen gehe. Sie fürchtet das Gerede der Nachbarn. Sie will, dass ich mich von ihm trenne. Was soll ich machen? Eigentlich liebe ich meine Mutter auch sehr. (***Nora, 15 Jahre***)

Ich hätte voll gern eine Freundin, mit der ich endlich das machen kann, was die alles in den Pornos machen. Aber ich weiß gar nicht, wie ich so eine bekommen kann. Bis dahin mach ich es mir halt selber. (***Francesco, 14 Jahre***)

Seit ein paar Wochen sitzt Tizian neben mir. Er ist voll nett, hat Sommersprossen und blonde Strubbelhaare. Er ist witzig und hat immer einen coolen Spruch drauf. Wie ich mag er nicht so arg Techno, sondern eher was Langsameres. Vor ein paar Tagen hat er mir ein Kuvert zugesteckt, mit zwei Kinokarten. So gern würde ich mit ihm ins Kino gehen, aber das erlauben mir meine Eltern nie. Wenn ich mich außerhalb der Schule verabrede, gehen häufig meine Brüder mit. Mit einem Jungen allein ins Kino zu gehen, würde gegen die Ehre meiner Familie verstoßen. Ich weiß keine Lösung. (***Aylin, 14 Jahre***)

1. ❖ Nennt jeweils das Problem der Fragenden.

2. ❖ Aus welchen Gründen wollen sie jeweils einen festen Freund oder eine feste Freundin? Was denkt ihr darüber?

3. ❖ Wählt eine Anfrage aus und beantwortet sie allein oder in Partnerarbeit.

Flirten – gar nicht so einfach

Alex und Lea kennen sich aus der Schule. Lea ist in der siebten und Alex in der achten Klasse. Beide haben bisher kaum miteinander gesprochen, finden sich aber sehr sympathisch. Beide sind etwas schüchtern. Nun treffen sie sich zufällig im Supermarkt.

1. ❖ Beschreibt die Situation und diskutiert das Verhalten von Alex und Lea.
2. ❖ Warum sind Alex und Lea mit dem Ausgang der Begegnung unzufrieden?
3. ❖ Überlegt euch in Partnerarbeit einen Dialog, der für beide zu einem besseren Ende führt.
4. ❖ Spielt die Begegnung und diskutiert die verschiedenen Verhaltensweisen. Wie verhält man sich richtig? Was sagt man, was besser nicht?

Liebe kann auch weh tun

Aus Katies Tagebuch

Freitag, 18. September: Ich bin so aufgeregt! – Wir hatten an unserer Schule eine Schülerdisco. Mats hat mich geküsst und dann hat er gefragt, ob wir jetzt zusammen sind. Ich war ganz cool und hab gesagt: „Ich überleg's mir und sag's dir am Montag." Natürlich sag ich: JAAAAAA!

Montag, 21. September: Mats hat vor der Schule auf mich gewartet. Ich hab ihm gesagt, dass ich jetzt mit ihm zusammen bin. Wir haben uns geküsst!!! Er küsst super!

Donnerstag, 24. September: War mit Mats im Eiscafé. Er ist so süß! Er riecht so gut – und seine Augen!! Schmetterlinge im Bauch, wenn ich an ihn denke – nicht nur im Bauch! ICH BIN VERLIEBT!!!

Sonntag, 27. September: Mats ist mein absoluter Traumboy. Genau so habe ich mir meinen Freund immer vorgestellt: braune Haare, ein bisschen größer als ich, zwei Jahre älter, also 17, schlank, sportlich, intelligent, kann gut zuhören, hört die gleiche Musik und mag die gleichen Filme wie ich: Es passt alles super!

Samstag, 10. Oktober: War mit Mats im Kino, es war ziemlich leer und wir sind ganz hinten gesessen. Erst haben wir geknutscht, aber dann hat Mats immer mehr gewollt. Er hat mir unter den Pulli gelangt und meine Brust gestreichelt. Puh – ich wusste gar nicht, wohin mit meinen Gefühlen ... Dann hat er versucht, den Reißverschluss von meinen Jeans zu öffnen. Da hab ich aber seine Hand weg, da hatte ich jetzt im Kino keinen Bock drauf. Eigentlich war mir das alles ein bisschen zu viel, aber so sind sie halt, die Jungs, und es ist ja auch schön, dass ich ihm so gut gefalle.

Mittwoch, 14. Oktober: Ich habe ein Problem! Mats will, dass ich am Samstag Abend zu ihm komme. Seine Eltern sind übers Wochenende verreist, und wir wären ganz allein. Mats will mit mir schlafen!!! Aber will ICH das? Ich hab noch nie mit jemandem geschlafen. Ich weiß nicht, was ich will und was ich machen soll.

1. ❖ Beschreibt den Verlauf der Beziehung von Katie und Mats.

2. ❖ Diskutiert das Verhalten von Katie und Mats in den verschiedenen Phasen der Beziehung.

3. ❖ a) Mats war Katies Traumboy. Wie sollte dein Traumboy/Traumgirl sein? Erstelle eine Tabelle „So sollte mein Traumboy / Traumgirl sein" mit zwei Spalten: auf jeden Fall / auf keinen Fall.
   b) Sammelt Vor- und Nachteile, die sich daraus ergeben, wenn man so konkrete Vorstellungen von einem Freund bzw. einer Freundin hat.

4. ❖ a) Katie liebt Mats, aber sie fühlt sich „noch nicht so weit", um mit ihm zu schlafen. Diskutiert Katies Haltung.
   b) Hätte Katie mit Mats schlafen sollen? Begründe deine Meinung.
   c) Diskutiert das Verhalten von Mats.

Donnerstag, 15. Oktober: Mats will wissen, ob ich am Samstag komme. Er versteht nicht, dass ich damit ein Problem habe. Er sagt, wenn ich ihn liebe, dann kann ich es doch auch mit ihm machen.

Samstag, 17. Oktober: Ich habe Mats angerufen und ihm gesagt, dass ich ihn ganz arg liebe, aber heute Abend nicht zu ihm komme, weil ich mich noch nicht so weit fühle. Ich weiß nicht, ob er das so verstanden hat.

Samstag, 24. Oktober: Bin verzweifelt. Mats hat sich seit einer Woche nicht mehr gemeldet. Ich hätte am Samstag doch zu ihm hingehen sollen. Irgendwann muss es ja mal sein und lieber mit Mats als mit einem anderen. Was soll ich bloß machen?

Mittwoch 28. Oktober: Annabell hat mir erzählt, dass sie Mats zweimal mit der blöden Emili gesehen hat. Das glaub ich nie im Leben, dass Mats mit der was anfängt. Soll ich ihn anrufen? Ihm einen Brief schreiben? Ihm sagen, dass ich doch mit ihm schlafe? Vielleicht wird dann ja alles wieder gut. Lieber Gott, bitte mach, dass Mats bei mir bleibt!

Freitag, 30. Oktober: Mats ist so ein Arschloch! Ich habe ihn heute mit Emili in UNSEREM Eiscafé gesehen. Eng umschlungen und knutschend! Ich hasse ihn. Ich könnte ihn umbringen! Ich bin so froh, dass ich mit diesem Idioten nicht gepennt habe.

Samstag, 31. Oktober: Mats hat eine SMS geschickt und Schluss gemacht. Er ist jetzt mit Emili zusammen. Mir geht es schlecht, ich bin verzweifelt, ich könnte den ganzen Tag heulen. Nie im Leben werde ich mich nochmals so verlieben können wie in Mats. Und ich will's auch nicht! Nie mehr!!!

Sonntag, 01. November: Ich hab alles falsch gemacht. ICH HÄTTE MIT IHM SCHLAFEN SOLLEN!!!

Donnerstag, 31. Dezember: War das ein Jahr! Ich bin froh, dass es vorbei ist! Jetzt freue mich aber auf die Silvesterparty heute Abend bei Annabell und bin gespannt, was im neuen Jahr alles passiert.

Freitag, 01. Januar: Party war suuuuuuper! Habe oft mit Jannis, unserem neuen Mitschüler, getanzt, zum Schluss haben wir uns geküsst – ZUNGENKUSS!!!! Eben hat er eine SMS geschrieben, ob ich morgen mit ihm Schlittschuh laufen gehe. Bin ganz happy! Verliebt????? JAAAAAAAAA!!!!! Lieber Gott, danke, danke, danke, dass es mir wieder besser geht! – Was soll ich morgen bloß anziehen?

5. ❖ **a) Ordnet den folgenden fünf Phasen des Liebeskummers entsprechende Einträge aus Katies Tagebuch zu.**

b) Habt ihr schon einmal Liebeskummer gehabt oder kennt ihr jemanden, der schon mal unter Liebeskummer gelitten hat? Habt ihr Tipps gegen Liebeskummer?

6. ❖ **Erstelle eine Gefühlskurve für Katie.**

FÜNF PHASEN DES LIEBESKUMMERS

1. Nicht-wahr-haben-Wollen:
   „Vielleicht wird's doch noch mal was."
2. Aggression:
   „Er/sie taugt sowieso nichts."
3. Traurigkeit:
   „Ich werde mich nie mehr verlieben."
4. Reflexion:
   „Was habe ich falsch gemacht?"
5. Akzeptanz:
   „Es ist, wie es ist. Ich werde mich wieder neu verlieben!"

Mit Phase 5 ist meist alles überstanden.

M Gefühlskurve, S. 193

Wenn du mich liebst, dann ...

1. ❖ Du bist sehr verliebt. Dein Freund bzw. deine Freundin verlangt einen Liebesbeweis. Bewerte die folgenden „Liebesbeweise". Was würdest du machen? Was würdest du vielleicht machen, was auf keinen Fall?

a) die Haare grün färben
b) mich nicht mehr mit meinen Freunden / Freundinnen treffen
c) ein Lied singen
d) mich überall anfassen lassen
e) die Religion wechseln
f) die Nase piercen
g) einen Regenwurm essen
h) die Schule schwänzen
i) mich ausziehen
j) regelmäßig in die Kirche gehen
k) meinen Facebook-Account löschen
l) ein Foto von ihm / ihr als Bildschirmschoner auf dem Computer oder Handy speichern
m) einen Joint rauchen
n) meinen Kleidungsstyle ändern
o) kein Fleisch mehr essen
p) einen Pornofilm ansehen
q) meine Eltern anlügen
r) kitschige Liebesfilme ansehen
s) in den Kirchenchor eintreten
t) mein Lieblingshobby aufgeben
u) eine Tätowierung von seinem / ihrem Namen auf den Hintern machen lassen
v) einen Freundschaftsring tragen
w) mit ihm / mit ihr schlafen
x) ein Liebesgedicht schreiben
y) Nacktfotos von mir machen lassen
z) Bungee Jumping machen

2. ❖ Könntest du dir eine Situation vorstellen, in der du von deinem Freund bzw. deiner Freundin einen Liebesbeweis verlangst? Was könnte das dann sein?

Ein Foto als Liebesbeweis?

Jule, 14 Jahre: Mein Freund ist 17. Wir sind seit sechs Monaten zusammen, wir lieben uns sehr und können uns vorstellen, für immer zusammenzubleiben. Eigentlich ist alles super, aber jetzt hat er gesagt, dass ich ihm doch mal ein Nacktfoto schicken soll. Mir ist das eher peinlich, aber ich habe Angst, dass er dann Schluss macht, wenn ich ihm dieses Foto nicht schicke. Er sieht das anscheinend als Liebesbeweis.

3. ❖ Beschreibe die Konfliktsituation, in der sich Jule befindet.

4. ❖ Diskutiert die Frage, wie Jule sich verhalten soll. Was könnten jeweils die Konsequenzen sein?

Sexting

Der Ausdruck Sexting setzt sich aus den beiden englischen Wörtern „sex" und „texting" zusammen und bezeichnet den Austausch selbst gemachter intimer Fotos über Internet oder Smartphone. Meist handelt es sich dabei um Aufnahmen in Bikini, Unterwäsche, Nacktbilder bestimmter Körperregionen oder Oben-ohne-Aufnahmen.

Ein Bild mit Folgen

Betty (14 Jahre) findet **Jannik (15 Jahre)** echt süß. Seit vier Wochen sind die beiden zusammen und sehr glücklich. Stundenlang liegen sie sich in den Armen, knutschen und sagen sich verliebte Sachen. Als sie sich heute voneinander trennen, sagt Jannik: „Hey Betty, du bist sooooo hübsch. Schick mir doch mal ein Foto von dir – in Unterwäsche? Ohne? Damit ich was von dir habe, bis wir uns wieder sehen."

Betty steht zu Hause vor dem Spiegel und denkt: So schlecht sehe ich wirklich nicht aus und auf dem Foto sogar noch besser. Sie schickt Jannik das Foto.
Dann am nächsten Tag in der Schule: Emely und Tim aus der Nachbarklasse kichern: „Haha, wir haben dich nackt gesehen.“ Und im WhatsApp-Chat der Klasse geht ihr Bild auch schon rum. Sogar ihre Freundin von einer anderen Schule hat schon angerufen. „Dein Bild ist auf Robins Facebook-Seite!“
Betty hat sich noch nie so erniedrigt gefühlt. Dass sie ein so intimes Foto an Jannik geschickt hatte, war für sie ein großer Vertrauensbeweis. Umso schlimmer empfindet sie jetzt diesen Vertrauensbruch. Jetzt hatte dieses Foto jeder und vor allen Dingen für immer. Betty fühlt sich öffentlich gedemütigt. Am liebsten wäre sie tot.

1. ❖ Diskutiert dieses Fallbeispiel.
2. ❖ Beschreibt die Gefühle von Betty und die möglichen Folgen für sie.
3. ❖ Sammelt Möglichkeiten, wie sich Betty hätte schützen können.
4. ❖ Die Folgen eines Sexting-Fotos trieben die 15-jährige Amanda Todd in den Suizid.
   a) Recherchiert diesen Fall im Internet.
   b) Wer oder was hätte Amanda helfen können?
5. ❖ Weist an den Beispielen von Betty und Amanda nach, wie gefährlich Sexting sein kann.

§

Rechtlicher Hintergrund
Das Weiterleiten und der Besitz von Sexting-Fotos gegen den Willen des Abgebildeten ist eine Straftat. Neben einer Geldentschädigung bis zu über 1000 Euro drohen auch massive strafrechtliche Konsequenzen, z.B. Freiheitsstrafen bis zu einem Jahr.
Wenn man Sexting-Bilder erhält, sollten diese daher schnellstens wieder gelöscht werden.

Wie kann ich mich schützen?

Anonymisieren – Das Gesicht sollte nicht zu sehen sein, keine besonderen Merkmale wie Tattoos, Piercings oder Muttermale.

Empfänger checken – Empfänger von erotischen Fotos oder Videos mit Bedacht auswählen. Besser dreimal kontrollieren, ob der Empfänger der Nachricht auch der richtige ist.

Intime Fotos nie an Fremde senden – insbesondere nicht, wenn diese darauf bestehen.

Apps misstrauen – Man sollte sich nie auf Sicherheitsfunktionen von Apps verlassen, zum Beispiel, dass die Fotos nach einer bestimmten Zeit gelöscht werden. Bereits innerhalb von Sekunden können Fotos abfotografiert werden.

Sicherster Schutz – Der sicherste Schutz ist und bleibt: Versende niemals intime Fotos über Internet oder Smartphone!

6. ❖ Begründet jeweils, warum die einzelnen Regeln beim Versenden intimer Fotos wichtig sind.

Menschen brauchen Hilfe, S. 149

Die Nummer gegen Kummer: 11611
Das ist die Nummer des Kinder- und Jugendtelefons. Dahin können sich Kinder und Jugendliche bei Problemen immer wenden – auch bei Cybermobbing und auch anonym. (www.nummergegenkummer.de)

Berühmte Liebespaare in der Bibel

1

A Das erste Liebespaar der Welt. Gott schuf zuerst den Mann und dann die Frau. Die Frau ließ sich von der Schlange mit einem Apfel verführen. Danach müssen beide zur Strafe das Paradies verlassen. Seitdem leben die Menschen nicht mehr im Paradies und müssen unter Mühen ihr Brot verdienen und unter Schmerzen Kinder gebären. (1. Mose 2,18–3,24)

Adam

Abraham

Josef

3

Delila

Simson

Batseba

2

C Der Mann war ein Sklave in gehobener Stellung im Haushalt. Da er gut aussah, verliebte sich die Frau seines Besitzers in ihn und forderte ihn immer wieder auf, mit ihr zu schlafen. Doch alle ihre Verführungskünste blieben erfolglos. Da zeigte sie ihn fälschlicherweise wegen versuchter Vergewaltigung an, worauf ihn der Besitzer in das Gefängnis werfen ließ. (1. Mose 39,7-18)

B Die beiden blieben lange kinderlos. Weil sie unbedingt Kinder wollten, schlief der Mann mit seiner Dienerin. Doch im hohen Alter bekamen die beiden dann doch noch einen Sohn, Isaak. Dieser wird zum Stammvater eines großen Volkes. Das Leben dieses Paares ist auch ein Zeichen für die Treue Gottes. (1. Mose 21,1-7)

David

Sara

Eva

Königin von Saba

4

D

Solange der Mann sich sein Kopfhaar nicht schneiden ließ, hatte er übermenschliche Kräfte und war durch seine unbezwingbare Stärke für die Feinde Israels, die Philister, unbesiegbar.
Doch seine Philisterfrau verriet sein Geheimnis an ihre Landsleute. Diese gaben der Frau Geld, damit sie ihrem Mann im Schlaf die Haare abschnitt. Nun konnten die Feinde ihn überwältigen. Sie stachen ihm die Augen aus und legten ihn in Ketten. Als sein Haar wieder wuchs, erlangte er noch einmal seine Kraft zurück und brachte einen Philistertempel zum Einsturz. 3000 Philister riss er mit sich in den Tod. (Richter 16,4-30)

5

E

Der König beobachtete zufällig eine Frau beim Baden. Sie war die Frau eines seiner Soldaten, aber der König schlief trotzdem mit ihr. Als sie schwanger wurde, ließ er ihren Ehemann töten. Anschließend heirateten die beiden. Ihr erster Sohn starb, der zweite, Salomo, wurde später der Nachfolger des Königs.
(2. Samuel 11,1-26)

6

F

Die Königin hatte von einem König erfahren, der sehr klug und sehr reich sein sollte. Sie wollte ihn kennenlernen und machte sich mit ihrem ganzen Hofstaat auf, ihn zu besuchen. Sie war fasziniert von ihm und machte ihm viele Geschenke. Auch der König beschenkte sie reich und gab ihr alles, was ihr gefiel und sie erbat. Nachdem die Königin wieder abgereist war, sahen sich die beiden nie mehr wieder. (1. Könige 10,1-13)

1. ❖ **Stellt die Namenskarten zu sechs Liebespaaren aus der Bibel zusammen.**
2. ❖ **Ordnet den Paaren die jeweilige Beschreibung zu.**
3. ❖ **Welche aktuellen Liebespaare sind heute sehr bekannt?**

Salomo

Potifars Frau

Wissen und Können

Das weiß ich

- Formen der Liebe
  - helfende, fürsorgliche Liebe
  - körperliche Liebe, Sex
  - zärtliche, romantische Liebe
  - Liebe zu bestimmten Dingen, Tätigkeiten oder Ideen
- Fünf Phasen des Liebeskummers
  1. Nicht-wahr-haben-Wollen
  2. Aggression
  3. Traurigkeit
  4. Reflexion
  5. Akzeptanz
- Sexting: Der Ausdruck Sexting setzt sich aus den beiden englischen Wörtern „sex“ und „texting“ zusammen und bezeichnet den Austausch selbst gemachter intimer Fotos über Internet oder Smartphone.
- Schutz vor Sexting-Missbrauch:
  - Anonymisieren
  - Empfänger checken
  - Intime Fotos nie an Fremde senden
  - Apps misstrauen
  - Keine Fotos senden
- Die Nummer gegen Kummer: 11611
- Liebespaare in der Bibel: Die Bibel berichtet von verschiedenen Liebespaaren. Manche von ihnen erleben ganz besondere „Liebesgeschichten“, z.B.
  - Adam und Eva
  - Abraham und Sara
  - Josef und Potifars Frau
  - Samson und Delila
  - David und Batseba
  - Salomo und die Königin von Saba

Das kann ich

A) Formen der Liebe

1. Mario liebt Italien.
2. Gina-Maria und Tim sind sehr verliebt. Sie schreiben sich täglich Liebes-SMS. Wenn sie sich umarmen und küssen, sind sie glücklich.
3. Die Oma liebt ihren Enkel abgöttisch.
4. Frau Wagner ist Single aus Überzeugung. Ab und zu nimmt sie sich einen Liebhaber mit nach Hause.

1. Um welche Form der Liebe handelt es sich jeweils?

B) Kennenlernen – aber wie?

1. Welches Problem wird hier dargestellt?
2. Schreibe einen kurzen Dialog, wie die beiden sich kennenlernen könnten.

C) Liebeskummer

Reflexion
Akzeptanz
Nicht-Wahrhaben-Wollen
Traurigkeit
Aggression

1. Bringe die Phasen von Liebeskummer in die richtige Reihenfolge.

D) Sexting

1. Was versteht man unter Sexting?
2. Nenne drei Gefahren, die beim Sexting entstehen können.

E) Liebespaare in der Bibel

1. Welches Liebespaar erkennst du auf dem Bild?
2. Nenne noch drei weitere Liebespaare aus der Bibel.

Schluss-Check

Überlegt gemeinsam:
- *Das war (mir) wichtig in diesem Kapitel: …*
- *Das sollte man sich merken: …*
- *Gibt es etwas, das noch geklärt werden muss?*

SPEICHERN

„Jetzt gibt's Krach" – Muss das sein?

- *Wann spricht man von einem Konflikt?*
- *Welche verschiedenen Konflikte gibt es?*
- *Wie entsteht und wie löst man einen Konflikt?*
- *Was rät Jesus bei Konflikten?*

1. ❖ Welche Gründe könnte es für den Streit gegeben haben?

2. ❖ Sammelt Möglichkeiten, wie die Situation weitergehen könnte.

3. ❖ a) Interpretiert die Grafik.
   b) Erklärt jeden Begriff und überprüft, was die einzelnen Begriffe mit dem Thema Konflikte zu tun haben könnten.

4. ❖ Erinnere dich an einen Konflikt aus der letzten Zeit, an dem du beteiligt warst.
   a) Wer waren die Beteiligten?
   b) Was war der Anlass für den Konflikt?
   c) Wie lief der Konflikt ab?
   d) Wie waren deine Gefühle dabei?
   e) Wie wurde der Konflikt letztlich geklärt?

5. ❖ Sammelt mit der ABC-Methode möglichst viele Begriffe zum Thema „Konflikte“.

M ABC-Methode, S. 190

Was ist ein Konflikt?

A Emilia (12 J.) sieht schlecht und muss eine dicke Brille tragen. Als Jonas (13 J.) sie deswegen wieder einmal ärgert, stößt Emilia ihn wütend weg.

B Der zweijährige Paul nimmt einem anderen Kind das Spielzeugauto weg.

C Ein Bomberpilot drückt auf den Auslöseknopf. Zwei Häuser werden zerstört. Ein Terrorist und vier Unbeteiligte werden getötet.

D Bei den Bundesjugendspielen laufen Elias (13 J.) und Levi (13 J.) in einer Gruppe. Beide wollen unbedingt gewinnen.

E Eine Chemiefabrik lässt heimlich vergiftete Abwässer in einen Fluss laufen.

F Am Wochenende feiert Niklas (14 J.) eine Geburtstagsparty. Alle aus der Klasse sind eingeladen außer Jan. Jan wäre sehr gerne auch auf die Party gegangen.

G Raphael (15 J.) klatscht Valentina (16 J.) auf den Po. Die schreit: „Hör auf, du Sau!“

H Die Briefzusteller fordern eine Lohnerhöhung von 7 Prozent. Die Post will höchstens 2 Prozent geben. Die Briefzusteller streiken.

I Klara (13 J.) möchte am Samstagabend gerne mit ihrer Freundin in die Schülerdisco. Da sich ihre Leistungen in der Schule in letzter Zeit sehr verschlechtert haben, erlauben es ihre Eltern nicht.

J Ein russisches Flugzeug dringt in den Luftraum der Türkei ein. Die türkische Luftwaffe schießt das Flugzeug ab.

K Benjamin (14 J.) nimmt Jasmin (13 J.) in den Arm, obwohl er weiß, dass sie das nicht will.

L Drei Schüler haben Samuel (13 J.) gedroht, ihn zu verprügeln, wenn er ihnen nicht 5 Euro mitbringt.

1. ❖ Bewerte die einzelnen Fallbeispiele auf einer Konfliktskala von 0 – 10. 0 = kein Konflikt, 10 = supergroßer Konflikt.

Lerntempo-Duett, S. 195

2. ❖ a) Vergleicht eure Ergebnisse mit der Methode „Lerntempo-Duett“.
   b) Aus welchen Gründen könnte es zu unterschiedlichen Bewertungen kommen?

3. ❖ Sammelt typische Konfliktsituationen für folgende Bereiche:
   - Familie
   - Freunde
   - Schule

Der Frischluft-Konflikt

1. ❖ Beschreibe den dargestellten Konflikt.
2. ❖ Benenne die verschiedenen Interessen, die zu diesem Konflikt geführt haben.
3. ❖ Wann entsteht ein Konflikt?
4. ❖ Diskutiert die Frage: Wenn man einen Konflikt hat, ist das gut oder schlecht? Begründet eure Position.
5. ❖ Untersucht die folgenden Konflikte und beschreibt jeweils die gegensätzlichen Interessen.

Konflikte

Menschen haben verschiedene Meinungen und Interessen. Wenn verschiedene Meinungen oder Interessen aufeinanderprallen, kann ein Konflikt entstehen.
Es ist nicht schlimm, Konflikte zu haben. Konflikte gehören zum menschlichen Zusammenleben dazu. Entscheidend ist, wie man mit den Konflikten umgeht.

Der Eltern-Konflikt

Im Jugendzentrum ist Disco. Jans Eltern haben ihm erlaubt, bis 23 Uhr fortzubleiben. Jan (15 J.) hat sich vorgenommen, pünktlich zu sein, weil er Stress momentan überhaupt nicht gebrauchen kann. Kein Problem. Jan langweilt sich sowieso. Er will gerade gehen, da kommen zwei Bekannte aus seiner Clique. Der Abend ist gerettet. Jan vergisst ganz die Zeit und es ist schließlich nach Mitternacht, als er nach Hause kommt. Seine Eltern sind noch wach und machen ihm eine Szene.

Der Oma-Konflikt

Es ist Samstag. Sören (14 J.) setzt sich gutgelaunt an den Frühstückstisch. Da erinnert ihn Vater an den Sperrmülltermin am kommenden Montag. „Denk daran, du hast mir versprochen, beim Keller-Ausräumen zu helfen!“ Die Mutter wirft ein: „Schreibst du nicht am Montag eine Mathearbeit? Du musst dringend lernen, in der letzten Arbeit hast du eine Fünf geschrieben!“ Da klingelt das Telefon. Sörens Oma ist dran. Sie ist bester Laune. „Sören, Schätzchen, heute geht’s mir so richtig gut, mein Rücken tut mir überhaupt nicht weh! Wie wär’s, wenn wir endlich deinen Geburtstagsgutschein einlösen: Shoppen mit der lieben Oma!“ Auch das noch – dabei hatte sich Sören mit zwei Freunden um 14 Uhr in der Stadt verabredet: Elektronikmarkt und Kino.

Überall Konflikte

A

Luca drängelt sich beim Bäcker vor. Jan, der in der Schlange wartet, beschimpft ihn. Es kommt zu einer Rauferei.

1

B

Die Rockergruppe Bandidos macht immer mehr Geschäfte in einem Gebiet, in dem eigentlich die Hells Angels das Sagen haben. Die Hells Angels wollen sich das nicht gefallen lassen und überfallen das Vereinshaus der Bandidos.

C

Seit Sören (15 Jahre) in die Auswahlmannschaft seines Jahrgangs berufen wurde und am DFB-Stützpunkttraining teilnehmen durfte, ist es sein größter Wunsch, Fußballprofi zu werden. Jeden Morgen steht er um 5.30 Uhr auf, um vor der Schule einen Waldlauf zu machen. Gestern war es später geworden, weil Sören mit Freunden einen DVD-Abend gemacht hatte. Als der Wecker klingelt, schaut Sören aus dem Fenster, es regnet. Einmal könnte ich ja den Waldlauf ausfallen lassen, denkt Sören …

2

D

In Somalia kommt es zu einem Bürgerkrieg zwischen der Regierung und Rebellen aus unterdrückten Landesteilen.

E

Als fünf israelische Grenzsoldaten von libanesischen Untergrundkämpfern getötet werden, feuert Israel Raketen auf libanesische Städte. Der Libanon fühlt sich angegriffen und schießt Raketen zurück.

3

F

Eigentlich müsste Mara (13 Jahre) um 22 Uhr zu Hause sein. Doch sie geht nach dem Kino mit ihren Freundinnen noch ein Eis essen und kommt erst um 22.30 Uhr nach Hause. Mit ihren Eltern gibt es einen großen Streit.

G

Flora (13 Jahre) fühlt sich zu dick und will abnehmen. Als auf der Geburtstagsparty ihrer Freundin leckere gefüllte Donats angeboten werden, kämpft sie mit sich.

H

Aufgrund unklarer Grenzen kommt es zwischen Thailand und Kambodscha zum Streit, zu welchem Land eine alte Tempelanlage gehört.

I

Nora und Isabell (beide 14 Jahre) sind seit der Grundschule beste Freundinnen und machen alles gemeinsam. Aber seit Isabell fest mit Till zusammen ist, hat sie kaum noch Zeit für Nora. Nora ist deshalb sehr enttäuscht. Sie schreibt Isabell eine Nachricht, dass Isabell eine Drecksschlampe sei und Nora nie mehr etwas mit ihr zu tun haben wolle.

J

Bei der Demonstration einer ausländerfeindlichen Partei kommt es zu Auseinandersetzungen mit Gegendemonstranten.

4

1. ❖ Beschreibt die Konfliktsituationen in den Fallbeispielen und auf den Fotos.

2. ❖ Benennt für jedes Fallbeispiel die Interessen oder Meinungen, die hier aufeinanderprallen.

3. ❖ Ordnet die einzelnen Konflikte jeweils einer dieser Konfliktarten zu.

Bei Konflikten kann man vier Arten unterscheiden:

1. Seelischer Konflikt in einer Person
2. Konflikte zwischen einzelnen Menschen
3. Konflikte mit oder zwischen Gruppen
4. Konflikte zwischen Staaten

Jesus und der Basketballkonflikt

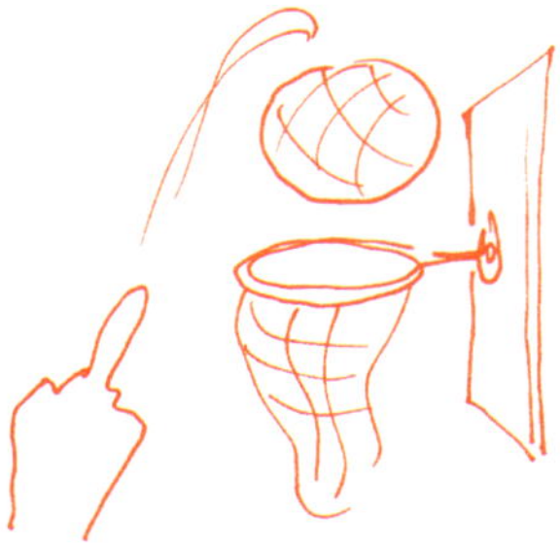

Auf dem Gelände der Schillerschule gibt es einen Basketballkorb. Alexander und Jan aus der 8a spielen dort während der Mittagspause. Da kommt Daniel aus der Neunten dazwischen. Er will Korbleger üben und stört die beiden. „Hau ab, du Wichser! Wir waren zuerst da“, empört sich Alexander. „Ihr Schwuchteln, verpisst euch jetzt. Ihr spielt eh schon viel zu lang!“, ruft Daniel laut und stößt Alexander weg. Jan kommt seinem Freund zu Hilfe und schlägt Daniel ins Gesicht. Sofort kommen mehrere Schüler dazu und beteiligen sich an der Schlägerei. Stoff zerreißt. Blut fließt. Ein Lehrer greift ein und trennt die Acht- von den Neuntklässlern. „Wir treffen uns wieder – ohne Lehrer!“, schreit Daniel beim Weggehen.

1. ❖ **Beschreibt die Konfliktsituation und stellt die jeweiligen Interessen gegenüber.**
2. ❖ **Nennt Gründe, warum diese Situation so eskaliert.**
3. ❖ **Unterscheidet die verschiedenen Eskalationsstufen.**

Konflikt-Tipps von Jesus

Richtig glücklich sind die Leute, die nicht so aggromäßig drauf sind, sondern eher chillig, denn ihnen wird einmal alles gehören. (Bergpredigt, Mt 5,6 nach Volxbibel)

Bergpredigt, S. 199

Ich sage nur: Mach den ersten Schritt! Behandle jeden so, wie du auch behandelt werden möchtest. Das ist die megakurze Message von Gott. (Bergpredigt, Mt 7,1 nach Volxbibel)

Richtig glücklich sind die Leute, die dafür sorgen, dass Menschen wieder korrekt miteinander umgehen, denn man wird von ihnen sagen: Das sind die Follower von Gott. (Bergpredigt, Mt 5,9 nach Volxbibel)

Früher war angesagt: „Wenn dir jemand aufs Auge haut, darfst du ihm auch ein Blaues zurückschlagen.“ Das ist mega-out. Ich sage euch jetzt: „Haltet das mal aus, wenn euch jemand blöd anmacht, und lasst euch eine entspannte Antwort einfallen. Wenn dir jemand aufs rechte Ohr haut, dann sag ihm zum Beispiel: Ey Digger, hau mir doch auch noch aufs linke!“ (Bergpredigt, Mt 5,39 nach Volxbibel)

Voll fett ist es, gerade die Menschen zu mögen, die ätzend zu dir sind, und für die ein gutes Wort einzulegen, die dich dissen. (Bergpredigt, Mt 5,44 nach Volxbibel)

Warum machst du deinen Bro an, wenn der mal was nicht bringt, aber selbst checkst du überhaupt nicht, was du alles nicht drauf hast? (Bergpredigt, Mt 7,3 nach Volxbibel)

1. Führe zu einer Bibelstelle eine Textmeditation durch.

2. Bewerte die einzelnen Konflikt-Tipps von Jesus mit A, B oder C. Begründe deine Einschätzungen.
   A = kann helfen, einen Konflikt zu beenden,
   B = kann vielleicht helfen, einen Konflikt zu beenden,
   C = kann nicht helfen, einen Konflikt zu beenden.

3. Wie hätte der Basketballkonflikt eventuell verlaufen können, wenn sich eine Partei an die Jesus-Tipps gehalten hätte?

4. Die Jesus-Texte sind nach der Volxbibel formuliert. Was haltet ihr von diesen Übertragungen?

Textmeditation, S. 198

Die goldene Regel, S. 54

Jesus nachfolgen, S. 110f.

Bennys kleiner Bruder wendet Jesus-Tipps an

1

2

3

4

1. Gib den Inhalt der Bildergeschichte in eigenen Worten wieder.

2. Was hat die Bildergeschichte mit den Konflikt-Tipps von Jesus zu tun?

3. Ordne die folgenden Sätze den einzelnen Bildern der Geschichte zu.
   a. Bennys kleiner Bruder geht zu Alma.
   b. Alma ist streitsüchtig und schreit Benny sofort an.
   c. Bevor Alma wieder schreien kann, gibt Bennys kleiner Bruder ihr einen Kuss auf die Nase.
   d. Benny trifft Alma.
   e. Benny warnt seinen kleinen Bruder, zu der streitsüchtigen Alma zu gehen.
   f. Benny gibt sich geschlagen.
   g. Alma ist so überrascht, dass sie aufhört zu streiten.
   h. Benny fragt, ob hier gestritten wird.

4. Welches Bild ist das entscheidende in der Geschichte? Begründe deine Meinung.

5

6

7

8

Konflikte lösen – aber wie?

Der Fahrradsattel-Konflikt

In der Pause wurde an Gabriels neuem Fahrrad der Sattel gestohlen. Nach der Schule sieht er den Sattel am Fahrrad eines Schülers aus der Parallelklasse montiert. Der Schüler ist größer als er und gilt bei den Mitschülern als brutal.

1. ❖ Beschreibt die Konfliktsituation in eigenen Worten.
2. ❖ Stellt die Interessen der beteiligten Personen gegenüber.
3. ❖ Wie könnte dieser Konflikt gelöst werden?

Wie reagieren bei Konflikten?

Es gibt verschiedene Möglichkeiten, mit Konflikten umzugehen und auf Konflikte zu reagieren.

1. **Flucht** (z.B. freiwilliges Nachgeben, Verlassen des „Kampfplatzes")
2. **Kampf** (Unterwerfung des Gegners, Niederschreien usw.)
3. **Aushandeln / Finden von Lösungen** (Kompromisse, Vereinbarungen usw.)
4. **Einbeziehung eines Dritten** (Lehrerin, älterer Schüler, Streitschlichter, Schiedsrichter)

4. ❖ Beschreibt die vier Möglichkeiten mit eigenen Worten.
5. ❖ Welche der vier Möglichkeiten erscheint dir beim Fahrradsattel-Konflikt die geeignete? Begründe deine Meinung.
6. ❖ Sammelt Konfliktsituationen, bei denen jeweils Flucht, Kampf, Aushandeln oder die Einbeziehung eines Dritten die geeignete Möglichkeit zur Konfliktbewältigung wären.

Diskussion, S. 193 M

7. ❖ Diskutiert die Frage: Ist es besser, einen Konflikt selbst zu klären, oder ist es besser, einen Dritten als Schlichter hinzu zu bitten? Was sind jeweils die Vor- und Nachteile?
8. ❖ Wählt zu zweit oder zu dritt eine Konfliktsituation aus diesem Kapitel aus, die für eine dieser vier Möglichkeiten geeignet ist.
Überlegt euch für diese Situation eine Lösungsmöglichkeit und stellt diese in einem kleinen Rollenspiel dar.

Der Taschenrechner-Konflikt

1. ❖ Beschreibt die Konfliktsituation in eigenen Worten.
2. ❖ Stellt die Interessen der beteiligten Personen gegenüber.
3. ❖ Wie könnte dieser Konflikt gelöst werden?

Fünf Regeln für ein Konfliktgespräch

Ein Team von Streitexperten hat fünf Regeln für ein Konfliktgespräch ermittelt:

1. Signalisiere dein Problem. Sprich dabei dein Gegenüber direkt an und suche Blickkontakt zu ihm.
2. Sprich in der Ich-Form, bleibe beim Thema und vermeide Beschuldigungen.
3. Achte auf die Bedürfnisse und Interessen des anderen und gehe auf sie ein. Lass ihn ausreden und falle ihm nicht ins Wort.
4. Suche mit deinem Konfliktpartner Lösungsmöglichkeiten, die für beide annehmbar sind. Es soll keinen Sieger und keinen Verlierer geben.
5. Trefft eine klare Abmachung.

1. ❖ Diskutiert die Frage, ob diese Regeln im alltäglichen Leben helfen können.
2. ❖ Wählt in Dreiergruppen einen der folgenden Konfliktfälle aus. Zwei Schüler führen mit Hilfe der fünf Regeln ein Konfliktgespräch, der dritte beobachtet und achtet auf die Einhaltung der Regeln.
3. ❖ Stellt ausgewählte Gespräche in der Klasse vor und beurteilt, inwieweit die Einhaltung der fünf Regeln hilfreich bei der Konfliktlösung war.

Tim (14 J.) hört in der Hofpause, wie sich seine Klassenkameraden für den Abend zum Kino verabreden. Tim würde gern mitgehen, aber niemand spricht ihn an. Da entschließt er sich, das Problem anzusprechen.

Grete (15 J.) und Anna-Lena (14 J.) sind gute Freundinnen. In der Pause vertraut Grete Anna-Lena an, dass sie Finn aus der 10. Klasse sooo süß findet. Mittags an der Bushaltestelle sieht Anna-Lena Finn vorbeigehen. „Grete“, ruft sie laut, „da ist ja dein Schwarm!“ Alle Jungen und Mädchen schauen neugierig. Grete stellt Anna-Lena wütend zur Rede.

Wissen und Können

Das weiß ich

▶ Konflikt
Von einem Konflikt spricht man, wenn zwei miteinander unvereinbare Interessen aufeinandertreffen, die nicht beide gleichzeitig durchgesetzt werden können.

▶ Konfliktarten
1. Seelischer Konflikt in einer Person
2. Konflikte zwischen einzelnen Menschen
3. Konflikte mit oder zwischen Gruppen
4. Konflikte zwischen Staaten

▶ Jesus in der Bergpredigt
Jesus fordert in der Bergpredigt einen völlig anderen Umgang mit Konflikten, als wir es gewohnt sind. Er sagt: Beantworte Gewalt nicht mit Gegengewalt. Durchbrich die Gewaltspirale, indem du deinem Widersacher Gutes tust, und versuche ihn durch Liebe, Vergebung und Gewaltfreiheit für dich zu gewinnen.

▶ Umgang mit Konflikten
1. Flucht (z.B. freiwilliges Nachgeben, Verlassen des „Kampfplatzes“)
2. Kampf (Unterwerfung des Gegners, Niederschreien usw.)
3. Aushandeln / Finden von Lösungen (Kompromisse, Vereinbarungen usw.)
4. Einbeziehung eines Dritten (Lehrer, älterer Schüler, Streitschlichter, Schiedsrichter)

▶ Regeln für ein Konfliktgespräch
1. Teile deine Sichtweise auf das Problem deinem Konfliktpartner verständlich mit.
2. Sprich in der Ich-Form, bleibe beim Thema und vermeide Beschuldigungen.
3. Interessiere dich für die Sichtweise des anderen und gehe auf sie ein. Lass ihn ausreden und falle ihm nicht ins Wort.
4. Sucht Lösungsmöglichkeiten, die für beide annehmbar sind. Es soll keinen Sieger und keinen Verlierer geben.
5. Trefft eine klare Abmachung.

Das kann ich

A) Konflikt

Der Konfirmandenunterricht dauert bis 17.00 Uhr. Henris Fußballtraining beginnt bereits eine halbe Stunde früher, um 16.30 Uhr. Henris Pfarrerin besteht darauf, dass er regelmäßig bis zum Ende der Stunde da bleibt. Der Trainer hat Henri gesagt, dass er gar nicht erst kommen braucht, wenn er nicht pünktlich da ist. Beide Termine können nicht verschoben werden. Henri will natürlich am Ende der Konfirmandenzeit konfirmiert werden, er will aber auch mit seinen Freunden in der Mannschaft spielen.

1. Wann spricht man von einem Konflikt?
2. Stelle in diesem Fallbeispiel die unterschiedlichen Interessen gegenüber.

B) Konfliktarten

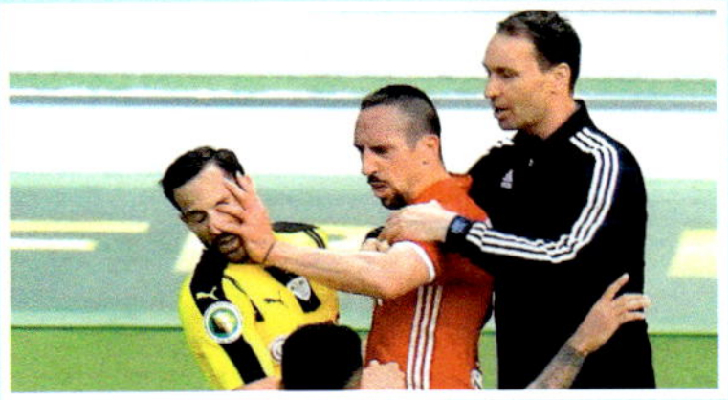

1. Um welche Konfliktart handelt es sich auf diesem Foto?
2. Nenne noch drei weitere Konfliktarten.

C) Konfliktstrategien von Jesus

1. Sei nicht aggressiv.
2. Wenn jemand einem dumm kommt, soll man sich wehren.
3. Sorgt bei einem Streit dafür, dass die Menschen sich wieder vertragen.
4. Man darf sich nicht alles gefallen lassen.
5. Man soll Gleiches mit Gleichem vergelten.
6. Der Klügere gibt nach.
7. Rache ist süß.
8. Begegne Gewalt nicht mit Gewalt.
9. Auge um Auge, Zahn um Zahn.
10. Was du nicht willst, dass man dir tu, das füg auch keinem andern zu.

1. Bei den folgenden Sätzen handelt es sich um Aussagen, die entweder das übliche Konfliktverhalten beschreiben oder der Meinung von Jesus entsprechen. Ordne die Sätze jeweils zu.

D) Umgang mit Konflikten

Luisa (14 J.) kommt von der Schule nach Hause. Ihre Mutter ist gerade dabei, den pfeifenden Dampfkochtopf vom Herd zu nehmen. Gleichzeitig klingelt das Telefon und das kleine Brüderchen fängt an zu schreien. In diese hektische Stimmung hinein ruft Luisa: „Ah Mam, dass ich's nicht vergesse: Du musst mir noch 10 Euro für den Klassenausflug geben!" Luisas Mutter antwortet gereizt: „Aber sicher nicht jetzt!" Luisa schreit: „Scheiß Mutter!" und rennt raus.

1. Beurteilt das Konfliktverhalten von Luisa. Welche der vier Möglichkeiten im Umgang mit Konflikten hat Luisa gewählt?

E) Konfliktgespräch

1. Luisa und ihre Mutter treffen sich zu einem Konfliktgespräch. Suche dir einen Partner oder eine Partnerin und führt dieses Gespräch unter Einhaltung der fünf Gesprächsregeln.

Schluss-Check

Überlegt gemeinsam:
- *Das war (mir) wichtig in diesem Kapitel: …*
- *Das sollte man sich merken: …*
- *Gibt es etwas, das noch geklärt werden muss?*

SPEICHERN

Wie soll ich mich entscheiden?

- *Was ist das Gewissen?*
- *Wie entsteht das Gewissen?*
- *An was kann ich mich in einem Gewissenskonflikt orientieren?*
- *Ich habe einen schlimmen Fehler gemacht – Wie kann es jetzt weitergehen?*

Gewissen – gewissenlos?

Elias und Daniel machen noch einen Rundgang durch das Kaufhaus. Das tun sie öfters, wenn sie nach der Schule auf den Bus warten müssen. Meistens besuchen sie die Elektroabteilung und checken die neusten Computerspiele. Heute gehen sie anschließend noch durch die Süßwarenabteilung. Elias kauft sich Brausebällchen und Daniel Fruchtgummischlangen.

An der Bushaltestelle zieht Daniel plötzlich das neue Game von Age of Empires aus der Jacke. „Du liebe Zeit, wo hast du denn das plötzlich her?“, fragt Elias. „Die haben nichts gemerkt. Und du anscheinend auch nicht“, lacht Daniel. Elias ist erst einmal sprachlos. Dann fragt er: „Hast du das Spiel geklaut?“ „Klar, oder denkst du, die hätten es mir unter die Jacke gesteckt?“ antwortet Daniel amüsiert. „Ja, aber ...“, fängt Elias an. „Man darf sich nur nicht erwischen lassen“, fällt Daniel ihm ins Wort. „Und wenn sie dich erwischt hätten?“ „Haben sie aber nicht.“ Elias ist skeptisch: „Also ich könnte das nicht ... Hast du denn jetzt kein schlechtes Gewissen? Ich meine ...“ „Ach was, Gewissen! Das gibt’s bei mir nicht. Klauen tun doch alle“, ist Daniel überzeugt. „Meinst du wirklich? Und es macht dir gar nichts aus, wenn du stiehlst?“, will Elias wissen. „Na ja, ein bisschen schon. Mir klopft schon das Herz, wenn ich mir etwas einstecke, ohne zu bezahlen“, gibt Daniel zu, „aber ... damit komme ich klar.“

Elias fragt nach: „Und du hast jetzt wirklich deinen Spaß dabei, wenn du das spielst?“ „Na klar, warum denn nicht?“ „Also ich könnte mich nicht daran freuen. Ich müsste beim Spielen immer daran denken, dass ich es geklaut habe“, ist Elias überzeugt.

1. ❖ **Gib diese Geschichte in eigenen Worten wieder.**
2. ❖ **Beschreibt die unterschiedliche Sichtweise von Elias und Daniel zu diesem Vorfall.**
3. ❖ **Warum meint Elias, dass er keinen Spaß mehr an diesem Spiel hätte?**
4. ❖ **Welche Position kannst du eher nachvollziehen? Begründe deine Meinung.**
5. ❖ **Gab es in deinem Leben schon einmal eine Situation, in der sich dein Gewissen bemerkbar gemacht hat? Erläutere die Situation: Wie hast du dich entschieden?**
6. ❖ **a) Die Karikatur links stellt das Gewissen dar. Was könnte sich der Zeichner dabei gedacht haben?**
   b) Versuche selbst, ein gutes und ein schlechtes Gewissen zu zeichnen oder mit einem Partner als Standbild darzustellen.

M Karikaturen interpretieren, S. 194

M Standbild, S. 197

i **Gewissen**

Das Gewissen ist eine „innere Stimme“, die einem sagt, ob ein Vorhaben gut oder nicht so gut ist, oder ob man richtig oder falsch gehandelt hat. In der Regel fühlt man sich gut, wenn man bei seinem Handeln auf sein Gewissen hört. Dann hat man ein gutes Gewissen. Handelt man gegen sein Gewissen, fühlt man sich unwohl. Man hat dann ein schlechtes Gewissen oder auch Gewissensbisse.

Gewissen – wie entsteht das überhaupt?

Aus dem Tagebuch von Gretchen (2 Jahre)

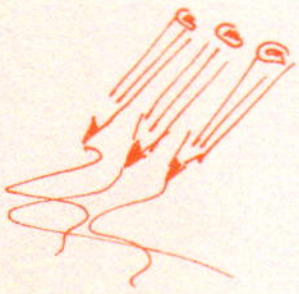

7.00 Uhr: Rotstifte gefunden. Tapete bemalt. Sieht schön aus. Mama arg geschimpft. Tapete bemalen – verboten!

7.15 Uhr: In Papas Arbeitszimmer gewesen. Bücher aus dem Regal gezogen und Blätter rausgerissen. Knistert schön. Papa getobt. Bücher zerreißen – verboten!

8.30 Uhr: Mamas Parfumflasche auf mich geleert. Riecht gut! Mama traurig. Nicht schön, wenn Mama traurig ist. Kein Parfüm mehr ausleeren!

9.00 Uhr: Farbstifte von Bruder bekommen. Tapete bemalt. Oje, oje, vergessen, dass das verboten ist. Mama wird schimpfen! – Mama hat ganz doll geschimpft, aufs Händchen geschlagen. Unbedingt merken: Tapete bemalen – verboten!

10.00 Uhr: Von Oma Schokolade bekommen. Danke gesagt. Mutti freut sich, sagt: Fein, Gretchen. Schön, wenn Mama sich freut und „Fein, Gretchen" sagt. Danke sagen – immer gut!

10.30 Uhr: Von der Schokolade allen abgegeben. Alle freuen sich und sagen „Danke, Gretchen". Schön, wenn alle sich freuen. Abgeben – gut!

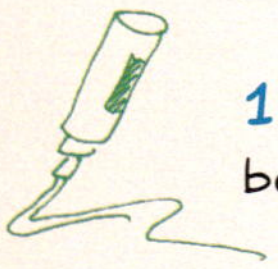

11.00 Uhr: Dicke Eddings gefunden. Achtung: Nicht Tapete bemalen!

11.30 Uhr: Auf Töpfchen gewesen. Mama lobt Gretchen. Gut! Händchen ins Töpfchen gesteckt. Mama schreit: „Pfui!" und schimpft. Händchen in Töpfchen – strengstens verboten!

12.00 Uhr: Regenwurm im Garten gefunden, ein bisschen mit ihm gespielt und dann gegessen. Schmeckt interessant!

12.30 Uhr: Genug gelernt für heute Morgen. Gehe jetzt ins Bett und mache einen Mittagsschlaf.

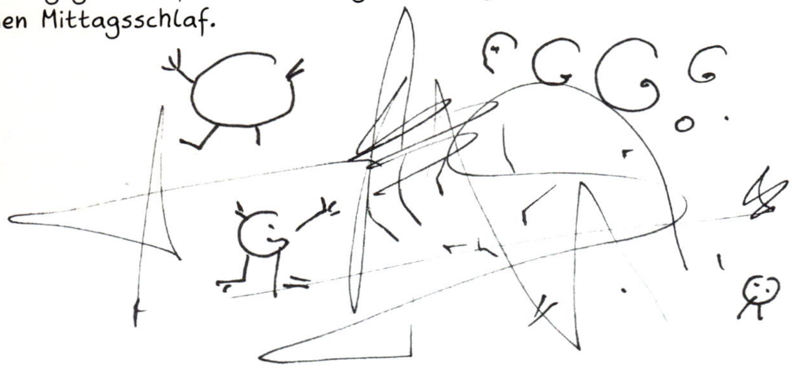

1. ❖ Gretchen hat an diesem Morgen viel gelernt. Nennt Beispiele.

2. ❖ Wie lernt Gretchen, was richtig und falsch ist? Überlegt euch weitere Beispiele.

3. ❖ Beschreibe, wie das Gewissen im Menschen gebildet und entwickelt wird.

Das Gewissen entwickelt sich aufgrund unterschiedlicher Einflüsse. Belohnung und Bestrafung in der Familie spielen dabei genauso eine Rolle wie die verschiedenen Einflüsse von Freunden und Freundinnen und auch der Medien.

Wer oder was hat deine Erziehung bisher geprägt?

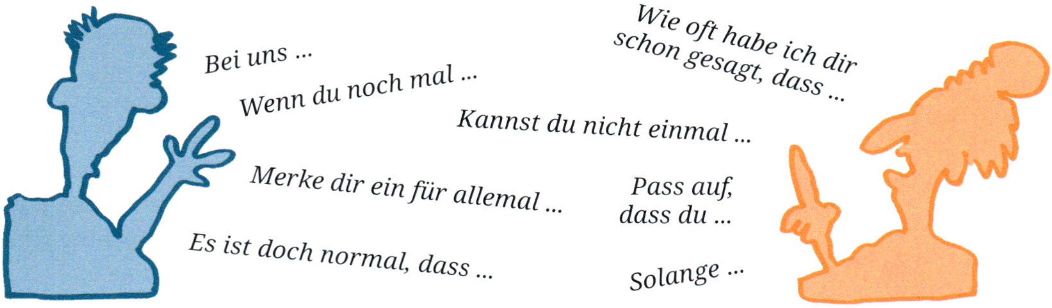

4. ❖ Vervollständigt die angefangenen Sätze in der Grafik. Was sollen solche Sätze bewirken, und was lernt man tatsächlich durch sie?

Lebenswege, S. 10f.

5. ❖ Wer hat deine Gewissensbildung beeinflusst? (Eltern, Lehrer, Erzieher, Großeltern, bestimmte Vorbilder, Freunde, Cliquen, bestimmte Filme, ...)

6. ❖ Schreibe typische „Erziehungssätze" aus deiner Erziehung auf und überlege dir, welches Ziel deine Eltern jeweils dabei gehabt haben könnten.

7. ❖ Welche Einstellungen, Haltungen und Verhaltensweisen wären für dich als Elternteil wichtig, deinem Kind anzuerziehen? Nenne fünf wichtige Verhaltensweisen und begründe deren Bedeutung.

Unterschiedliche Gewissen?

8. ❖ In der Beispielgeschichte Seite 49 reagieren Elias' und Daniels Gewissen verschieden. Was könnten Gründe für solch unterschiedliche Reaktionen sein?

Gewissenskonflikte

Alles lief super. Paul (18 Jahre) war im dritten Ausbildungsjahr als Elektroniker. Am Anfang hatte es ihm nicht so gut gefallen, weil der Meister, dem er zugeteilt war, ihn oft schikanierte und er viele Überstunden machen musste. Aber seit er seinen Führerschein und ein Auto hatte, war alles besser. Er konnte jetzt direkt zu den verschiedenen Baustellen fahren und musste nicht auf andere warten. Dadurch sparte er viel Zeit. Und weil Paul einen Führerschein hatte, durfte er ab und zu mit dem Firmenauto Materialien vom Lager zu den Baustellen fahren, was Paul sehr gern machte. Paul liebte sein Auto. Immer wenn er Zeit hatte, bastelte er daran herum. Gerade hatte er sich neue Lautsprecher mit einer doppelten Subwoofer-Endstufe eingebaut. Täglich freute er sich an dem fetten Sound.
Seit einem halben Jahr hatte Paul eine Freundin, Marlene. Marlene war 17, sie hatten sich in einer Disco in Frankfurt kennengelernt. Marlene lernte Einzelhandelskauffrau und wohnte ungefähr 20 km weg von Paul. Die beiden liebten Technomusik und waren jedes Wochenende in verschiedenen Clubs unterwegs. Paul holte Marlene dann immer mit seinem Auto ab und brachte sie auch wieder nach Hause. Die beiden hatten viel Spaß zusammen.
Heute war es bei Paul etwas später geworden. Ein Arbeitskollege hatte Geburtstag gefeiert und noch einen ausgegeben. Nun war Paul auf dem Heimweg. Er war gut gelaunt und freute sich auf das Wochenende. Ein bisschen hatte er ein schlechtes Gewissen wegen der vier Bier und zweier sehr gut eingeschenkter Jägermeister, aber er fuhr langsam und nahm seinen Geheimweg durch den Wald, wo die Polizei nie kontrollierte. Gerade hatte er einen Rollerfahrer überholt, als er einen Schatten von rechts wahrnahm. Ein Radfahrer! Im gleichen Moment spürt Paul einen dumpfen Schlag gegen den Wagen und er merkt, dass er irgendetwas überfahren hat. Paul will bremsen und anhalten. Da schießen ihm plötzlich eine Menge Gedanken durch den Kopf.

Pro und Kontra, S. 196

1. ❖ **Welche Entscheidung muss Paul treffen?**
2. ❖ **Sammelt an der Tafel, welche verschiedenen Gedanken ihm durch den Kopf schießen könnten.**
3. ❖ **Diskutiert und bewertet die einzelnen Argumente auch im Blick auf die jeweiligen Konsequenzen.**
4. ❖ **Wie wird sich Paul wohl entscheiden? Wie hättest du dich in Pauls Situation verhalten? Begründe deine Meinung.**

Die Oma von **Julius (13 Jahre)** liegt nach einem Unfall seit längerer Zeit im Krankenhaus. Es geht ihr nicht gut. Julius ist Omas einziger Enkel und sie liebt ihn sehr. Am Sonntag besuchen seine Eltern die Oma und sie fragen Julius, ob er mitkommen wolle. Julius hatte sich eigentlich mit zwei Freunden fürs Kino verabredet.

Anna-Laura (14 Jahre) steht an der Fleischtheke im Supermarkt. Sie bekommt mit, wie eine Verkäuferin ein ausländisches Mädchen mit Kopftuch lächerlich macht. Das Mädchen geht in die gleiche Schule wie Anna-Laura und ist eigentlich ganz in Ordnung. Soll Anna-Laura etwas sagen?

Raffael (16 Jahre) und Theo (16 Jahre) sind seit Jahren die besten Freunde. Raffael bekommt zufällig mit, dass Karolin, Theos Freundin, im Jugendzentrum mit Philipp rumknutscht. Karolin fleht Raffael an, Theo nichts zu verraten. Sie liebe Theo, und das mit Philipp sei nur ein einmaliger Ausrutscher. Raffael verspricht es ihr. Am nächsten Tag fragt Theo Raffael, was Karolin gestern im Jugendzentrum gemacht hat.

Wibke (**17 Jahre**, 1. Ausbildungsjahr als Altenpflegerin) ist seit einen halben Jahr mit Carlos (17 Jahre, 10. Klasse Realschule) zusammen. Nun stellt Wibke fest, dass sie schwanger ist. Es muss auf Henriks Party passiert sein. Und Carlos hatte ihr doch hoch und heilig versprochen aufzupassen. Als Wibke Carlos darauf anspricht, sagt er, sie solle das Baby wegmachen lassen, er wolle damit nichts zu tun haben.

Der evangelische Pfarrer **Dietrich Bonhoeffer**, der seinen Glauben und damit auch das 5. Gebot „Du sollst nicht töten!“ sehr ernst nimmt, wird gefragt, ob er sich bei einem Mordanschlag auf Adolf Hitler beteiligen würde. Hitler ist der Hauptverantwortliche für die grausamen Verbrechen während der Herrschaft des Nationalsozialismus. Sein Tod würde Millionen von Menschen das Leben retten.

Nino (15 Jahre) geht mit Déborah (14 Jahre) Eis essen. Sie werden von einem jungen Mädchen bedient, das sehr nett ist. Beim Bezahlen stellt Nino fest, dass ihm die Bedienung auf 50 Euro herausgegeben hat. Er hat aber nur mit einem 10-Euro-Schein bezahlt.

Ein Stockwerk über **Lasse (15 Jahre)** wohnt Fabrizio (19 Jahre). Lasse findet Fabrizio ziemlich cool und er bewundert ihn sehr. Eines Tages klingelt Fabrizio bei Lasse. „Hier, du musst das für mich verstecken. Überall bei meinen Kumpels waren schon die Bullen zur Hausdurchsuchung. Wenn die so was bei mir finden, bin ich geliefert.“
Lasse hat zwar keine Erfahrung mit solchen Sachen, aber er erkennt trotzdem einen in Silberpapier eingewickelten Klumpen Haschisch und eine Waage.

Abraham erhält von Gott den Auftrag, auf einen Berg zu steigen und dort Isaak, seinen einzigen Sohn, als Opfer für ihn zu töten. Abraham liebt seinen Sohn und möchte ihn unter keinen Umständen verlieren. Allerdings war er Gott bisher immer gehorsam, und sein Vertrauen hatte sich schon oft ausgezahlt.

1. ❖ **Beschreibt bei den obigen Fallbeispielen, worin jeweils der Gewissenskonflikt besteht, d.h. welche verschiedenen Stimmen im Widerspruch stehen.**
2. ❖ **Wähle ein Fallbeispiel aus und erstelle eine Grafik wie auf Seite 52, in die du die widerstreitenden Stimmen einträgst.**
3. ❖ **Du steckst in einem Gewissenskonflikt. Verschiedene widersprüchliche Gedanken gehen dir durch den Kopf. Nach welchen Kriterien triffst du dann deine Entscheidung?**

Bei einem Gewissenskonflikt streiten in uns verschiedene Stimmen. Wir wissen nicht, wie wir uns entscheiden sollen. In solchen Konfliktsituationen brauchen wir eine Orientierung, einen Maßstab für unser Handeln.

Orientierung und Maßstäbe für unser Handeln

Die Zehn Gebote

Gott gab dem Volk Israel Zehn Gebote, die das Zusammenleben der Menschen regeln und die Freiheit des Einzelnen schützen sollten.

1. Gebot: Ich bin der Herr, dein Gott. Du sollst keine anderen Götter neben mir haben.
2. Gebot: Du sollst den Namen des Herrn, deines Gottes, nicht missbrauchen.
3. Gebot: Du sollst den Feiertag heiligen.
4. Gebot: Du sollst deinen Vater und deine Mutter ehren.
5. Gebot: Du sollst nicht töten.
6. Gebot: Du sollst nicht ehebrechen.
7. Gebot: Du sollst nicht stehlen.
8. Gebot: Du sollst nicht falsch Zeugnis reden wider deinen Nächsten.
9. Gebot: Du sollst nicht begehren deines Nächsten Haus.
10. Gebot: Du sollst nicht begehren deines Nächsten Frau, Knecht, Magd, Rind, Esel, noch alles, was dein Nächster hat.

2. Mose 20,2-17 B

Das wichtigste Gebot: Das Doppelgebot der Liebe

nach Matthäus 22,37-40 B

Jesus wurde einmal gefragt, welches das wichtigste Gebot sei. Jesus überlegte einen Moment und antwortete dann: „Es gibt zwei Gebote, die sind die allerwichtigsten: *Du sollst den Herrn, deinen Gott, lieben von ganzem Herzen, von ganzer Seele und mit allen Kräften. Und: Du sollst deinen Nächsten lieben wie dich selbst.*"

Die goldene Regel

nach Matthäus 7,12 B

In der Bergpredigt gibt Jesus einen Tipp, wie man mit seinen Mitmenschen umgehen soll. Diese so genannte „goldene Regel" ist ein alter und weit verbreiteter Grundsatz und kann in Konfliktsituationen Orientierung geben:
Behandelt die Menschen so, wie ihr von den Menschen behandelt werden wollt.

Internet-Recherche, S. 193 M

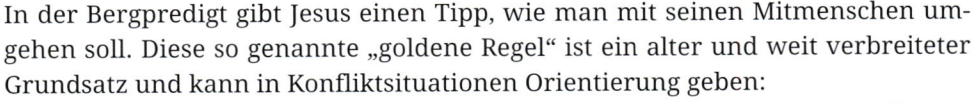

1. ❖ Inwieweit können diese Gebote in Konfliktsituationen Orientierung geben? Bewerte sie einzeln nach drei Kategorien: A = ist hilfreich, B = kann vielleicht hilfreich sein, C = ist nicht hilfreich.

2. ❖ Sammelt Situationen, in denen die Orientierung an einzelnen Geboten helfen könnte.

3. ❖ In den folgenden Fallbeispielen befinden sich Menschen in Gewissenskonflikten. An welchen biblischen Geboten oder Regeln könnten sie sich jeweils orientieren und wie müssten sie sich dann entscheiden?

A

Am Samstag wird **Gianluca** heiraten. Heute haben seine Freunde für ihn einen Junggesellenabschied organisiert. Sie ziehen durch verschiedene Kneipen und lassen es so richtig krachen. Zum Schluss der Höhepunkt: Sie gehen in eine Bar, wo die Freunde für Gianluca eine Stripperin organisiert haben. „Und jetzt kannst du noch mit ihr aufs Zimmer gehen", sagen sie ihm. „Es ist alles bezahlt."

B

Endspiel um die deutsche U21-Fußballmeisterschaft zwischen dem FC Bayern München und Borussia Dortmund. Das Spiel ist in der Verlängerung und es steht immer noch unentschieden 2:2. In der 120. Spielminute gibt es nochmals einen Eckball für die Bayern. Der Ball kommt scharf herein, mehrere Spieler springen hoch und **Mario**, der Außenstürmer der Bayern, drückt den Ball mit der Hand ins Tor. Der Schiedsrichter, der das nicht gesehen hat, gibt das Tor für die Bayern und pfeift gleichzeitig das Spiel ab. Als die Dortmunder protestieren, ruft der Schiedsrichter Mario zu sich und fragt ihn: „War das Tor regulär oder haben Sie es mit der Hand erzielt?"

C

Lea ärgert sich, weil sie in der Mathearbeit eine Fünf hat und ihre Freundin Julia eine Zwei. Lea überlegt sich, ob sie dem Mathelehrer sagen soll, dass Julia einen Spickzettel benutzt hat.

D

Soldaten erhalten den Befehl, ein feindliches Dorf zu zerstören, weil dort ein Terrorist vermutet wird. Allerdings leben in diesem Dorf auch wehrlose Frauen und Kinder.

E

Der Chef der Firma Pizzfrisch muss den neuen Werbespot beurteilen: An einem Tisch sitzen mehrere Mönche in ihren Kutten und essen eine große Pizzfrisch-Pizza. Dabei preisen sie den Geschmack als „himmlisch", „göttlich" und „wie im Paradies" an.

F

Jasemin (19 J.) wohnt seit einem halben Jahr mit ihrem Freund (20 J.) zusammen. Jasemin ist gelernte Kosmetikerin und will sich demnächst selbstständig machen. Doch dafür fehlt ihr noch das Geld. Deshalb arbeitet sie nebenher in einem Bräunungsstudio. Während der Woche sehen sie und ihr Freund sich nicht so oft, aber an den Wochenenden unternehmen sie meistens etwas gemeinsam. Nun bekommt Jasemin das Angebot, auch sonntags im Bräunungsstudio zu arbeiten.

G

Tim findet auf dem Bahnhofsvorplatz einen Geldbeutel mit mehreren großen Geldscheinen, Kreditkarten und einem Ausweis.

Schuld und Vergebung

Julius ist verzweifelt

Julius ging es schlecht. Er hatte keinen Appetit. Lustlos stocherte er in seinem Essen herum. Als er von der Schule heimgekommen war, fand er diesen Zettel:

Hallo Julius,
Oma ist heute Morgen gestorben. Wir sind im Krankenhaus. Essen ist im Kühlschrank. Mach es dir in der Mikrowelle warm,
Mama

Am Sonntag hatten ihn seine Eltern noch gefragt, ob er mitgehen wolle ins Krankenhaus, die Oma besuchen. „Ich komm das nächste Mal mit", hatte Julius geantwortet und war lieber mit Freunden ins Kino gegangen. Dabei wusste er genau, wie sehr ihn die Oma liebte, wie sie auf ihn wartete und wie sie sich jedes Mal freute, wenn er sie besuchte. Julius war ihr einziger Enkel und ihr Ein und Alles.
Als Oma noch gesund war, hatte sie sich oft um Julius gekümmert, wenn seine Eltern nicht da waren. Sie hatte ihm dann immer sein Lieblingsessen gekocht und abends hatten sie es sich vor dem Fernseher gemütlich gemacht. Bei Oma durfte Julius viel länger aufbleiben als bei seinen Eltern.
Und jetzt war Oma gestorben und Julius hatte sie nicht mehr besucht. Er hatte sich nicht mehr von ihr verabschieden können. Er hatte sie nicht mehr in den Arm nehmen und ihr sagen können, dass sie die beste Oma auf der ganzen Welt ist – weil er lieber ins Kino gegangen war. Und das konnte er nun nie wiedergutmachen. Nie wieder, sein ganzes Leben lang. Julius kamen die Tränen. Er ging in sein Zimmer, warf sich auf sein Bett und weinte.

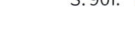

Gott verzeiht, S. 90f.

1. ❖ Nennt die Gründe für Julius' Verzweiflung.

2. ❖ Versucht zu beschreiben, was in Julius vorgeht.

Julius findet Trost

Am nächsten Tag ging es Julius nicht besser. Er sprach in der Schule kaum etwas mit seinen Freunden. Er konnte es sich einfach nicht verzeihen, dass er seine Oma im Stich gelassen hatte. Aber dann hatten sie Reli und sprachen über eine Geschichte von Jesus und Petrus.

Die letzten 24 Stunden im Leben Jesu, S. 104f.

Jesus und Petrus

Petrus hatte es Jesus versprochen: „Und wenn ich mit dir sterben müsste", hatte er gesagt, „ich werde immer für dich kämpfen und vor allen Menschen bekennen, dass ich zu dir gehöre." Nun war Jesus von den Soldaten verhaftet worden. Ihm und seinen Anhängern drohte die Todesstrafe. Petrus war den Soldaten gefolgt,

weil er wissen wollte, was mit Jesus passierte. Als Jesus im Haus des Hohenpriesters verhört wurde, mischte sich Petrus im Hof unter die Menschen, die sich am Feuer wärmten. Da trat plötzlich eine Magd auf Petrus zu: „Du gehörst doch auch zu den Jesus-Leuten", sagte sie laut. Schon wurden einige Soldaten aufmerksam. Petrus bekam Angst. Er schüttelte den Kopf und antwortete: „Was redest du da? Ich hab keine Ahnung, was du meinst." Petrus wollte weggehen, aber die Magd ging ihm nach und sagte zu den Herumstehenden: „Der dort gehört auch zu Jesus!" Die Soldaten kamen auf Petrus zu, aber Petrus stritt dies ein zweites Mal ab. Nun mischten sich auch die anderen Leute im Hof ein: „Natürlich gehörst du zu ihm! Man hört es ja an deiner Sprache! Du sprichst wie er!" Da fing Petrus an zu fluchen. Er schwor: „Ich kenne diesen Jesus von Nazareth überhaupt nicht, von dem ihr redet!" In diesem Moment krähte der Hahn und Jesus, der gerade gefesselt durch den Hof geführt wurde, schaute Petrus an. Da wurde Petrus klar, dass er Jesus eben dreimal verleugnet hatte, und dass Jesus es wusste. Und dass er das nie wiedergutmachen konnte. Petrus zog es den Magen zusammen, ihm wurde schlecht. Tränen schossen ihm in die Augen. Er lief hinaus und weinte bitterlich.
Petrus war völlig verzweifelt. Er hatte alles zerstört, was ihm wichtig war. Er hatte Jesus, seinen besten Freund und sein Vorbild, enttäuscht. Petrus wollte nicht mehr leben.

Lex Hohepriester, S. 201

M Bildmeditation, S. 192

José Vela Zanetti: Der Apostel Petrus (20. Jh.).

Petrus hatte gehört, dass Jesus auferstanden war und noch einmal alle seine Freunde sehen wollte. Petrus traute sich nicht, hinzugehen. Er konnte Jesus nicht mehr gegenübertreten, so wie er ihn enttäuscht hatte. Die anderen Jünger überredeten Petrus, doch mitzugehen. Nun saß Petrus allein am Lagerfeuer und starrte vor sich hin.
Da setzte sich Jesus neben ihn und sprach ihn an. Dreimal fragte er ihn: „Petrus, hast du mich lieb, lieber als alle anderen?" Und dreimal antwortete Petrus: „Ja, Herr, du weißt doch, wie sehr ich dich lieb habe." Petrus wurde traurig. Warum fragte ihn Jesus dreimal? Dachte Jesus etwa daran, dass er ihn dreimal verleugnet hatte? Da legte Jesus seinen Arm um Petrus, schaute ihm lange in die Augen und sagte: „Dann weide meine Schafe!" Und Petrus verstand, was Jesus ihm sagte. Er sollte ein Hirte werden, kein Hirte, der Schafe weidet, sondern ein Hirte, der sich im Namen Jesu Menschen zuwendet und sie zu Gott führt. Wieder schossen Petrus die Tränen in die Augen. Doch diesmal nicht aus Verzweiflung, sondern aus Freude. Jesus hatte ihn so lieb, dass er ihm seinen Fehler verzieh. Und nicht nur das, er bekam auch noch eine neue Chance, denn Jesus traute ihm eine große Aufgabe zu: Er, der Versager Petrus sollte die frohe Botschaft von Jesus allen Menschen weitersagen. Und diesmal würde er Jesus nicht enttäuschen.

nach Lukas 22 B

M Pozek-Schlüssel, S. 195

1. ❖ **Analysiert den Text mit Hilfe des Pozek-Schlüssels.**
2. ❖ **Warum meint Julius, dass die Geschichte extra für ihn bestimmt sei?**
3. ❖ **Erklärt, warum es Julius nach dieser Geschichte viel besser geht.**

Julius hatte immer aufmerksamer zugehört. Ihm war, als ob diese Geschichte extra für ihn bestimmt sei. Er konnte Petrus so gut verstehen. Ihm ging es ja genau so wie Petrus. Und wenn Jesus Petrus verzieh, wenn er ihn in den Arm nahm, wenn er ihn trotz seines Fehlers lieb hatte und ihm eine neue Chance gab, ja dann … Und auf einmal war es, als ob eine Zentnerlast von Julius abfiele …

Wissen und Können

Das weiß ich

- Das Gewissen ist eine „innere Stimme“, die einem sagt, ob etwas gut oder schlecht ist oder ob man richtig oder falsch gehandelt hat.
- Das Gewissen entwickelt sich aufgrund unterschiedlicher Einflüsse. Belohnung und Bestrafung in der Familie spielen dabei genauso eine Rolle wie die verschiedenen Einflüsse von Freunden und Freundinnen und auch der Medien.
- Bei einem Gewissenskonflikt streiten in uns verschiedene Stimmen. Wir wissen nicht, wie wir uns entscheiden sollen. In solchen Konfliktsituationen brauchen wir eine Orientierung, einen Maßstab für unser Handeln.
- Die Zehn Gebote bieten Orientierung im menschlichen Zusammenleben. Sie wollen ein Leben in Freiheit schützen. Sie sind Maßstab für das Verhältnis zwischen Gott und den Menschen (Gebote 1- 3) und für das Verhältnis der Menschen untereinander (Gebote 4-10).
- Jesus hat zwei wichtige Gebote aus seiner Bibel, dem Alten Testament, zusammengenommen und miteinander als das wichtigste Gebot überhaupt bezeichnet. In der Liebe zu Gott und zum Nächsten, d.h. zum anderen Menschen, der uns braucht, sind nach Jesus alle Gebote zusammengefasst.
- Als goldene Regel bezeichnet man einen alten und weit verbreiteten Grundsatz, den auch Jesus in der Bergpredigt seinen Zuhörern nahelegte: Behandle andere so, wie du von ihnen behandelt werden möchtest. Eine negative Fassung der goldenen Regel ist auch als gereimtes Sprichwort bekannt: Was du nicht willst, dass man dir tu, das füg auch keinem andern zu.
- Petrus hat Jesus verleugnet. Er hat einen schlimmen Fehler gemacht und kann dies nicht wiedergutmachen. Petrus bereut seine Tat sehr und Jesus verzeiht ihm. Petrus erhält eine neue Chance und kann einen neuen Anfang machen. Das Gleiche gilt auch für uns. Auch wenn wir einen Fehler machen und ihn bereuen, verzeiht uns Gott. Und auch für uns ist dann vor Gott ein Neuanfang möglich.

Das kann ich

A) Gewissen

In der 10. Klasse werden heute im Englischunterricht Vokabeln abgehört. Es gibt Noten. Ann-Katrin und Joshua haben beide vergessen, die Vokabeln zu lernen. Joshua hat deswegen ein schlechtes Gewissen. Er entschuldigt sich vor der Stunde bei der Englischlehrerin und muss die Vokabeln bis zum nächsten Tag nachlernen. Ann-Katrin hat kein schlechtes Gewissen. Sie entschuldigt sich nicht, und als sie eine 6 bekommt, ist ihr das auch egal.

1. **Beschreibt die unterschiedlichen Reaktionen des Gewissens bei Joshua und Ann-Katrin.**
2. **Benennt mögliche Gründe für diese unterschiedlichen Reaktionen.**

B) Was passt zusammen?

a. Innere Stimme in uns
b. Du sollst nicht töten.
c. 9./10. Gebot
d. Hat man, wenn man gegen sein Gewissen handelt
e. Du sollst Gott und deine Mitmenschen lieben
f. Hat Jesus dreimal verleugnet
g. Du sollst deinen Vater und deine Mutter ehren
h. Sollen das Zusammenleben der Menschen regeln und die Freiheit des Einzelnen schützen
i. 1. Gebot
j. Gewissenskonflikt
k. Du sollst den Namen Gottes nicht missbrauchen
l. Das Gewissen entwickelt sich
m. Jesus
n. Ein gutes Gewissen
o. 3. Gebot
p. Wenn du etwas falsch gemacht hast und es bereust
q. 6. Gebot
r. Du sollst nicht stehlen
s. Goldene Regel
t. Du sollst nicht falsch Zeugnis reden ....

1 hat man, wenn man auf sein Gewissen hört	**2** kannst auch du wie Petrus auf Vergebung und einen Neuanfang hoffen.	**3** Du sollst keine anderen Götter neben mir haben	**4** durch unterschiedliche Einflüsse wie Belohnung oder Bestrafung	**5** Du sollst nicht neidisch sein	**6** Behandle andere so, wie du behandelt werden willst
7 widersprüchliche innere Stimmen	**8** verzeiht Petrus und auch dir			**9** Petrus	**10** Gewissen
11 Du sollst den Feiertag heiligen	**12** 7. Gebot.			**13** Zehn Gebote	**14** Du sollst nicht ehebrechen
15 5. Gebot	**16** Doppelgebot der Liebe	**17** 4. Gebot	**18** Schlechtes Gewissen	**19** 8. Gebot	**20** 2. Gebot

Schluss-Check

Überlegt gemeinsam:
- *Das war (mir) wichtig in diesem Kapitel: …*
- *Das sollte man sich merken: …*
- *Gibt es etwas, das noch geklärt werden muss?*

Glaube verändert sich

- *Was denkst du über Gott?*
- *Kann sich Glaube verändern?*
- *Warum ist eine Nacktschnecke wertvoll?*
- *Was ist ein Ebenbild Gottes?*

Ich finde es schwer, an Gott zu glauben, weil man ja gar nicht weiß, wie er ist oder wie er aussieht.

A

Michelangelo:
Die Erschaffung Adams, 1512.

B *Dass Gott die Welt erschaffen hat, das kann doch gar nicht sein. Das kann man doch heute alles wissenschaftlich erklären.*

C *Ich bete nicht mehr zu Gott, weil er mir in einer schlimmen Situation nicht geholfen hat.*

D *Gott ist für mich eine höhere Macht, die man sich eigentlich gar nicht vorstellen kann. Trotzdem glaube ich an ihn.*

E *Ja, ich glaube an Gott. Ich bete oft zu ihm und er hat mir auch schon oft geholfen.*

F *Eigentlich glaube ich nicht an Gott. Aber komisch: Wenn es mir schlecht geht, bete ich doch zu ihm.*

G *Ich glaube an Gott. Aber in die Kirche gehe ich nicht. Man kann auch an Gott glauben, ohne in die Kirche zu gehen.*

1. ❖ **Diskutiert die einzelnen Aussagen.**
2. ❖ **Bewerte die einzelnen Aussagen mit bis zu 5 Punkten (0 = völlige Ablehnung, 5 = totale Zustimmung). Vergleicht eure Wertungen in der Klasse.**
3. ❖ **Formuliere eine eigene Aussage zu deinem Glauben.**
4. ❖ **Untersuche das Bild mit Hilfe der Methode „Bildbetrachtung“.**
5. ❖ **Recherchiere im Internet zu Michelangelo und seinem Gemälde „Die Erschaffung Adams“.**

M Bildbetrachtung, S. 191

Glaube braucht Erfahrung

Elefanten gibt es nicht!

In einer Schule in einem fernen Land gab es eine Klasse, in der noch kein Schüler je einen Elefanten gesehen hatte. Um seinen Schülern eigene Erfahrungen mit einem Elefanten zu ermöglichen, machte der Lehrer ein Experiment. Er ließ einen Elefanten vor die Schule bringen und verband den Kindern die Augen. Dann bat er sie, den Elefantenkörper mit den Händen zu betasten, um eine Vorstellung von seiner Gestalt und seiner Größe zu bekommen. Die Kinder gingen hinaus und begannen, mit den Händen den Körper des Elefanten zu befühlen. Als sie fertig waren, forderte der Lehrer sie auf, die Gestalt und Größe des Elefanten zu beschreiben. Einer der Schüler, der den Schwanz des Elefanten angefasst hatte, sagte: „Ein Elefant sieht aus wie ein dicker großer Strick." Eine andere, die den Bauch befühlt hatte, meinte: „Ein Elefant sieht aus wie ein ganz großer Korb." Eine dritte, die eines seiner Ohren betastet hatte, rief: „Ein Elefant ist wie ein großer Fächer." Einer, der den Rüssel gefühlt hatte, sagte: „Einen Elefanten kann man am besten mit einer großen Röhre vergleichen." Der Schüler, der eines der Beine betastet hatte, rief: „Alles Quatsch! Ein Elefant ist wie eine Säule!" Einer, der auf dem Rücken des Elefanten gesessen hatte, stellt fest: „Es ist doch ganz klar: Ein Elefant ist wie ein großer Berg." Und schließlich meint ein Schüler, der den Elefanten überhaupt nicht gefunden und nur in der Luft herumgefühlt hatte: „Das ist doch alles Unsinn. Elefanten gibt es überhaupt nicht."

Verfasser unbekannt

1. ❖ **Gib die Geschichte in eigenen Worten wieder.**

2. ❖ **In der Geschichte kommt das Wort „Gott" nicht vor. Erkläre, warum man die Geschichte trotzdem auf die menschlichen Vorstellungen von Gott beziehen kann.**

3. ❖ **Formuliere einen Satz, der zusammenfasst, was die Geschichte sagen will.**

Spuren von Gott

Wenn ein Mensch einem anderen hilft,
und ein Mensch sich für Schwächere einsetzt,
... dann zeigen sich Spuren von Gott.

Wenn ein Mensch sich um andere kümmert,
und ein Mensch einen Streit wieder schlichtet,
... dann zeigen sich Spuren von Gott.

Wenn ein Mensch einen anderen tröstet,
und ein Mensch Gewalt widersteht,
... dann zeigen sich Spuren von Gott.

Wenn ein Mensch einen anderen liebt,
und ein Mensch gegen Unrechtes aufsteht,
... dann zeigen sich Spuren von Gott.

1. ❖ Erklärt mit eigenen Worten, was das Gedicht sagen will.
2. ❖ Schreibe nach dem vorgegebenen Aufbau weitere Strophen zu diesem Gedicht. Beginne immer mit „Wenn ein Mensch …“ und beende die Strophe mit „… dann zeigen sich Spuren von Gott“.
3. ❖ Betrachtet die Fotos auf dieser Seite. Inwiefern könnte man sagen, dass es sich hierbei um Spuren oder Erfahrungen mit Gott handelt? Sammelt weitere Situationen.

Glaube entwickelt sich

A *Ich bin mir nicht mehr so sicher, ob die Geschichten in der Bibel alle so stimmen.*

B *Eigentlich war das schön, als ich als Kind alles so einfach glauben konnte. Wenn ich mich daran erinnere, ist da so ein warmes Gefühl.*

C *Gott beschützt mich.*

D *Ich brauche keinen Gott. Das ist eh alles nur ausgedacht. Wenn es einen Gott gäbe, warum lässt er dann das ganze Leid und die vielen Unglücke zu? Ich glaub nur, was sich beweisen lässt. Ich kann auch ohne Glaube und ohne Gott ganz gut leben.*

E *Das kann doch nicht sein, dass Gott die Welt erschaffen hat. Da gibt es doch für alles wissenschaftliche Erklärungen, wie z.B. den Urknall.*

G *Eigentlich glaube ich schon dran, dass es da irgendwo irgendwas gibt, irgendeine höhere Macht oder so. Irgendetwas, das über den Menschen steht und das man nicht so erklären kann, das aber in einer Beziehung zum Menschen steht. Das ist eigentlich ein schöner Gedanke.*

F *Komisch, ich hab's jetzt einfach mal wieder mit dem Beten probiert und es fühlt sich irgendwie gut an. Irgendwie hat es mir geholfen. Ob vielleicht doch was dran ist?*

H *Wenn ich gut bin, belohnt mich Gott. Wenn ich was Schlimmes mache, bestraft er mich.*

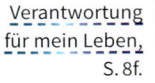

1. ❖ **Lies die einzelnen Aussagen. Was ist jeweils deine Meinung dazu?**

Verantwortung für mein Leben, S. 8f.

2. ❖ **Diese Glaubensaussagen stammen alle von Max – allerdings in verschiedenen Altersstufen:** 3 Jahre / 6 Jahre / 10 Jahre / 13 Jahre / 16 Jahre / 20 Jahre / 23 Jahre / 27 Jahre. **Versucht die Aussagen den einzelnen Altersstufen zuzuordnen.**

3. ❖ **Beschreibt, wie sich der Glaube von Max weiterentwickelt. Welche Situationen haben bei Max zu Zweifeln geführt?**

4. ❖ **Ordnet die Zeichnungen den einzelnen Aussagen zu und erklärt das dargestellte Gottesbild.**

5. ❖ **Wie sieht es mit deinem Glauben aus? Gab es da auch schon Veränderungen?**

Neulich im Park

„Also, wenn ich die ganzen Kriege auf der Welt sehe und wenn ich mir überlege, was ich schon alles erlebt habe – an einen Gott kann ich da nicht mehr glauben, schon gar nicht an einen guten!“
„Wenn ich die Kriege sehe, und wenn ich mir überlege, was ich in meinem Leben schon Schweres erlebt habe, dann könnte ich ohne meinen Glauben an Gott hier nicht so fröhlich sitzen.“

1. ❖ **Beschreibt die unterschiedlichen Sichtweisen der beiden Frauen.**
2. ❖ **Vergleicht die beiden Aussagen mit der Glaubensentwicklung bei Max. Welcher Glaube hat sich weiterentwickelt, welcher ist eher stehengeblieben?**
3. ❖ **Wie könnten sich diese Sichtweisen jeweils auf das Leben der beiden auswirken? Wem geht es mit seiner Sichtweise besser? Begründet eure Meinung.**

„Gott hilft ja eh nicht“

Harry S. war nur knapp dem Tode entgangen. Er erzählte, wie er auf einer Eisscholle auf das offene Meer hinausgetrieben war. Er sei in größter Lebensgefahr gewesen und habe nur noch beten können. „Und, hat Gott geholfen?“, wurde er gefragt. „Ach nein“, antwortete er, „bevor Gott eingreifen konnte, kam die Küstenwache und hat mich gerettet. Gott hilft ja eh nicht.“

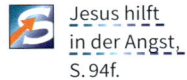

Jesus hilft in der Angst, S. 94f.

4. ❖ **Diskutiert die Antwort von Harry S.**
5. ❖ **Beschreibt, welche Vorstellung von Gott Harry S. hat.**

Gottes Schöpfungsauftrag

Schöpfung, S. 203

Emma: Herr Gutmann, Sie als Pfarrer müssen es doch wissen: Wie ist denn die Welt entstanden? Durch den Urknall oder durch Gott?

Pfarrer Gutmann: Das eine schließt ja das andere nicht aus. Denn woher kommt denn der Urknall? Wer hat denn den Klumpen Materie gemacht, der explodierte? Materie entsteht nicht von allein. Und was war denn vorher? Alles Fragen, die auch heute noch niemand beantworten kann.

Emma: Also war das alles genau so, wie es in der Bibel steht?

Pfarrer Gutmann: Die Schöpfungserzählungen in der Bibel wollen nicht die Frage beantworten, wie die Welt entstanden ist, sondern sie geben Antworten auf andere Fragen, wie z.B.: Gibt es einen Schöpfer, der hinter allem steht? Welche Stellung hat der Mensch gegenüber Gott? Wie soll der Mensch mit den anderen Geschöpfen umgehen? Wenn ich wissen will, wie alles entstanden ist, dann nehme natürlich auch ich ein naturwissenschaftliches Buch zur Hand.

Emma: Wie soll denn der Mensch mit Tieren und so umgehen?

Pfarrer Gutmann: Gott hat auch die Tiere und Pflanzen geschaffen. Deshalb sind die auch wertvoll. Gott gibt die Erde in unsere Verantwortung, aber er gibt uns auch den Auftrag, sorgsam und verantwortungsvoll mit unseren Mitgeschöpfen, d.h. mit den Tieren und den Pflanzen, umzugehen.

1. ❖ **Fasst die Meinung von Pfarrer Gutmann in eigenen Worten zusammen.**
2. ❖ **Warum sind nach Ansicht von Pfarrer Gutmann alle Tiere und Pflanzen wertvoll?**
3. ❖ **Gott fordert von uns, sorgsam und verantwortlich mit Tieren und Pflanzen umzugehen. Sammelt Beispiele für einen solchen sorgsamen Umgang und Beispiele für einen nicht sorgsamen Umgang.**

„Eine eklige Schnecke hat doch keinen Wert!“

Milan: Mann, pass doch auf! Musst du denn mit deinem Rad dauernd über die Nacktschnecken fahren?

Oskar: Nacktschnecken? Meinst du diese braunen Dinger auf dem Boden?

Milan: Genau die meine ich.

Oskar: Und was ist daran so Besonderes?

Milan: Gar nichts. Du sollst bloß aufpassen, dass ...

Oskar: ... dass ich keine überfahre. Die sollen doch selber aufpassen.

Milan: Ach ja! Die Schnecken sollen also zur Seite springen, wenn du mit deinem Rad kommst.

Oskar: Blödsinn. Aber ich kann doch auch nichts dazu, dass jetzt nach dem Regen so viele von den braunen Dingern ...

Milan: ... den Nacktschnecken ...

Oskar: Meinetwegen: den Nacktschnecken auf der Straße herumkriechen.

Milan: Trotzdem könntest du doch vorsichtig fahren und ausweichen. Man kann doch auch fahren, ohne die Tiere zu töten.

Oskar: Töten! Das klingt, als wäre ich ein Straftäter. Als wenn das irgendwas ausmacht, wenn man eine Schnecke überfährt. So eine eklige Schnecke hat doch keinen Wert.

Milan: Woher weißt du das denn?

Oskar: Ich kann mir nicht vorstellen, dass dir irgendjemand dafür auch nur einen Cent zahlt.

Milan: Hat denn nur das einen Wert, wofür man Geld kriegen kann?

Oskar: Du mit deinem Spleen für die Viecher!

Milan: Eine Schnecke gehört genauso zu unserer Welt wie du und ich. Deshalb ist sie wertvoll.

Oskar: Das finde ich ganz schön übertrieben. Aber merkst du: Jetzt fahre ich mit dem Rad schon Slalom, damit ich keinem deiner Lieblinge ein Haar krümme ...

1. ❖ **Gib die unterschiedlichen Positionen von Milan und Oskar in eigenen Worten wieder.**
2. ❖ **Begründe, warum ein scheinbar nutzloses Lebewesen doch wertvoll ist.**
3. ❖ **Sammelt Situationen, in denen Lebewesen oder Pflanzen bedroht sind, und nennt Beispiele, wie man sie schützen könnte.**

Jeder Mensch ist ein Ebenbild Gottes

Emma: Und wie ist denn die Stellung des Menschen zu Gott?

Pfarrer Gutmann: In der Bibel steht, dass der Mensch ein Ebenbild Gottes ist, also dass jeder Mensch, weil er von Gott geschaffen ist, wertvoll ist und dass in jedem deshalb auch ein göttlicher Funke steckt. Jeder Mensch, egal ob jung oder alt, schwarz oder weiß, gesund oder krank, Mann oder Frau, hat also eine göttliche Würde, die ihm niemand nehmen kann. Und dementsprechend sollen wir mit unseren Mitmenschen auch würdevoll umgehen.

1. Betrachte die Fotos.

- ❖ **a) Wähle eine Person aus und überlege dir, welche Lebensgeschichte dieser Mensch hinter sich haben könnte. Stelle diese Lebensgeschichte der Klasse vor.**
- ❖ **b) Was könnte bei den einzelnen Menschen besonders und wertvoll sein? Sammelt Beispiele.**

2. ❖ Diskutiert den Satz: Die Würde des Menschen ist unantastbar.

Menschen brauchen Hilfe, S. 148f.

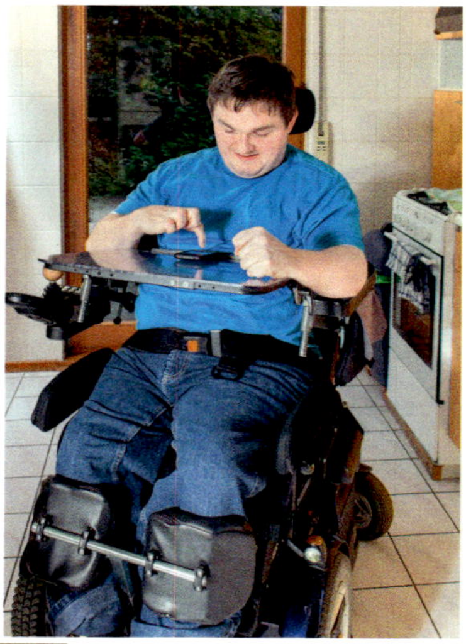

Abstoßender Anblick?

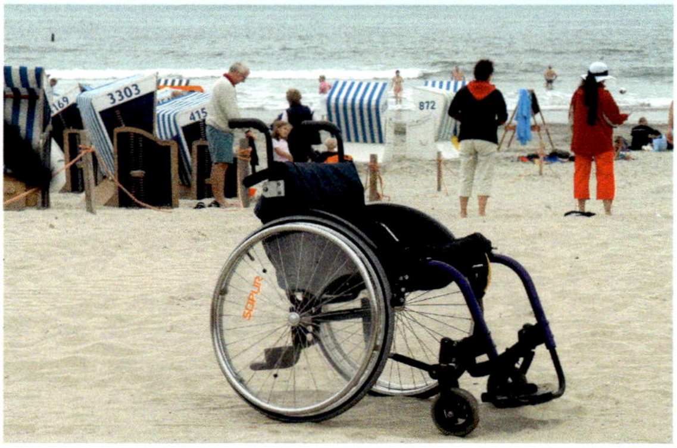

Manfred Schulz, ein 68-jähriger Rentner aus Gelsenkirchen, hatte bei UDC-Reisen für 1399 € einen vierzehntägigen Cluburlaub in Thailand gebucht.
Nach Ablauf der Reise verklagte Manfred Schulz den Reiseveranstalter auf Schadensersatz in Höhe von 1100 € wegen entgangener Urlaubsfreuden. In der Begründung führte Manfred Schulz an: „Der ständige Anblick einer Gruppe geistig Behinderter war für mich so abstoßend, so dass ein Urlaub, der mich den Alltag vergessen lässt – wie es der Reiseveranstalter im Reiseprospekt versprochen hatte – nicht mehr möglich war.“ Das Gericht gab Manfred Schulz Recht und verurteilte das Reiseunternehmen UDC zur Zahlung eines Schadenersatzes von 950 €.
Gegen dieses Urteil protestierte die Gruppe „Lebensrecht“, eine Selbsthilfegruppe behinderter Menschen. Sie erreichte die Neuaufnahme der Gerichtsverhandlung.

1. ❖ Tragt mit der Methode „Blitzlicht“ eure Meinungen zu dem Fall zusammen.

2. ❖ Diskutiert die Klage von Manfred Schulz.

3. ❖ a) Stelle dir vor, du hättest zur gleichen Zeit auch Urlaub in dieser Clubanlage gemacht und Herr Schulz hätte dich gefragt, ob du dich seiner Klage anschließen willst. Was hättest du geantwortet?
b) Mara Klein (38 Jahre) will die Klage von Herrn Schulz nicht mitunterschreiben. Sammelt Argumente, die sie vorbringen könnte.
c) Spielt das Gespräch zwischen dem Rentner Schulz und Frau Klein.

M Blitzlicht, S. 192

M Diskussion, S. 193

Begegnungen mit behinderten Menschen

Hanna (14 J.) und Marie (15 J.) gehen in die Gelateria. Alle Plätze sind besetzt. Nur an einem Tisch, an dem eine geistig behinderte junge Frau sitzt, sind noch vier Plätze frei.

In der Disco bahnt sich ein junger körperbehinderter Mann den Weg zur Theke. Er drängt sich durch die Menge der Jugendlichen.

4. ❖ Diskutiert: Was wird jeweils geschehen? Bewertet die verschiedenen Möglichkeiten.

5. ❖ Überlegt euch, wie wohl die behinderten Menschen die verschiedenen Reaktionen sehen würden.

Wissen und Können

Das weiß ich

- Unsere Vorstellungen von Gott hängen ab von unseren Erfahrungen mit Gott und von dem, was wir über ihn gehört haben. Wenn ich z.B. die Erfahrung gemacht habe, dass Gott mir hilft, wenn es mir schlecht geht, dann stelle ich mir Gott vor als jemanden, der meine Not sieht, der will, dass es mir gut geht, und der das dann auch bewirken kann.
- Mein Glaube kann sich aber verändern und weiterentwickeln. Immer wieder gibt es bei jedem Menschen Phasen, in denen er an Gott zweifelt. Diese Zweifel können aber überwunden werden. Der Zweifel gehört zum Glauben, durch Zweifel kann sich der Glaube weiterentwickeln.
- Gott hat den Menschen als sein Ebenbild geschaffen. Das heißt, in jedem Menschen steckt etwas Göttliches und jeder Mensch ist deshalb, weil er von Gott geschaffen ist, wertvoll. Diese Würde kann keinem Menschen genommen werden. Aus diesem Grund soll man auch allen Menschen mit Würde begegnen.
- Gott hat auch die Tiere und Pflanzen geschaffen. Deshalb sind auch alle Tiere und Pflanzen wertvoll. Gott gibt die Erde in unsere Verantwortung, aber er gibt uns auch den Auftrag, sorgsam und verantwortungsvoll mit unseren Mitgeschöpfen, d.h. mit den Tieren und den Pflanzen, umzugehen.

Das kann ich

A) Glaube entwickelt sich

1. Ordne zu.

C *Gott hilft den guten Menschen und bestraft die bösen.*

A *Wenn es Gott gibt, warum sterben dann z.B. unschuldige Kinder?*

B *Ich glaube an eine höhere Macht, die mir meine Freiheit lässt, aber trotzdem bei mir ist.*

B) Glaube hängt von Erfahrungen ab

König David schreibt in Psalm 23:

Der Herr ist mein Hirte,
mir wird nichts mangeln.
Er weidet mich auf einer grünen Aue
und führet mich zum frischen Wasser.

1. **Welches Bild benutzt David, um Gott zu beschreiben?**
2. **Welche Erfahrungen könnte David mit Gott gemacht haben, damit er so über Gott sprechen kann?**

C) Gott ist erfahrbar

1. Beschreibe zwei Situationen, in denen man sagen könnte: Hier kann man Gott erfahren.

D) Schöpfung bewahren

1. Wie lautet der Schöpfungsauftrag, den Gott den Menschen gegeben hat?
2. Nenne zwei Beispiele, wie man diesen Auftrag umsetzen kann.

E) Ebenbild Gottes

1. Begründe, warum auch dieser Mensch wertvoll ist und eine Würde besitzt.
2. Stell dir vor, du triffst auf diesen Menschen. Beschreibe eine Möglichkeit, wie du ihm würdevoll begegnen könntest.

Schluss-Check

Überlegt gemeinsam:
- *Das war (mir) wichtig in diesem Kapitel: …*
- *Das sollte man sich merken: …*
- *Gibt es etwas, das noch geklärt werden muss?*

SPEICHERN

Eintreten für Gerechtigkeit

Buchillustration aus dem 14. Jh.

- *Was ist gerecht, was ungerecht?*
- *Was macht ein Prophet?*
- *Wer waren Amos und Elia?*
- *Wie geht ein Gottestest?*

1

Ist das gerecht?

2 Jedes Jahr sterben etwa 17 Millionen Menschen, weil sie nicht genug Geld haben, um einen Arzt zu bezahlen.

3 Wir freuen uns, jeden Tag Fleisch essen zu können. In den Massenzuchtanlagen leiden die Tiere.

4 In Deutschland verdienen Frauen in vielen Bereichen bei gleicher Arbeit weniger als Männer.

5 In Afrika hungern Menschen, bei uns kämpfen sehr viele mit Übergewicht.

6 Manager, die dafür verantwortlich sind, dass eine Firma Pleite geht, bekommen Millionen Euro Abfindung, während Arbeiter oder Angestellte arbeitslos werden.

7 Wer arm ist, stirbt früher.

8 Ein Profifußballer verdient Millionen von Euro im Jahr, während zum Beispiel ein Briefträger im Monat ca. 2000 Euro brutto verdient.

9 In Indien müssen kleine Kinder hart arbeiten, bei uns können sie spielen und eine Schule besuchen.

10 In Deutschland werden jährlich mehr als 50 Millionen männliche Küken routinemäßig in den Brütereien vergast oder lebendig geschreddert, weil sie weder Eier legen können noch mit ihrem Fleisch Geld verdient werden kann.

11 Kinder von reichen Eltern haben bessere Chancen, einen guten Beruf zu bekommen, als Kinder von armen Eltern.

Gottes Schöpfungsauftrag, S. 66f.

12

Bildbetrachtung, S. 191

13

1. ❖ Beschreibe das Bild auf Seite 72 mit der Methode „Bildbetrachtung".

2. ❖ Auf dem Bild sind ein Prophet und Gott dargestellt.
   a) Was wisst ihr über Propheten?
   b) In welcher Beziehung stehen sie zu Gott?

3. ❖ Beschreibt die Situationen auf den Fotos.

4. ❖ Diskutiert die einzelnen Sachverhalte.

5. ❖ Bewerte die einzelnen Beispiele mit bis zu 5 Punkten (0 = nicht ungerecht, 5 = sehr ungerecht).

6. ❖ Stelle deine Bewertungen in der Klasse vor und begründe sie.

7. ❖ Sammelt weitere Beispiele für Ungerechtigkeiten.

8. ❖ Überlegt gemeinsam bei jedem Fall, wer was machen könnte, um diese Ungerechtigkeit zu beseitigen.

9. ❖ Erklärt, was Gerechtigkeit mit dem Thema Propheten zu tun hat.

Amos wird Prophet

Propheten

Im Lauf der Geschichte des Volkes Israel kommt es immer wieder zu Situationen, in denen die Menschen Gott und seine Gebote vergessen.
Dann treten Propheten auf. Propheten sind Männer oder Frauen, die das Volk Israel an die Gebote Gottes erinnern. Sie klagen die Menschen im Namen Gottes an und drohen mit harten Strafen, wenn die Menschen sich nicht ändern und wieder nach den Geboten Gottes leben.

Die Lage in Juda und Israel

Nach dem Tod von König Salomo (925 v. Chr.) zerfiel sein Großreich in zwei Teile: in das Südreich Juda mit der Hauptstadt Jerusalem und in das Nordreich Israel mit der Hauptstadt Samaria. In Jerusalem befand sich der Tempel, den Salomo hatte erbauen lassen.
In der Zeit um 760 v. Chr. erlebte das Nordreich Israel unter dem König Jerobeam II. einen wirtschaftlichen und politischen Aufschwung. Jerobeam II. ließ in Beth-El und Dan zwei neue Heiligtümer errichten. Viele Menschen in Israel waren sehr reich. Allerdings war dieser Reichtum ungerecht verteilt.

1. ❖ Benenne für jedes Reich Name, Hauptstadt, Heiligtümer und angrenzende Gebiete.

Amos hat Visionen

Um 760 v.Chr. lebte im Südreich Juda, nahe bei Jerusalem, in dem kleinen Dorf Tekoa ein Mann namens Amos mit seiner Familie. Amos war Schafzüchter mit einer eigenen Herde. Auf seinen Äckern baute er Maulbeerfeigen an. Amos war ein wohlhabender und angesehener Mann. Eigentlich hätte er sehr zufrieden sein können, wenn da nicht die seltsamen Träume und Visionen gewesen wären, die ihn immer wieder plagten. Vor allem vier Träume gingen ihm nicht mehr aus dem Kopf.

Angefangen hatte es damit, dass Amos plötzlich eine riesige Menge von **Heuschrecken** sah, die das ganze Gras im Land vernichteten. Und ihm war sofort klar: Das ist ein Bild für Israel. Bedeutete dies vielleicht, dass Israel genauso aufgefressen würde wie dieses Gras? „Ach Herr, tu's nicht. Hab doch Erbarmen mit dem kleinen Volk!“, rief Amos erschrocken aus. Und Amos hörte Gott antworten: „Also gut, es soll nicht geschehen.“

Ein anderes Mal sah er ein schrecklich großes **Feuer**, das das ganze Land verbrannte mit allem, was darauf wuchs. Wieder dachte er sofort an Israel. Würde ganz Israel auch so verbrennen? „Ach Herr, halt ein!“, schrie Amos, „wenn alles verbrannt ist, wer soll das Land wieder aufbauen?“ Und wieder hörte Amos Gott antworten: „Es soll nicht geschehen.“

Kurze Zeit später meinte Amos plötzlich eine brüchige und **schiefe Mauer** zu sehen, auf der jemand – etwa Gott? – stand und mit einem Bleilot kontrollierte, ob die Mauer gerade ist. Und Gott sprach zu Amos: „So wie an diese Mauer, so will ich das Bleilot an mein Volk Israel legen. Ich will keine krummen Sachen mehr übersehen. Ich werde das Land verwüsten, die Heiligtümer zerstören und das Königshaus auslöschen. Ich werde keine Gnade mehr walten lassen.“ Und diesmal erkannte Amos, dass es zwecklos war, um Verschonung zu bitten.

Und dann war da noch die Sache mit dem **Erntekorb**. Gott zeigte ihm einen Korb. Darin lag Obst, überreif, fast schon am Faulen. „Reif für sein Ende ist mein Volk Israel“, sprach Gott. „Reif für das Gericht. Ohne Erbarmen will ich alles abernten.“

Da erkannte Amos plötzlich, was das alles bedeutete. Gott wollte etwas von ihm. Gott gab ihm einen Auftrag. Gott sagte zu ihm: Geh nach Israel und sage meinem Volk, was es erwartet. Sofort verließ Amos sein Dorf und brach auf nach Israel, in die Hauptstadt Samaria und zum Heiligtum in Bethel, um Gottes Botschaft zu verkündigen.

M Rollenspiel, S. 196

1. ❖ Gib die Visionen von Amos in eigenen Worten wieder.
2. ❖ Während Amos für seine Reise ins Nordreich packt, kommt seine Frau dazu. Amos versucht ihr zu erklären, warum er gehen muss, doch seine Frau kann ihn nicht verstehen. Ein heftiges Gespräch entwickelt sich. Gestaltet ein Rollenspiel.
3. ❖ Erstelle in deinem Heft einen Lebenslauf von Amos (Name, Lebenszeit, Beruf, Heimatland, Auftrag, Predigtort).

Amos macht den Mund auf

Soziale Ungerechtigkeiten in Israel um das Jahr 760 v. Chr.

1 Omri ist Aufseher des Königs über ein Bauerndorf. Seine wohlgenährte Frau möchte ein teures Purpurkleid, das sie etwas schlanker aussehen lässt. Omri ist zwar reich, aber dafür möchte er sein Geld nicht ausgeben. Er fordert von dem armen Bauern Rafael 15 Säcke Getreide. Eigentlich müsste Rafael nur 10 Säcke abliefern. Omri gibt von 15 Säcken 10 dem König und kauft vom Erlös der übrigen fünf seiner Frau das Purpurkleid.

2 Rafael geht zu Gideon, dem Richter des Dorfes, und beschwert sich über Omri. Doch Omri verspricht dem Richter jedes Jahr zwei Säcke Getreide, wenn er allen Bauern sagt, dass die Steuer auf 15 Säcke erhöht worden sei. Gideon ist damit einverstanden. Er weist Rafaels Klage zurück. Während Rafaels Familie hungert, ernähren sich die Reichen vom besten Lamm- und Kalbfleisch und werden immer dicker.

3 Timon ist ein reicher Bauer in Israel. Rafael kommt zu ihm und möchte Getreide kaufen, damit seine Familie nicht verhungern muss. Timon fordert einen hohen Preis für sein Getreide. Rafael hat nicht so viel Geld. Doch Timon gibt ihm einen Kredit – zu Wucherzinsen. Als Pfand setzt Rafael seinen Hof ein. Timon gibt ein Fest für die anderen Reichen, mit schöner Musik und dem besten Wein.

4 Beim Wiegen der Säcke wird Rafael betrogen. Die Gewichte sind gefälscht, so dass er für sein Geld zu wenig Getreide bekommt. Außerdem wurden Getreideabfälle zugemischt. Wieder geht Rafael zum Richter Gideon. Timon bringt zwei bestochene Zeugen, die beschwören, dass die Gewichte richtig waren und das Korn sauber. Timon wird freigesprochen.

5 Als Rafael das geliehene Geld nicht zu dem vereinbarten Termin zurückzahlen kann, nimmt Timon Rafaels Bauernhof in Besitz. Rafael muss jetzt als Arbeiter auf den Sklavenmarkt gehen. Rafael, seine Frau und seine Kinder müssen in eine baufällige Baracke am Rand der Stadt ziehen. Timon wird auf Kosten der Armen immer reicher und kauft für sich und seine Frau ein teures Luxusbett aus Phönizien.

6 Der Aufseher Omri, der Richter Gideon und der Großbauer Timon gehen mit ihren Familien zum Opfergottesdienst. Eigentlich mögen sie den Sabbat nicht, weil sie da keine Geschäfte machen können. Sie opfern jeder ein teures Kalb und loben und danken Gott, dass er sie so reich gemacht hat. Der Priester freut sich über die großen Opfergaben, lobt sie als gottesfürchtige Menschen und spricht sie von allen Sünden frei.

1. ❖ **Beschreibt und bewertet die Ungerechtigkeiten in den einzelnen Szenen.**
2. ❖ **Diskutiert verschiedene Möglichkeiten, wie diese Ungerechtigkeiten beseitigt werden könnten.**

Amos klagt an

Was Amos in Israel sieht, schockiert ihn. Rafael, Omri, Gideon, Timon und die anderen sind keine Einzelfälle: Es gibt in Israel einige wenige Reiche, die auf Kosten der Armen in Saus und Braus leben, und ganz viele Arme, die täglich um das Überleben kämpfen. Amos will das nicht totschweigen. Er stellt sich auf den Marktplatz und klagt die Ungerechtigkeiten offen an.

A *Ihr Frauen von Samaria, ihr seht aus wie fette Kühe. Ihr unterdrückt die Hilflosen und knechtet die Armen.*

B *Von den Ärmsten, die nichts mehr zum Leben haben, verlangt ihr zu hohe Steuern und zu viel Getreideabgaben.*

C *Die kleinen Leute werden von euch unterdrückt, die Armen von euch fertiggemacht.*

D *Die Armen verhungern und ihr esst das beste Fleisch von Lämmern und Kälbern.*

E *Ehrliche Menschen bringt ihr in Bedrängnis. Ihr nehmt Bestechungsgelder und lasst die Armen vor Gericht nicht zu ihrem Recht kommen.*

F *Von den Armen verlangt ihr Wucherzinsen, nur damit ihr ihnen auch noch das Wenige, das sie haben, wegnehmen könnt.*

G *Zu den Klängen der Harfe schmettert ihr eure Lieder und meint, ihr könnt wie David musizieren. Den Wein trinkt ihr aus schweren Pokalen – aber dass euer Volk dem Untergang entgegengeht, das kümmert euch überhaupt nicht.*

H *Ihr betrügt die Armen beim Wiegen und mischt unter das wenige Korn auch noch Getreideabfälle.*

I *Ihr räkelt euch auf weich gepolsterten, elfenbeinverzierten Betten, während die Armen obdachlos sind oder in Baracken hausen müssen.*

J *Ihr Heuchler! Bei den Gottesdiensten lasst ihr euch feiern, aber in Wirklichkeit wartet ihr nur darauf, dass die Sabbatruhe vorbei ist und ihr wieder eure Kornspeicher öffnen und Getreide verkaufen könnt.*

K *Der Herr sagt: Ich hasse eure Opferfeste. Eure Brand- und Speiseopfer nehme ich nicht an, weil ihr euren ganzen Reichtum auf Kosten der Armen bekommen habt.*

1. ❖ **Warum geht Amos an die Öffentlichkeit?**
2. ❖ **Ordnet die Anklagen von Amos den einzelnen Szenen zu.**
3. ❖ **Sammelt soziale Ungerechtigkeiten von heute und formuliert im Stile von Amos aktuelle ähnliche Anklagen.**

Zehn Gebote, S. 54

Armut und Ungerechtigkeit heute

Stell dir einmal vor, die ganze Menschheit wäre ein Dorf mit 100 Einwohnern, und die 100 Einwohner würden sich genau so zusammensetzen wie die Weltbevölkerung. Das heißt, das Verhältnis von Europäern, Amerikanern, Frauen, Männern, Weißen, Christen, Nicht-Christen etc. in diesem Dorf ist genau so wie in der Welt. Dann würde dieses „Welt-Dorf" so aussehen:

1. ❖ Jede Figur steht für ein Prozent der Weltbevölkerung. Bestimme jeweils die Prozentzahl (= wieviel von Hundert) der
   a) Bewohner der jeweiligen Kontinente
   b) Frauen und Männer
   c) Weißen und Nicht-Weißen
   d) Christen und Nicht-Christen
   e) Analphabeten
   f) Unterernährten
   g) Menschen, die in maroden Hütten wohnen
   h) Superreichen, die 60% des gesamten Weltreichtums besitzen

   Erstelle eine Tabelle:
   15 Afrikaner/innen → 15% der Weltbevölkerung sind Afrikaner/innen
   ...

2. ❖ Analysiert diese Verteilung. Was fällt auf?

3. ❖ Stellt euch vor, ein Prophet wie Amos würde diese Verteilung sehen. Formuliert Anklagen im Sinne von Amos.

Mann **Frau**

weiß **nicht weiß**

Christ

des Schreibens und Lesens mächtig

Mann unterernährt **Frau unterernährt**

leben in maroden Hütten

$ super reich, besitzen mehr als die Hälfte des gesamten Weltreichtums

Afrikaner **Amerikaner**
Asiat **Europäer**

Elia – im Auftrag Gottes unterwegs

Nabots Weinberg

Musikalische Untermalung

Sprecher: Wir schreiben das Jahr 870 v. Chr. Ahab ist gerade König über Israel geworden. Seine Frau Isebel ist die Tochter des Königs von Tyrus. Gerne wäre Ahab auch so ein Herrscher wie sein Schwiegervater. Der konnte Gesetze erlassen, wie es ihm Spaß machte; und selbst brauchte er sich nicht daran zu halten. Doch hier in Israel ist auch der König an die Gesetze und Gebote Gottes gebunden. Obwohl Ahab immer wieder gegen Gottes Gebote verstößt, wagt es keiner, den König auf dieses Unrecht anzusprechen. Keiner? Nein! Keiner – außer dem Propheten Elia. Und hier fängt unsereGeschichte an.

Musikalische Untermalung

1. Szene. *Vogelgezwitscher*

Nabot: Sei gegrüßt, sehr verehrter König! Ich begrüße dich. Willkommen in meinem Weinberg.

Ahab: Guten Tag, Nabot. Du hast aber einen schönen Weinberg! Er liegt ja genau gegenüber von meinem Palast. Ich würde ihn dir gern abkaufen und hier einen Gemüsegarten anlegen.

Nabot: Nein, das geht doch nicht. Nach den Geboten Gottes darf kein Land verkauft werden, sondern nur vererbt. Ich habe diesen Weinberg von meinen Vorfahren geerbt und werde ihn auch wieder an meine Kinder weitervererben.

Ahab: Ach Nabot, stell dich nicht so an. Ich gebe dir dafür einen größeren und besseren Weinberg.

Nabot: Nein! Ich halte mich an Gottes Gebote.

Ahab: Und wenn ich dir 5000 Schekel gebe? Das ist viel Geld!

Nabot: Nein, ich verkaufe ihn nicht. Du brauchst dir keine Mühe zu geben.

Ahab *(verärgert)*: Dann behalte ihn doch, deinen blöden Weinberg!

Vogelgezwitscher

2. Szene. *Ahab seufzt.*

Isebel: Ahab, was hast du denn? Warum bist du denn so missmutig und isst nichts?

Ahab: Ach, lass mich in Ruhe! Eben habe ich mit Nabot gesprochen. Ich schlug ihm vor, er solle mir seinen Weinberg verkaufen.

Isebel: Und, was hat er gesagt?

Ahab: Er hat abgelehnt – wegen Gottes Geboten!

Isebel: Und das lässt du dir einfach gefallen?

Ahab: Ich habe ihm erst einen größeren Weinberg zum Tausch angeboten und dann 5000 Schekel.

Isebel: Und er ist nicht darauf eingegangen?

Ahab: Nein, anscheinend sind ihm die Gebote Gottes wichtiger.

Isebel: Und du willst König über Israel sein? Aber komm, iss und trink und sei guter Laune! Den Weinberg beschaffe ich dir schon.

3. Szene. *Isebel klatscht in die Hände.*

Isebel: Schreiber!

Schreiber: Zu Diensten, Herrin.

Isebel: Ich muss dir einen sehr wichtigen

Brief diktieren. Also schreibe! Bist du bereit?

Schreiber: Jawohl, meine Königin.

Isebel: *Dazwischen Schreibgeräusche* An den Vorsteher der Stadt Jesreel! Ruft einen feierlichen Festtag aus und gebt Nabot ganz vorne einen Ehrenplatz. Setzt ihm dann zwei ehrlose Kerle gegenüber. Diese sollen als Zeugen auftreten und behaupten, dass Nabot Gott und den König beleidigt hat. Danach verhaftet ihr ihn sofort, führt ihn vor die Stadt hinaus und steinigt ihn, bis er tot ist.
Hast du alles?

Schreiber: Jawohl, meine Königin.

Isebel: So, und jetzt noch das königliche Siegel drauf, und dann ab damit!
Stempelgeräusch

4. Szene. *Gemurmel, leise Stimmen*

Nabot: Danke, danke! So ein schöner Platz. Welch eine Ehre!

Vorsteher: Hiermit erkläre ich das Fest für eröffnet. Bedienung! Sie können jetzt servieren!
Geräusche beim Essen, Gemurmel, leise Stimmen

Zwei ehrlose Kerle: Wir haben etwas zu sagen.

Vorsteher: Bitte, tretet vor. *(Wartet)* Was wollt ihr uns sagen?

Erster ehrloser Kerl: Ich habe gesehen und gehört, wie Nabot in seinem Haus den König und Gott beleidigt hat.

Zweiter ehrloser Kerl: Ja, ich habe es auch gesehen und gehört, als ich zufällig an dem Haus vorbeiging.

Nabot: Aber das ist doch alles nicht wahr! Das ist gelogen!

Vorsteher: Könnt ihr das beschwören?

Beide: Ja, das schwören wir!

Vorsteher: Dann muss Nabot sterben. Wache! Führt Nabot vor die Stadt und steinigt ihn.

Handgemenge, Tumult, lautere Stimmen

5. Szene. *Schlafgeräusche*

Isebel: Ahab, wach auf! Ich habe eine gute Nachricht für dich.

Ahab *(gähnend)*: Was gibt es denn, Isebel?

Isebel: Wir haben es geschafft! Nabot ist tot und der Weinberg gehört uns.

Ahab: Toll! Das ist wirklich eine gute Nachricht. Dann werde ich jetzt gleich mal meinen neuen Weinberg besichtigen.

6. Szene. *Vogelgezwitscher*

Ahab: Ach, was für ein schöner Weinberg!

Diener: Mein König, der Prophet Elia aus Tischbe will dich sprechen.

Ahab: Er soll kommen. *Kurze Pause*

Elia: So spricht der Herr: Ahab, du hast nicht nur gemordet, du hast auch noch Land gestohlen. In ganz Israel werde ich alle deine männlichen Nachkommen ausrotten. Und an der Stelle, an der die Hunde Nabots Blut aufgeleckt haben, werden sie auch dein Blut auflecken.

Ahab: Aber Isebel ...

Elia: Schweig! Du bist der König. Du bist verantwortlich. Aber auch über Isebel hat der Herr sein Urteil gesprochen: An der äußeren Stadtmauer von Jesreel werden die Hunde sie zerreißen und fressen.

Vogelgezwitscher

1. ❖ **Lest die einzelnen Szenen mit verteilten Rollen.**

2. ❖ **Bereitet in Kleingruppen die einzelnen Sprechszenen mit den entsprechenden Geräuschkulissen vor und präsentiert dann die gesamte Geschichte als Hörspiel.**

M Rollenspiel, S. 196

3. ❖ **Gib die Geschichte von Nabots Weinberg in eigenen Worten wieder.**

4. ❖ **a) Warum hat Elia den Mut, Ahab so direkt anzusprechen?**
❖ **b) Was hat die Geschichte mit Gott zu tun?**

Elia macht den Gottestest

1

2

3

Wer ist der wahre Gott?

Während der Regierungszeit von König Ahab gab es in Israel eine lange Trockenzeit. Der erwartete Regen war ausgeblieben und die Saat auf den Feldern verdorrt. Das hieß für viele Menschen Hunger, Armut und Tod. Doch wer war schuld an der Trockenheit, und zu wem sollte man beten, damit es endlich wieder regnete? War es der Fruchtbarkeitsgott Baal, den Ahabs Frau Isebel, die Tochter des Königs von Tyrus, aus ihrer Heimat mitgebracht hatte? Oder war es der Gott Israels, der sein Volk aus Ägypten befreit und in dieses Land geführt hatte? König Ahab war so unentschieden wie das Volk. Im Zweifelsfall beteten sie eben zu beiden Göttern. Und genau dies regte Elia, den Prophet Gottes, auf. Immer wieder klagte er öffentlich und lautstark die Menschen und den König an: „Ihr dürft nicht den Götzen Baal anbeten! Damit verstoßt ihr gegen Gottes Gebote! Ihr müsst auf Gott vertrauen, der uns bisher doch immer geholfen hat!“

Doch die Menschen zweifelten. Schließlich hatte es seit Jahren nicht mehr geregnet und die Not war groß.

Da hatte Elia eine Idee. Er wollte einen Wettkampf zwischen Gott und Baal, so dass alle sehen konnten, wer der wahre Gott ist.

Elia forderte Ahab, das ganze Volk und alle 450 Baalspriester im Land auf, zum Berg Karmel zu kommen. Dort waren zwei Altäre aufgebaut. Darauf lag Holz und auf jedem ein Opfertier. Um den einen Altar versammelten sich die Baalspriester, an dem anderen stand allein Elia. Der Gott sollte als der einzige und wahre Gott Israels gelten, der durch einen Blitz das jeweilige Opfer entzünden würde.

Es dauerte den ganzen Vormittag, es wurde Mittag und auch der Nachmittag war schon fast verstrichen. Die Baalspriester tanzten in Ekstase um ihren Altar herum, sie schrien zu ihrem Gott und ritzten sich die Haut auf, bis das Blut an ihnen herunterlief. Elia verspottete sie: „Ihr müsst lauter schreien. Vielleicht ist euer Gott ja gerade mal austreten oder er schläft.“ Doch nichts geschah. Da schüttete Elia sogar Wasser über seinen Altar, damit Gott es noch schwerer haben sollte. Und weitere Stunden verstrichen.

A

Es wurde Abend und plötzlich verfärbte sich der Himmel. Gewitterwolken zogen auf. Es donnerte, und da passierte es: Ein greller Blitz zuckte vom Himmel und entzündete Elias Opfer. Die Menschen waren überwältigt. Der Gott Israels hatte seine Stärke gezeigt! Er ist der Einzige und Wahre! Elia sah seine Chance: „Packt die falschen Propheten! Sie haben euch verführt. Bestraft sie. Keiner soll entkommen!“, schrie er. Er packte den ersten der eingeschüchterten Baalspriester und schlug auf ihn ein. Sogleich schlossen sich auch die anderen an, und bald darauf war alles vorbei. Der Baals-Altar war zerstört und alle 450 Baalspriester waren tot. Ein paar Stunden später kam der lang ersehnte Regen.

LEX Baal, S. 199

B

Es wurde Abend und plötzlich verfärbte sich der Himmel. Gewitterwolken zogen auf. Es donnerte, und da passierte es: Ein greller Blitz zuckte vom Himmel und entzündete das Opfer der Baalspriester. Die Baalspriester jubelten. Elia war entsetzt. Das konnte doch nicht sein! Sein Gott ließ ihn im Stich! Elia fürchtete um sein Leben. Schnell lief er davon. Er flüchtete in die Wüste und versteckte sich dort. Doch Elia fand kein Wasser. Nach fünf Tagen war er am Verdursten. Er konnte nicht mehr weiter. Er wusste, er musste sterben. Auf Gott hoffte er nicht mehr. Schließlich hatte der ihn ja schon auf dem Berg Karmel im Stich gelassen. Doch da hörte Elia plötzlich eine Stimme: „Elia, warum zweifelst du an mir? Ich bin doch immer bei dir. Ich war auch auf dem Karmel bei dir. Vertraue mir!“ Und Elia fasste wieder neuen Mut. Er raffte sich mit letzten Kräften auf und wankte weiter. Kurze Zeit später hörte er Wasser plätschern und fand tatsächlich eine Quelle. Er war gerettet. Elia dankte Gott und er wusste nun: Gott ist kein Gott, der sich herausfordern lässt, sondern ein Gott, der hilft, wenn man ihm vertraut. Elia ging zurück nach Israel. Als er dort ankam, begann es zu regnen.

C

Es wurde Abend und plötzlich verfärbte sich der Himmel. Gewitterwolken zogen auf. Es donnerte, und da passierte es: Ein greller Blitz zuckte vom Himmel und entzündete beide Opfer gleichzeitig. Die Menschen waren fassungslos. Was sollte das denn bedeuten? Doch Elia verstand, was Gott sagen wollte. Elia ging auf die Baalspriester zu und sagte zu ihrem Oberpriester: „Unser Streit war sinnlos. Gott hat uns heute gezeigt, dass er ein Gott für alle ist, egal welchen Namen die Menschen ihm geben. Er will keinen Wettstreit. Er will, dass wir uns vertragen und gemeinsam beten.“ Elia reichte dem Oberpriester die Hand. Dieser zögerte, doch dann schlug er ein. Elia und die Baalspriester versammelten sich zwischen den Altären. Und nun beteten sie gemeinsam. Gemeinsam baten sie ihren Gott um Hilfe. Sie baten ihn um Regen. Am nächsten Tag begann es zu regnen.

B nach 1. Könige 18,19-40

Jesus vollbringt Wunder, S. 93

1. ❖ Beschreibt den Wettkampf, der auf dem Berg Karmel stattfindet.

2. ❖ Es werden drei Möglichkeiten vorgestellt, wie diese Geschichte ausgehen könnte. Worin unterscheiden sich diese Varianten? Ordnet die Bilder zu.

3. ❖ Beantworte für dich die folgenden Fragen:
a) Welcher Schluss gefällt dir am besten?
b) Welches Ende findest du gerecht?
c) Was vermutest du: Welcher Schluss steht in der Bibel?
d) Stellt eure Meinungen in der Klasse vor und begründet diese.

4. ❖ a) Diese Geschichte steht in der Bibel in 1. Könige 18,19-40. Lest dort, welches Ende sie tatsächlich genommen hat.
❖ b) Diskutiert das tatsächliche Verhalten von Elia.

Wissen und Können

Das weiß ich

- Propheten waren Männer und Frauen, die das Volk Israel immer wieder an den Bund mit Gott erinnerten. Im Namen Gottes sprachen sie Unrecht offen an und fordern die Einhaltung von Gottes Geboten.
- Juda und Israel: Nach dem Tod von König Salomo (925 v. Chr.) zerfiel sein Großreich in zwei Teile: in das Südreich Juda mit der Hauptstadt Jerusalem und in das Nordreich Israel mit der Hauptstadt Samaria. In Jerusalem befand sich der Tempel, im Nordreich ließ König Jerobeam II. in Beth-El und Dan zwei neue Heiligtümer errichten.
- Soziale Missstände in Israel (Nordreich) zur Zeit des Propheten Amos:
  - Die Reichen leben in Saus und Braus, die Armen haben nicht genug zum Leben.
  - Richter sind bestechlich.
  - Geldverleiher verlangen Wucherzinsen.
  - Gewichte werden gefälscht, Zeugen bestochen.
  - Die Armen kommen in Schuldsklaverei.
  - Priester sprechen die Reichen gegen Geld von ihren Sünden frei.
- Der Prophet Amos wirkt um 760 v. Chr. im Nordreich Israel. Deutlich benennt er im Namen Gottes die sozialen Ungerechtigkeiten seiner Zeit. Die Reichen, die für diese Missstände verantwortlich sind, klagt er öffentlich und lautstark an. Damit ist er auch heute noch ein Vorbild für Mut und Zivilcourage.
- Der Prophet Elia tritt um 870 v. Chr. während der Regierungszeit von König Ahab in Israel auf. Elia wirft Ahab einen Raubmord an Nabot vor und kündigt ihm, seiner Frau Isebel und allen Nachkommen im Namen Gottes den Untergang und den Tod an.
  Am Berg Karmel stellt sich Elia mutig als einziger Prophet Gottes den Baalspriestern gegenüber und fordert sie heraus. Elia vertraut auf Gott, der sein Opfer und seinen Altar in Brand setzt und damit allen zeigt, wer der einzige und wahre Gott Israels ist.

Das kann ich

A) Die Visionen des Amos

1. Nenne zwei Visionen des Amos und erkläre, wie Amos diese versteht.

B) Die Anklagen des Amos

1. Dies ist Amos mit zwei Plakaten. Übertrage die Amos-Figur in dein Heft. Schreibe auf das eine Plakat eine Anklage des Amos, auf das andere eine Anklage, die ein Prophet heute aussprechen könnte.

C) Elia und Nabots Weinberg

1. Elia scheut auch den Konflikt mit König Ahab nicht. Er stellt ihn zur Rede. Formuliere zwei Aussagen von Elia: eine, in der Elia Ahab eines Verbrechens beschuldigt, und eine, mit der er Ahab die Folgen seines Tuns ankündigt.

D) Elia und die Baalspriester

1. Beschreibt, worum es bei dem Wettkampf am Berg Karmel ging und wie der Wettkampf zwischen Elia und den Baalspriestern ausgegangen ist.

Schluss-Check

Überlegt gemeinsam:
- *Das war (mir) wichtig in diesem Kapitel: …*
- *Das sollte man sich merken: …*
- *Gibt es etwas, das noch geklärt werden muss?*

SPEICHERN

Das Reich Gottes wird sichtbar

- *Wer ist Jesus für mich?*
- *Was ist das Besondere an einem Gleichnis?*
- *Verzeiht Gott jedem Menschen?*
- *Gibt es Wunder?*
- *Was hilft in der Angst?*

A

B

C

D

E

F

G

1. ❖ Tragt zusammen, was ihr über Jesus wisst.

2. ❖ Das Bild links ist ein Mosaik aus vielen verschiedenen Jesus-Bildern. Gebt dem Bild einen Titel.

3. ❖ a) Beurteilt die Jesus-Bilder auf dieser Seite. Welchen Aspekt von Jesus wollte der Zeichner jeweils herausstellen? Welches Bild von Jesus gefällt dir am besten? Begründe deine Meinung.
   ❖ b) Zeichne selbst ein Bild, wie du dir Jesus vorstellst.

LEX Christus, S. 200

4. ❖ a) Bewerte die folgenden Aussagen mit 0 bis 3 Punkten (0 = keine Zustimmung, 3 = sehr große Zustimmung). Vergleicht anschließend eure Ergebnisse.
   ❖ b) Welche Aussagen erklären die Bedeutung Jesu im Judentum und im Islam?

M Lerntempo-Duett, S. 195

a) Jesus ist ein Vorbild für mich.
b) Jesus hat für mich keine Bedeutung.
c) Jesus hat die Welt verändert.
d) Jesus war ein Rabbi, der das Judentum reformieren wollte.
e) Jesus ist Gottes Sohn.
f) Jesus war ein ganz normaler Mensch, der Gutes getan hat.
g) Jesus wurde gekreuzigt.
h) Jesus wurde von einer Jungfrau geboren.
i) Jesus ist heute nicht mehr wichtig.
j) Jesus ist der Sohn Marias und ein großer Prophet.
k) Jesus ist von den Toten auferstanden.
l) Jesus hat Wunder getan.
m) Jesus hat viele Menschen gesund gemacht.
n) Jesus ist was für Schwächlinge.

Geschichten – manchmal steckt mehr dahinter

Herr Faber erzählt eine Geschichte

Herr Faber, der Klassenlehrer der 7. Klasse, machte sich Sorgen um Rasmus. Rasmus hatte sich in der letzten Zeit sehr verändert. Er beteiligte sich kaum noch am Unterricht, machte nur noch selten seine Hausaufgaben und wirkte irgendwie deprimiert.
Herr Faber bat Rasmus, nach dem Unterricht noch kurz da zu bleiben. „Was ist denn los mit dir, Rasmus?“, fragte Herr Faber. Rasmus druckste herum, aber dann brach es aus ihm heraus: „Sie wissen es doch. Sie haben den Elternbrief doch geschrieben. In acht Wochen ist das Schuljahr zu Ende. Ich stehe in fünf Fächern auf 5 und habe keinen Ausgleich. Ich bleibe sitzen, das ist sicher. Ich habe keine Chance mehr. Was soll ich mich denn da noch anstrengen?“

Herr Faber schwieg einen Moment, dann sagte er: „Rasmus ich verstehe dich sehr gut, aber ich will dir jetzt mal eine Geschichte erzählen.“ Und Herr Faber begann:

Auf dem Bauernhof stand einmal ein Eimer. Zwei Frösche kamen vorbei und waren neugierig, was da wohl im Eimer sei. Also sprangen sie mit einem großen Satz in den Eimer.
Es stellte sich heraus, dass das keine so gute Idee gewesen war, denn der Eimer war halb gefüllt mit Rahm. Da schwammen die Frösche nun im Rahm, konnten aber nicht mehr aus dem Eimer springen, da die Wände zu hoch und zu glatt waren.
Der Tod war ihnen sicher.
Der eine der beiden Frösche war verzweifelt. „Wir müssen sterben“, jammerte er „hier kommen wir nie wieder heraus.“ Und er hörte mit dem Schwimmen auf, da alles ja doch keinen Sinn mehr hatte.
Der Frosch ertrank im Rahm.
Der andere Frosch aber sagte sich: „Ich gebe zu, die Sache sieht nicht gut aus. Aber aufgeben werde ich deshalb noch lange nicht. Ich bin ein guter Schwimmer! Ich schwimme, so lange ich kann.“
Und so stieß der Frosch kräftig mit seinen Hinterbeinen und schwamm im Eimer herum. Immer weiter. Er schwamm und schwamm und schwamm. Und wenn er müde wurde, munterte er sich selbst immer wieder auf. Tapfer schwamm er immer weiter.
Und irgendwann spürte er an seinen Füßen eine feste Masse. Ja tatsächlich – da war kein Rahm mehr unter ihm, sondern eine feste Masse. Durch das Treten hatte er den Rahm zu Butter geschlagen! Nun konnte er aus dem Eimer in die Freiheit springen.

Herr Faber schwieg und auch Rasmus blieb ruhig. Nach einer Weile meinte Herr Faber: „Rasmus, du musst jetzt gar nichts sagen. Du lässt dir jetzt alles mal durch den Kopf gehen, vielleicht auch, was ich dir mit der Geschichte sagen will. Und morgen setzen wir uns nach der Schule noch einmal zusammen und überlegen, wie du vielleicht doch noch Butter unter deine Füße bekommen kannst."

1. ❖ **Beschreibt die Situation von Rasmus.**

2. ❖ **Was will Herr Faber Rasmus mit seiner Geschichte sagen?**

3. ❖ **Warum erzählt Herr Faber eine Geschichte und sagt nicht einfach, was er meint?**

4. ❖ **Geschichten, wie z.B. Fabeln oder Gleichnisse, haben eine Bedeutung, die weit über die konkrete Erzählung hinausgeht. Man muss diese Geschichten „übersetzen", damit man die dahinterliegende Bedeutung erkennt.**

Ordne die folgenden „Übersetzungen" den Teilen der Geschichte richtig zu:

Geschichte	„Übersetzung"
Frösche	Mensch, der resigniert und sich aufgibt
Rahmtopf	Rettung aufgrund der scheinbar aussichtslosen Bemühungen des Kämpfers
Frösche im Rahmtopf	Menschen
Frosch, der ertrinkt	Menschen in scheinbar aussichtsloser Situation
Frosch, der schwimmt	Mensch, der trotz aussichtsloser Situation weiter kämpft
Butter	gefährliche Situation

5. ❖ **Beschreibe die Beziehung zwischen den Frosch-Bildern und den Rasmus-Bildern.**

6. ❖ **Herr Faber will gemeinsam mit Rasmus überlegen, wie dieser „vielleicht doch noch Butter unter seine Füße bekommen kann". Was meint Herr Faber damit?**

7. ❖ **Was könnte in den leeren Bilderrahmen gezeichnet werden?**

Gott verzeiht

Rembrandt: Die Rückkehr des verlorenen Sohnes (1666-1669).

Daniel (13 Jahre) kamen die Tränen. Eben hatte der Kaufhausdetektiv den Telefonhörer aufgelegt. Er hatte Daniels Mutter bei der Arbeit angerufen. Gleich würde sie kommen und ihn abholen. Daniel schämte sich so sehr, nicht nur, weil er geklaut hatte und erwischt worden war, sondern weil er nun gleich seiner Mutter unter die Augen treten musste. Seit sein Vater ausgezogen war, lebte Daniel mit seiner Mutter allein. Daniels Mutter war Schneiderin in einer kleinen Firma, aber damit das Geld reichte, musste sie oft auch noch an den Wochenenden arbeiten. Daniels Mutter ging regelmäßig in die Kirche und las öfters in der Bibel. Sie bemühte sich sehr, Daniel zu einem anständigen Menschen zu erziehen. Dass ihr Sohn nun ein Dieb war, würde ihr sehr wehtun. Daniel erwartete eine Standpauke. Die Tür ging auf und Daniel ging seiner Mutter weinend entgegen. Diese sagte gar nichts, nahm ihn in den Arm und drückte ihn liebevoll. Auf dem Heimweg sprachen beide wenig.
Als sie zu Hause angekommen waren, sagte Daniel: „Es tut mir so leid, was ich gemacht habe. Warum schimpfst du denn nicht mit mir? Ich hab dich doch so enttäuscht."
Da sagte seine Mutter: „Ach Daniel, setz dich mal her. Ich will dir eine Geschichte zeigen, die ich gerade gestern in der Bibel gelesen habe. Ich weiß, du findest die Bibel nicht so interessant, aber lies das mal." Und sie schob Daniel die Bibel hin:

Das Gleichnis vom verlorenen Sohn

Schuld und Vergebung, S. 56

Jesus erzählte einmal folgendes Gleichnis: Ein Mann hatte zwei Söhne. Eines Tages sagte der Jüngere zu ihm: „Vater, ich will jetzt schon meinen Anteil am Erbe ausbezahlt haben, denn ich will in die Welt hinaus." Da teilte der Vater sein Vermögen unter ihnen auf.
Nur wenige Tage später packte der jüngere Sohn alles zusammen und verließ sein Elternhaus. Endlich konnte er so leben, wie er wollte. Er gab sein ganzes Geld für schicke Kleider, gutes Essen und teure Partys aus, bis er schließlich alles verprasst hatte und von seinem Erbe nichts mehr übrig war. Zu allem Unglück brach in dieser Zeit eine große Hungersnot aus. Dem jüngeren Sohn ging es sehr schlecht. In seiner Verzweiflung bettelte er so lange bei einem Bauern, bis er ihn zum Schweinehüten auf die Felder schickte. Oft quälte ihn der Hunger so, dass er froh gewesen wäre, etwas vom Schweinefutter zu bekommen. Aber selbst davon erhielt er nichts.
Da dachte er: „Bei meinem Vater hat jeder Arbeiter mehr als genug zu essen, und ich sterbe hier vor Hunger. Ich will zu meinem Vater zurückgehen."

Und er machte sich auf, zurück zu seinem Vater. Der erkannte ihn schon von weitem. Voller Freude lief er ihm entgegen, fiel ihm um den Hals und küsste ihn. Der Sohn sagte: „Vater, ich habe so vieles falsch gemacht. Sieh mich nicht länger als deinen Sohn an, ich bin es nicht mehr wert. Aber kann ich nicht als Arbeiter bei dir bleiben?“
Sein Vater aber befahl den Knechten: „Beeilt euch! Holt den schönsten Anzug, den wir im Haus haben, und gebt ihn meinem Sohn. Bringt auch einen kostbaren Ring und Schuhe für ihn! Schlachtet das Kalb, das wir gemästet haben! Wir wollen feiern! Denn mein Sohn ist wieder zu mir zurückgekommen.“ Und sie begannen ein fröhliches Fest.

nach Lukas 15,11-24 B

Als Daniel zu Ende gelesen hatte, sagte seine Mutter: „Weißt du Daniel, Gott ist so wie der Vater. Gott liebt die Menschen. Er freut sich, wenn sie wieder zu ihm zurückkommen, und er verzeiht ihnen ihre Fehler. Und wenn Gott schon so gut zu mir ist, warum soll ich dann meinem Sohn, den ich ja auch so sehr lieb habe, nicht auch verzeihen?“ Daniel hatte schon wieder Tränen in den Augen. Seine Mutter nahm ihn in den Arm und meinte: „Aber jetzt will ich dir noch eine andere Bibelstelle zeigen.“ Sie blätterte in der Bibel und schob sie dann lächelnd zu Daniel:

Du sollst nicht stehlen!

2. Mose 20,15 B

1. **Gib das Gleichnis vom verlorenen Sohn in eigenen Worten wieder.**

LEX Gleichnis, S. 200

2. **Gestaltet arbeitsteilig in vier Gruppen ein Rollenspiel mit folgenden Szenen:**
   a) Der Sohn fordert sein Erbe.
   b) Der Sohn verprasst sein Erbe.
   c) Der Sohn leidet Hunger.
   d) Der Sohn kehrt heim.

M Rollenspiel, S. 196

3. **Gleichnisse muss man „übersetzen“, damit man die Bedeutung versteht. Ordnet die folgenden Begriffe und Sätze in einer Tabelle richtig zu:**
   Sohn, der zurückkehrt | Gott | Sohn, der sein Erbe verprasst | Gott verzeiht dem Menschen seine Fehler | Mensch, der Fehler macht | Der Vater nimmt den Sohn wieder auf | Vater | Mensch, der seine Fehler bereut

Gleichnis	Mögliche Deutung
…	…

4. **Was will Jesus mit diesem Gleichnis sagen? Formuliere eine eigene Deutung oder wähle aus den folgenden Deutungen eine aus. Begründe deine Meinung.**
   a) Man soll sein Geld nicht für nutzlose Dinge ausgeben, sondern besser sparen.
   b) Gott ist wie der Sohn. Er kommt immer wieder zu uns zurück.
   c) Zu Gott können wir immer kommen – auch wenn wir etwas falsch gemacht haben. Gott nimmt uns ohne Vorleistungen auf.
   d) Du sollst deine Eltern ehren. Kein Kind soll gegen den Willen seiner Eltern die Familie verlassen.

5. **Beurteilt das Verhalten der Mutter. Warum kann sie ihrem Sohn verzeihen?**

6. **Was erfährt man anhand des Gleichnisses vom verlorenen Sohn über das Reich Gottes?**

i Gleichnisse sind kurze Geschichten, die Jesus über das Reich Gottes erzählt. Man nennt diese Geschichten Gleichnisse, weil Jesus dabei das Reich Gottes mit ganz alltäglichen Dingen und Begebenheiten vergleicht. Jesus will damit zeigen, wie es im Reich Gottes zugeht.

Wunder – es kommt auf den Blickwinkel an

Wunder-Baby überlebt Sturz aus 10. Stockwerk

Berlin (dpa). Seine Ärztin spricht von einem „Wunder“, einem „Geschenk Gottes“ und von „vielen Schutzengeln“. Ein 17 Monate alter Junge aus Berlin überlebte einen Sturz aus gut 25 Meter Höhe ohne schwerere Verletzungen. Anscheinend war das Kind am Sonntagabend unbemerkt durch das Balkonfenster geschlüpft und in die Tiefe gestürzt. „Er hatte einfach unglaubliches Glück“, meinte eine Nachbarin. Ein Rettungssanitäter erklärte: „Ein Erwachsener wäre mit Sicherheit tot. Kleinkinder haben noch weichere Knochen. Und da war auch noch eine kleine, vom Regen aufgeweichte Fläche Mulch auf dem Boden, die den Sturz womöglich abfederte. Deshalb hat das Kind überlebt.“ Die glückliche Mutter sagte: „Ich glaube an das Schicksal. Das hat mit meinem kleinen Jungen noch etwas anderes vor.“

1. ❖ Wie erklären Ärztin, Nachbarin, Rettungssanitäter und die Mutter das Überleben des kleinen Jungen?
2. ❖ Welcher Erklärung kannst du dich eher anschließen? Begründe deine Meinung.
3. ❖ Welche Konsequenzen kann es für das eigene Leben haben, wenn man ein wunderbares Ereignis als Handeln Gottes versteht?

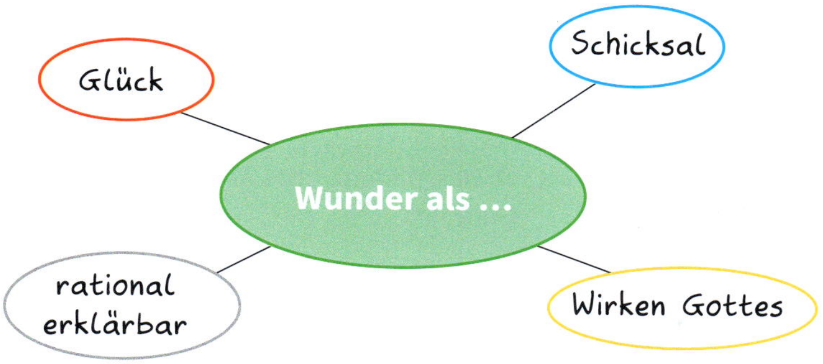

4. ❖ Ordne die Aussagen der vier Personen diesen vier Deutungsmöglichkeiten zu und übertrage die Grafik in dein Heft.

5. ❖ Erkläre den Zusammenhang zwischen dem Bild „Alte/junge Frau“ und den Deutungsmöglichkeiten von Wundern.

Jesus vollbringt Wunder

Johannes der Täufer saß im Gefängnis, weil er den König kritisiert hatte. Seine größte Hoffnung war, dass er den lange erwarteten Messias, den Heilsbringer des Volkes, noch sehen darf. Er war unsicher: War es Jesus oder war er es nicht? So schickte er Freunde zu Jesus und ließ ihn fragen: „Bist du, der da kommen soll, oder sollen wir auf einen andern warten?“ Jesus antwortete den Boten: „Geht hin und sagt Johannes, was ihr hört und seht: Blinde sehen und Lahme gehen, Aussätzige werden rein und Taube hören, Tote stehen auf und Armen wird das Evangelium gepredigt; und selig ist, wer sich nicht an mir ärgert.“

nach Matthäus 11,2-6

LEX Messias, S. 201

Jesus verstößt gegen das Sabbatgebot, S. 100

6. ❖ Jesus gibt den Freunden des Johannes keine eindeutige Antwort. Versucht zu „übersetzen“, was Jesus sagen will.

LEX Evangelium, S. 200

7. ❖ In der Bibel wird berichtet, dass Jesus viele Wunder vollbracht hat. Welche Wundergeschichten kennst du? Wie denkst du darüber? Glaubst du an Wunder? Begründe deine Meinung.

Jesus hilft in der Angst

1. Das Mädchen hat Angst. Beschreibe ihre Gefühle.
2. Was könnten mögliche Gründe für ihre Angst sein?
3. Kannst du dich an eine Situation erinnern, in der du einmal Angst gehabt hast?
4. Sammelt Strategien, wie man auf Angst reagieren kann.

Jesus stillt den Sturm

Jünger, S. 201

Als es Abend wurde, sagte Jesus zu seinen Jüngern: „Kommt, wir wollen ans andere Seeufer fahren!“ Da schickten die Jünger die anderen Leute nach Hause und stiegen mit Jesus in ihr Boot. Andere Schiffe fuhren mit ihnen.
Da kam ein schwerer Sturm auf, so dass die Wellen ins Boot schlugen. Das Boot füllte sich mit Wasser, Jesus aber lag hinten im Boot auf dem Sitzkissen und schlief. Voller Angst weckten ihn die Jünger und riefen: „Meister, kümmert es dich nicht, dass wir untergehen?“
Jesus erhob sich und befahl dem tobenden See: „Schweig! Sei still!“ Da legte sich der Wind und es wurde ganz still.
„Warum habt ihr solche Angst?“, fragte Jesus. „Habt ihr denn immer noch kein Vertrauen?“
Da erschraken die Jünger, und sie fragten sich: „Was ist Jesus für ein Mensch, dass ihm sogar Wind und Wellen gehorchen?“

Pozek-Schlüssel, S. 195

nach Markus 4,35-41

Kap. Symbole, S. 178ff

5. Wovor haben die Jünger Angst? Was tun die Jünger gegen ihre Angst?

Symbol	Bedeutung	Beispiele heute
Boot		
Wasser		
Wellen und Sturm		
Jesus		

6. In der Geschichte gibt es verschiedene Symbole. Übertrage die Tabelle in dein Heft und ordne den einzelnen Symbolen die richtige Bedeutung zu:
   - Etwas, das Leben retten, aber auch zerstören kann;
   - Jemand, der uns die Angst nimmt;
   - Etwas, das sicher scheint, letztendlich aber doch nicht sicher ist;
   - Dinge, die uns bedrohen.

7. Suche für jedes Symbol Beispiele aus deinem Leben oder aus der heutigen Zeit.

Komisch, jetzt gerade habe ich keine Angst

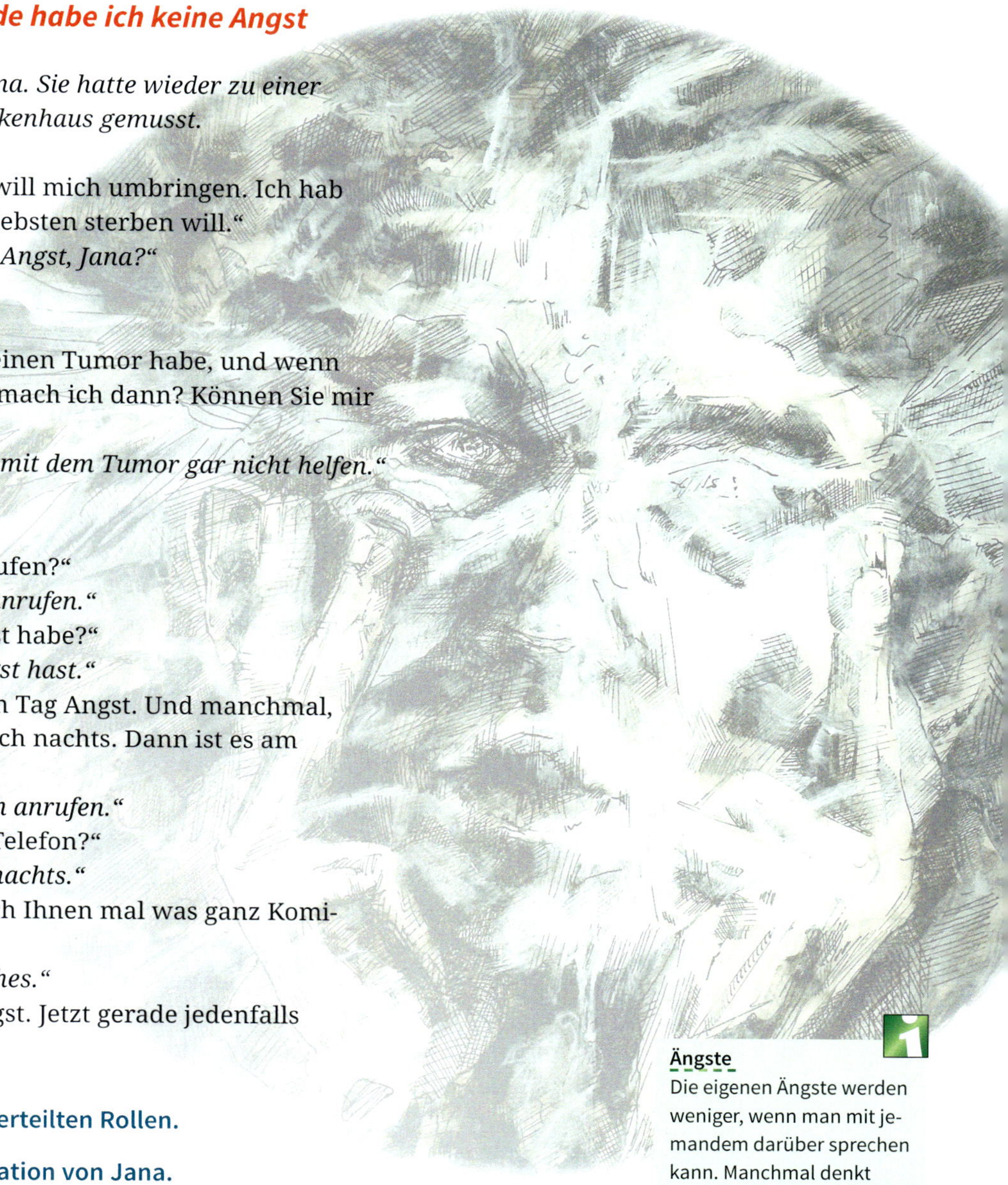

Das Telefon klingelt. Jana. Sie hatte wieder zu einer Untersuchung ins Krankenhaus gemusst.

„Ich hab so Angst. Ich will mich umbringen. Ich hab so Angst, dass ich am liebsten sterben will.“

„Wovor hast du denn Angst, Jana?“

„Vor dem Sterben.“

„Vor dem Sterben?“

„Ja, weil ich vielleicht einen Tumor habe, und wenn der wächst … und was mach ich dann? Können Sie mir nicht helfen?“

„Nein, Jana, ich kann mit dem Tumor gar nicht helfen.“

„Warum denn nicht?“

„Ich kann es nicht.“

„Aber ich kann Sie anrufen?“

„Ja. Du kannst mich anrufen.“

„Immer, wenn ich Angst habe?“

„Immer, wenn du Angst hast.“

„Aber ich hab fast jeden Tag Angst. Und manchmal, wenn ich aufwache, auch nachts. Dann ist es am schlimmsten.“

„Dann kannst du mich anrufen.“

„Hören Sie nachts das Telefon?“

„Ja, ich höre es auch nachts.“

„Wissen Sie was? Soll ich Ihnen mal was ganz Komisches sagen?“

„Sag mir was Komisches.“

„Jetzt hab ich keine Angst. Jetzt gerade jedenfalls nicht.“

Ängste

Die eigenen Ängste werden weniger, wenn man mit jemandem darüber sprechen kann. Manchmal denkt man, dass man niemanden hat, mit dem man sprechen kann. Gott kann ich meine Ängste immer anvertrauen, denn Gott hört immer zu. Bei Gott sind meine Ängste und Sorgen gut aufgehoben. Allerdings hilft er oft anders, als man denkt.

1. ❖ **Lest den Text mit verteilten Rollen.**
2. ❖ **Beschreibt die Situation von Jana.**
3. ❖ **Erklärt, warum Jana am Ende des Gesprächs keine Angst mehr hat.**
4. ❖ **Mit wem könnte Jana sprechen?**
5. ❖ **Vergleicht den Text mit der Wundererzählung.**

Wunder Jesu

Die Wundergeschichten von Jesus wurden zwar nicht von Augenzeugen aufgeschrieben, sie beruhen aber auf Erinnerungen an Jesus. Insofern glauben Christen, dass Jesus Wunder getan hat. Immer schon wurden die Wunder Jesu auch als bildhafte Erzählungen verstanden, die gedeutet werden können. In den Wundergeschichten leben die Erfahrungen vieler Menschen weiter.

Wissen und Können

Das weiß ich

- Jesus verkündete den Menschen das Nahen des Reiches Gottes. Er veranschaulichte durch seine Worte und Taten, wie es im Reich Gottes zugeht. Jesus lehrte, dass Gott sich der Welt annehmen und sie zum Guten wandeln werde. Zum Zeichen dafür heilte Jesus Kranke, vergab Schuld und wandte sich den Armen und Ausgestoßenen zu. Er mahnte die Menschen, sich durch ein gerechtes Leben auf das kommende Reich Gottes vorzubereiten.

- Gleichnisse: Obwohl das Reich Gottes eigentlich unvergleichbar ist, macht es Jesus durch die Gleichnisse anschaulich. Weil die Bilder so lebensnah sind, regen sie zum Umdenken und zum Handeln an. Da Gott durch Jesus die Welt zum Guten ändern will, ist das Reich Gottes mit Jesus auf Erden schon angebrochen. Wenn wir uns so verhalten, wie Jesus es uns in seinen Gleichnissen und Taten vorlebt, können wir mithelfen, das Reich Gottes zur Entfaltung zu bringen.
  Wichtige Gleichnisse sind:
  - das Gleichnis vom verlorenen Sohn (Lukas 15,11-24)
  - das Gleichnis vom barmherzigen Samariter (Lukas 10,30-36)
  - das Gleichnis von den Arbeitern im Weinberg (Matthäus 20,1-16)
  - das Gleichnis vom verlorenen Schaf (Lukas 15,4-7)
  - das Gleichnis vom Schalksknecht (unbarmherzigen Gläubiger) (Matthäus 18,23-35)

- Wunder: Die Wundergeschichten von Jesus wurden von seinen Anhängern und Freunden weitererzählt. Sie sollen zeigen: Gott gibt Jesus die Kraft, außergewöhnliche Dinge zu tun. Gott will, dass es den Menschen gut geht. Er überwindet ihre Krankheiten und Schmerzen. Die Wunder von Jesus sind Zeichen, dass mit Jesus Gottes neue Welt, das heißt das Reich Gottes, anbricht. Wenn Jesus im Namen Gottes Wunder tut, soll dies zeigen: Gottes Liebe kann alles überwinden: Krankheit und Not, Angst und unbekannte Mächte, die vielleicht hinter der Not stehen. Sogar der Tod verliert seine Macht.

Das kann ich

A) Jesus

1. **Beschreibe, was der Fotograf wohl mit diesem Bild über Jesus sagen wollte.**

   Formuliere in einem Satz, was du über Jesus denkst.

B) Gleichnisse

1. Was denkt der Sohn wohl in dieser Situation?
2. Was sagt der Vater zu dem Sohn?

C) Wunder

A) JESUS TLISTL NIENE MURST
B) JESUS EILTH NIENE TENGELÄHM
C) JESUS WECKERT LAUSZAR MOV ODT
D) JESUS SIEPST FAUSTDNFÜEN ECHSENNM
E) JESUS LIEHT NENIE NILBEDN

1. Wenn du die Buchstaben der Wörter in die richtige Reihenfolge bringst, erhältst du fünf biblische Wundergeschichten.

2. Nenne drei Beispiele, wovor dieser Junge Angst haben könnte.
3. Erläutere eine Strategie, die gegen Angst helfen könnte.

4. Erkläre, was die Geschichte von der Sturmstillung Jesu mit der Angstsituation des Jungen zu tun hat.

Schluss-Check

Überlegt gemeinsam:
- *Das war (mir) wichtig in diesem Kapitel: …*
- *Das sollte man sich merken: …*
- *Gibt es etwas, das noch geklärt werden muss?*

SPEICHERN

Passion und Ostern

Jesu Sterben, Tod und Auferstehung

- *Hatte Jesus auch Feinde?*
- *Warum wurde Jesus gekreuzigt?*
- *Ist Jesus wirklich von den Toten auferstanden?*
- *Wenn Jesus auferstanden ist – was bringt das mir?*

Livia Scholz-Breznay: Menschen unter dem Kreuz (2007).

1. ❖ Auf dem Bild oben stehen Menschen aus der Zeit Jesu und Menschen aus unserer Zeit unter dem Kreuz. Untersucht das Bild mit Hilfe der Methode „Bildbetrachtung".
2. ❖ Auf welche Lebensstationen von Jesus weisen die Zeichnungen am rechten Bildrand hin?
3. ❖ Tragt zusammen, was ihr alles über Jesus wisst.
4. ❖ Heute gibt es viele kirchliche Feier- oder Gedenktage, die an Ereignisse im Leben von Jesus erinnern. Stellt diese Tage und die entsprechenden Ereignisse an der Tafel in einer Tabelle dar.

M Bildbetrachtung, S. 191

Jesus hat Feinde

Jesus verstößt gegen das Sabbatgebot

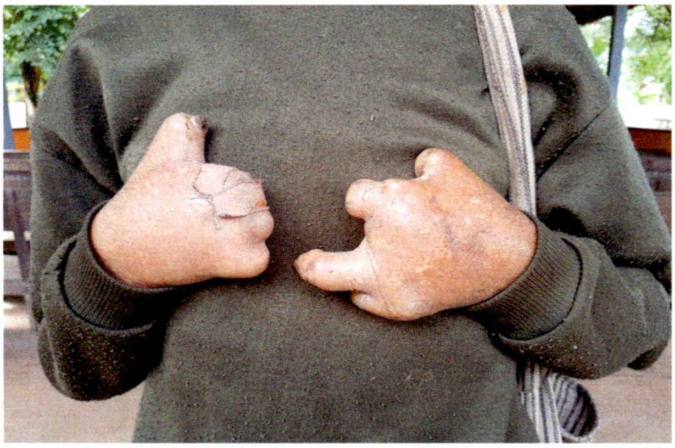

Als Jesus wieder einmal am Sabbat in die Synagoge ging, traf er dort einen Mann, der eine verkrüppelte Hand hatte. Seine Gegner warteten gespannt darauf, wie Jesus sich verhalten würde. Sollte er es nämlich wagen, auch am Sabbat zu heilen, so könnten sie Anklage gegen ihn erheben. Jesus rief den Mann zu sich: „Komm her zu mir!“ Dann fragte er die Anwesenden: „Darf man am Sabbat Gutes tun oder nicht? Darf man einem Menschen das Leben retten oder muss man ihn zugrunde gehen lassen?“
Darauf wussten seine Gegner keine Antwort. Da sah er sie zornig der Reihe nach an und fügte hinzu: „Gott hat den Sabbat für den Menschen geschaffen, nicht den Menschen für den Sabbat.“ Zugleich war Jesus traurig, weil sie so engstirnig und hartherzig waren. Zu dem Mann aber sagte er: „Strecke deine Hand aus!“ Der Mann gehorchte, und sofort war seine Hand gesund.
Erregt verließen die Gegner Jesu die Synagoge und trafen sich mit Freunden und Anhängern des Königs Herodes. Sie berieten, wie sie Jesus am einfachsten aus dem Weg schaffen könnten.

nach Markus 3,1-6 B

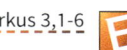

Pozek-Schlüssel, S. 195 M

1. Untersucht den Bibeltext mit Hilfe der Methode Pozek-Schlüssel.
2. Stellt die Positionen von Jesus und seinen Gegnern gegenüber. Beschreibt den Konflikt, in dem sich Jesus befindet.
3. Gib die Antwort von Jesus in eigenen Worten wieder.
4. Ordne die folgenden Aussagen entweder der Position Jesu oder der Position seiner Gegner zu.
   a) Gesetze müssen eingehalten werden.
   b) Der Zweck heiligt die Mittel.
   c) Das Wohl des einzelnen Menschen steht über allem.
   d) Wenn einer sich nicht an Regeln hält, machen das alle.
   e) Gesetze sollen den Menschen dienen und nicht die Menschen den Gesetzen.
   f) Ohne das Einhalten bestimmter Vorschriften ist das Zusammenleben von Menschen nicht möglich.
5. Gibt es Situationen in deinem Leben, in denen du dich auch schon einmal über Vorschriften hinwegsetzen musstest, um jemandem zu helfen?

WhatsApp-Gruppe „Jesus muss weg“

Raffael
Habt ihr’s schon gehört? Jesus kommt nach Jerusalem! Der hat gerade noch gefehlt! 😖 Warum bleibt er nicht in Galiläa, in der Provinz? Da gehört er hin. 15:39 ✓✓

Gad
Wegen mir braucht er auf jeden Fall nicht zu kommen. So Weicheier wie den haben wir hier schon genug. Wir brauchen Kämpfer! Mit Reden und Beten allein bekommen wir die Römer nie aus dem Land. 15:40

Mathias
Genau! So ein Typ wie der Barabbas. Der hat sie abgemurkst, die Römer. Aber dafür sitzt er jetzt halt auch im Knast. 15:41

Gad
Auf der anderen Seite hat der Jesus schon viele Anhänger. Wenn die alle zu den Waffen greifen würden … 15:41

Raffael
Jetzt mach aber mal halblang. So schlecht lebt es sich mit den Römern doch gar nicht. Wenn die da sind, herrscht wenigstens Ruhe und Ordnung. Und Geschäfte kann man auch gut mit ihnen machen. 😉 15:42 ✓✓

Dan
Aber dass der Jesus sich als Jude nicht an unsere religiösen Vorschriften hält, ist eine Unverschämtheit. Das musst du doch zugeben. Ihr wisst doch noch, wie er das Sabbatgebot gebrochen hat. 15:44

Raffael
Aber der Gipfel ist, dass viele behaupten, er sei der Messias und Gottes Sohn. Das ist doch Gotteslästerung! 15:46 ✓✓

Dan
Aber viele laufen ihm nach. 15:47

Raffael
Das ist ja das Problem. So einer findet immer mehr Anhänger, und uns glaubt bald keiner mehr was. Der muss weg! 15:49 ✓✓

Mathias
Ja, genau. Und notfalls mit Gewalt. 15:50

Gad
Guter Plan: Zuerst Jesus – und dann die Römer! 15:51

1. ❖ Nicht alle Menschen sind mit Jesus einverstanden. Nennt Gründe dafür.

2. ❖ Viele Pharisäer und die Zeloten sind gegen Jesus. Die Pharisäer sind fromme Menschen, denen die Einhaltung der religiösen Gesetze sehr wichtig ist. Die Zeloten wollen die Römer mit Gewalt aus dem Land vertreiben. Ordnet die vier Mitglieder der WhatsApp-Gruppe jeweils einer dieser beiden Gruppierungen zu.

Jesus kommt nach Jerusalem

Ey Tobias, schade, dass du nicht dabei warst! Das war Hammer! ER IST ENDLICH DA. Auf einem Esel reitend ist er heute mit seinen Freunden in Jerusalem eingezogen – wie der King! Die Menschen am Wegrand flippten aus. Sie zogen ihre Mäntel aus, rissen Palmwedel ab und legten sie vor ihm auf die Straße. Immer wieder schrien sie im Chor – ich natürlich mittendrin: „Hosianna! Gelobt sei, der da kommt im Namen des Herrn!" Ich glaube, er fand's gut.
Ich schick dir ein Foto!
Hanna

Sonntag, 17.55 ✓✓

Was eben im Tempel passiert ist! 🙁 So habe ich Jesus noch nie erlebt! Ich hatte gehört, dass Jesus heute in den Tempel kommt, und bin deshalb auch hin, um ihn zu sehen. Am Anfang war alles normal, Jesus hat mit seinen Jüngern im Tempel gebetet. Doch dann hat er die Händler und Geldwechsler entdeckt. Da ist er ausgerastet! Zuerst hat er die Tische der Geldwechsler umgestoßen. Alle Münzen rollten auf dem Boden rum. Die Armen haben sich gleich draufgestürzt. Dann ist Jesus zu den Händlern der Opfertauben und hat deren Stände und Käfige in der Gegend herumgeworfen. 😮 Alle Tauben sind fortgeflogen. Als dann die Tempelwache und die Schriftgelehrten gekommen sind, hat Jesus sie angeschrien: „Ihr wisst doch, was Gott sagt: Mein Haus soll für alle ein Haus des Gebets sein! Ihr aber habt eine Räuberhöhle daraus gemacht!" Jesus hat so zornig ausgesehen, dass niemand ihn aufhalten wollte.
Ich hab Fotos gemacht. Ich schick dir eins.
Hanna

Montag, 13.12 ✓✓

1. ❖ Beschreibe den Einzug von Jesus in Jerusalem in eigenen Worten.

2. ❖ **Warum rastet Jesus im Tempel so aus?**

3. ❖ **Beurteilt, ob nach diesem Ereignis die im folgenden genannten Menschen eher für oder eher gegen Jesus sein werden:**
   a) Simon – Priester und für die Ordnung im Tempel verantwortlich
   b) Stefan – Händler im Tempel
   c) Daniel – ist arm und froh, wenn er für sich und seine Familie den Lebensunterhalt bestreiten kann
   d) Thomas – Geldwechsler im Tempel
   e) Susanne – Witwe, würde gern in den Tempel gehen, aber hat kein Geld für ein Opfer
   f) Gabriel – Pharisäer, will mit den Römern Geschäfte machen
   g) Andreas – will nach den Geboten Gottes leben und ärgert sich, dass sich die Reichen oft darüber hinwegsetzen und dies durch Opfergaben überspielen wollen.

Es wird gefährlich für Jesus

Protokoll

Ort: Palast des Hohepriesters Kaiphas
Anwesend: die Hohepriester, Älteste des Volkes

Die Anwesenden beschließen, Jesus bei Pilatus anzuzeigen.

Begründung: Jesus sammelt zu viele Menschen um sich. Deshalb wäre es für das Volk Israel besser, wenn er weg wäre. Es soll jemand aus seiner engsten Umgebung gesucht werden, der den Römern zeigt, wer festgenommen werden soll. Diesem kann auch Geld dafür angeboten werden.

Aktennotiz: Judas Iskariot, einer der zwölf Jünger von Jesus, erscheint bei den Hohepriestern und bietet an, Jesus zu verraten. Bei Erfolg soll Judas dafür 30 Silberlinge bekommen.

Hohepriester, Hoher Rat, S. 201

Orientierung und Maßstäbe für unser Handeln, S. 54

4. ❖ **Sammelt Gründe, warum Menschen Jesus mundtot machen wollen.**

5. ❖ **Judas bietet an, Jesus zu verraten. Könnte es dafür außer dem Geld noch andere Gründe für Judas geben?**

Die letzten 24 Stunden im Leben Jesu

Natürlich gab es niemanden, der die letzten 24 Stunden im Leben Jesu mit der Uhr gestoppt und protokolliert hat. Aber nach den Darstellungen der Evangelien könnten sich die Ereignisse so abgespielt haben:

Donnerstag, 15:05 Uhr: Jesus und seine Jünger haben außerhalb von Jerusalem im 3 km entfernten Bethanien übernachtet. Jetzt gehen sie nach Jerusalem, um abends gemeinsam das Passamahl zu feiern. Jesus schickt zwei Jünger vor, um einen Saal vorzubereiten.

18:20 Uhr: Jesus und seine Jünger beginnen mit dem Passamahl.
Bei dieser Feier passieren einige bemerkenswerte Dinge:
- 18:35 Uhr: Jesus wäscht seinen Jüngern die Füße. Er will damit sagen, dass sich niemand zu fein sein soll, einem anderen zu dienen.
- 19:50 Uhr: Jesus kündigt den Verrat von Judas an.
- 20:55 Uhr: Jesus bricht das Brot, gibt es seinen Jüngern und reicht ihnen den Wein. Er will, dass sie dies auch später tun und sich dabei an ihn erinnern.
- 22:40 Uhr: Jesus kündigt an, dass Petrus ihn dreimal verleugnen wird, „bevor der Hahn kräht".

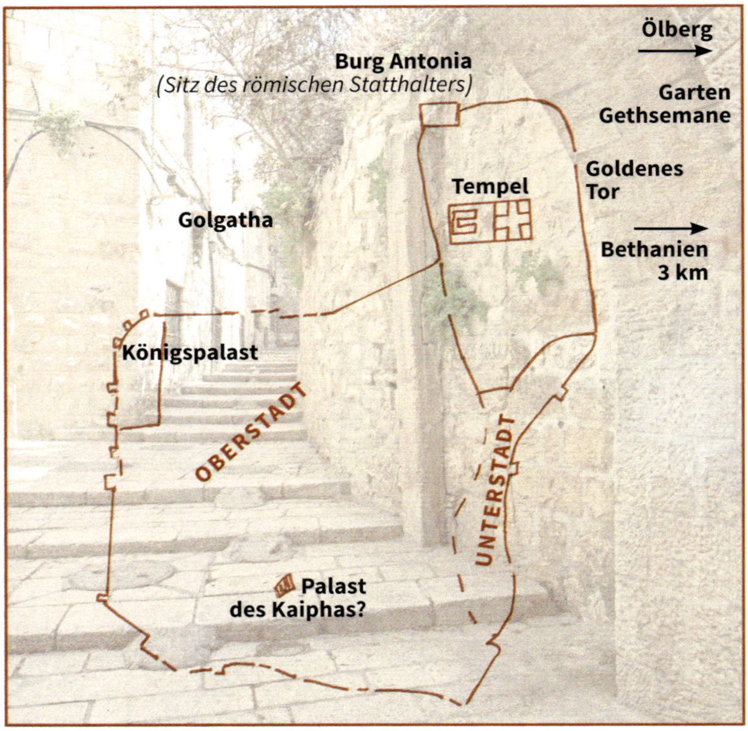

23:15 Uhr: Nach dem Passamahl gehen Jesus und seine Jünger in den 1 km entfernten Garten Gethsemane am Ölberg. Die Jünger schlafen ein. Jesus ist allein. Er hat Angst und betet zu Gott.

Freitag, 0:10 Uhr: Plötzlich kommt Judas mit vielen römischen Soldaten in den Garten Gethsemane. Judas gibt Jesus einen Kuss und zeigt damit den Soldaten, wer Jesus ist. Jesus wird gefangen genommen und in den Palast des Hohepriesters Kaiphas gebracht. Petrus folgt ihnen heimlich.

1:40 Uhr: Das Verhör von Jesus vor dem Hohen Rat beginnt. Der Hohe Rat ist das höchste Gremium der Juden.

3:47 Uhr: Der Hohepriester stellt Jesus die entscheidende Frage: „Bist du Christus, der Sohn Gottes?" Und Jesus antwortet: „Ja, du sagst es."

3:55 Uhr: Der Hohe Rat verurteilt Jesus wegen Gotteslästerung.

Jesus und Petrus, S. 56f.

4:35 Uhr: Petrus hat sich im Hof des Palastes von Kaiphas zwischen die Soldaten und Diener geschlichen. Aber er wird als Jünger von Jesus erkannt und hat aus Angst, auch zum Tode verurteilt zu werden, schon zwei Mal laut verkündet, dass er den Jesus überhaupt nicht kennt. Jetzt kommen einige Soldaten auf Petrus zu: „Natürlich gehörst du zu diesem Jesus. Das hört man doch schon an deinem galiläischen Dialekt!“ Petrus ruft laut: „Ich schwöre: Ich kenne diesen Menschen nicht! Gott soll mich verfluchen, wenn ich lüge!“

4:36 Uhr. Ein Hahn kräht.

4:40 Uhr: Der Hohe Rat berät das weitere Vorgehen. Er ist besorgt um den Frieden im Land, weil Jesus das Volk aufwiegeln könnte. Sie sehen in ihm einen politischen Aufrührer. Das ist für die Römer ein Tötungsgrund.

6:10 Uhr: Vertreter des Hohen Rates bringen Jesus zum römischen Statthalter Pontius Pilatus.

6:25 Uhr: Pilatus verhört Jesus. Er fragt ihn: „Bist du der König der Juden?“ Jesus antwortet: „Du sagst es.“ Pilatus ist unsicher. Die Menge vor seinem Amtssitz fordert den Tod von Jesus.

6:35 Uhr: Pilatus verurteilt Jesus wegen politischem Aufruhr und Volksverhetzung zum Tode am Kreuz.

6:50 Uhr: Da jedes Jahr zum Passafest ein Gefangener, den das Volk aussuchen kann, begnadigt wird, lässt Pilatus die versammelte Menge wählen: „Wen soll ich denn freilassen: den Mörder Barabbas oder Jesus?“ Die Menge schreit: „Barabbas! Barabbas!“

7:05 Uhr: Pilatus lässt Barabbas frei und Jesus zur Kreuzigung abführen.

7:25 Uhr: Jesus wird von den Soldaten misshandelt, ausgepeitscht und gedemütigt.

8:10 Uhr: Die Soldaten führen Jesus zur Kreuzigung auf den Hügel Golgatha. Jesus muss den Querbalken seines Kreuzes selbst schleppen. Er bricht mehrmals zusammen.

9:05 Uhr: Jesus wird zwischen zwei Verbrechern ans Kreuz genagelt.

10:10 Uhr: Soldaten bringen auf dem Kreuz von Jesus ein Schild mit der Aufschrift „INRI“ an, das ist die Abkürzung für I= Jesus, N = Nazarenus, R = Rex, I = Iudaeorum und heißt: Jesus von Nazareth, König der Juden.

15:00 Uhr: Jesus schreit noch einmal laut auf und stirbt.

nach Matthäus 26,1 – 27,50, B

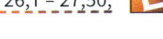

1. ❖ Schreibe die folgenden Ereignisse in der richtigen Reihenfolge in dein Heft.

a) Judas küsst Jesus.
b) Jesus wird im Palast des Hohepriesters Kaiphas vom Hohen Rat verhört.
c) Jesus feiert mit seinen Jüngern das Passamahl.
d) Jesus wird an den römischen Statthalter Pontius Pilatus überstellt.
e) Jesus wird auf dem Hügel Golgatha gekreuzigt.
f) Jesus betet im Garten Gethsemane.
g) Der Hohe Rat verurteilt Jesus wegen Gotteslästerung.
h) Das Volk wünscht, dass der Mörder Barabbas anstelle von Jesus freigelassen wird.
i) Jesus stirbt.
j) Römische Soldaten nehmen Jesus gefangen.
k) Pilatus verurteilt Jesus wegen politischem Aufruhr und Volksverhetzung zum Tode am Kreuz.

2. ❖ Nenne politische und religiöse Gründe, die zur Verurteilung Jesu führten.

3. ❖ Erstelle in deinem Heft eine Gefühlskurve für die letzten 24 Stunden von Jesus.

M Gefühlskurve, S. 193

Jesus ist von den Toten auferstanden

Das Grab ist leer

A

Erschrocken und doch voller Freude liefen die Frauen vom Grab weg. Sie gingen schnell zu den Jüngern, um ihnen die Botschaft zu überbringen.

B

Sie gingen in die Grabkammer hinein und sahen dort auf der rechten Seite einen jungen Mann in einem weißen Gewand sitzen.

C

„Habt keine Angst!" sagte Jesus zu ihnen. „Geht und sagt meinen Brüdern, sie sollen nach Galiläa gehen. Dort werden sie mich sehen."

nach Matthäus 28,1-10 und Markus 16,1-7

D

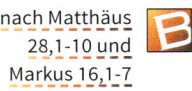

Sie erschraken sehr. Er aber sagte zu ihnen: „Habt keine Angst. Ihr sucht Jesus aus Nazareth, der ans Kreuz genagelt wurde. Er ist nicht hier; Gott hat ihn vom Tod auferweckt! Hier seht ihr die Stelle, wo sie ihn hingelegt hatten. Und nun geht und sagt seinen Jüngern, vor allem Petrus: ‚Er geht euch nach Galiläa voraus. Dort werdet ihr ihn sehen, genau wie er es euch gesagt hat.'"

E

Da stand plötzlich Jesus selbst vor ihnen und sagte: „Seid gegrüßt!" Die Frauen warfen sich vor ihm nieder und umfassten seine Füße.

F

Am Morgen, als der Sabbat vorüber und der Sonntag eben angebrochen war, kamen Maria aus Magdala und eine andere Maria, um nach dem Grab zu sehen. Da fanden sie den Stein vor der Gruft weggewälzt.

1. ❖ Lies die Textbausteine in Ruhe durch. Bringe diese dann in die richtige Reihenfolge. Vergleicht eure Ergebnisse in der Klasse.
2. ❖ Beschreibe die Reaktion der Frauen. Welchen Auftrag bekommen sie?
3. ❖ Du bist eine der Frauen. Ein Journalist von der Jerusalem Post hat von den Gerüchten um Jesus gehört und interviewt dich als Augenzeugin. Spielt das Gespräch.
4. ❖ Wir feiern heute am Palmsonntag, am Gründonnerstag, am Karfreitag und am Ostersonntag Gottesdienst. Wir erinnern uns dabei an wichtige Ereignisse aus dem Leben Jesu. Ordnet diesen Tagen jeweils die entsprechenden Ereignisse zu.

Rollenspiel, S. 196

Auf dem Weg nach Emmaus

Erzähler/in: Zwei Jünger sind unterwegs von Jerusalem nach Emmaus. Sie sind sehr traurig. Sie reden über die Dinge, die seit der Kreuzigung von Jesus passiert sind. Plötzlich kommt ein Mann dazu, den die Jünger nicht erkennen.

Fremder: Ihr seht so bekümmert aus. Was ist denn los?
1. Jünger: Was los ist, fragst du? Sie haben Jesus, unseren besten Freund, ans Kreuz geschlagen.
2. Jünger: Wir haben geglaubt, dass er der Messias, der Sohn Gottes sei. Und jetzt ist er tot!!! Wir wissen überhaupt nicht, was wir jetzt machen sollen.
1. Jünger: Wir haben gedacht, dass er der Retter Israels sei. Aber er hat sich ja nicht mal selbst retten können.
2. Jünger: Er hat uns so viel beigebracht. Sachen zum Nachdenken, von Gott und wie man leben soll und so. Und jetzt ist alles umsonst gewesen. Furchtbar.
1. Jünger: Und jetzt ist noch etwas ganz Seltsames passiert. Ein paar Frauen, die zu uns gehören, waren heute Morgen am Grab. Und angeblich war das Grab leer und ein Engel soll ihnen gesagt haben: Jesus lebt!
2. Jünger: Vor seinem Tod hat er ja gesagt, dass er wiederkommen würde. Aber das kann doch nicht sein.
Fremder: Warum fällt es euch so schwer zu glauben, was Jesus gesagt hat? In den Schriften steht doch: Der Messias muss alles erleiden, damit alle gerettet werden.

Erzähler/in: Die Jünger verstehen diesen Satz nicht. Doch der Fremde erklärt ihnen alles. Als es Abend wird, kommen sie in ein Dorf, und die Jünger bitten den Fremden, doch bei ihnen zu bleiben.
Als sie am Tisch sitzen, spricht der Unbekannte ein Dankgebet, bricht das Brot und gibt es ihnen. Und plötzlich gehen den beiden Jüngern die Augen auf. Sie erkennen: Der Fremde ist Jesus! Doch im selben Moment ist er verschwunden. Die Jünger brauchen einige Zeit, bis sie sich wieder gefasst haben. Dann reden sie miteinander.

1. Jünger: Das gibt es doch nicht. Das kann doch nicht wahr sein. Werden wir denn jetzt alle verrückt?
2. Jünger: Doch! Er war es! Jesus lebt. Es ist unglaublich, aber Jesus lebt.
1. Jünger: Komm, wir müssen sofort zurück. Das muss die ganze Welt erfahren.

Erzähler/in: Und das tun sie auch. Sie packen ihre Sachen zusammen und gehen sofort zurück nach Jerusalem. Jetzt wissen sie, dass es wahr ist: Jesus lebt. Sie sind glücklich. Sie lachen und singen und können nicht schnell genug laufen. In Jerusalem erzählen sie alles sofort den anderen Jüngern und den Frauen.

nach Lukas 24,13-35 B

1. ❖ Beschreibe das Erlebnis der beiden Jünger mit eigenen Worten.
2. ❖ In welche beiden Abschnitte kann man diese Geschichte unterteilen?
3. ❖ Vergleicht: Wie geht es den beiden Jüngern, bevor sie Jesus begegnen und ihn erkennen? Wie geht es ihnen, nachdem sie ihn erkannt haben?
4. ❖ Zwei von euch sind die beiden Jünger. Nach Jerusalem zurückgekommen, gehen sie sofort zu den anderen Jüngern und erzählen, was sie erlebt haben. Spielt diese Szene.

M Rollenspiel, S. 196

Jesus ist auferstanden – und was bringt mir das?

Tod bei Weiche 67

Schnellhausen (dpa) Mit 142 km/h ins Verderben. Der ICE 790, der zwischen Hamburg und Mailand verkehrt, entgleiste um 0.57 Uhr 5,4 km vor dem Hauptbahnhof Frankfurt.
Tragische Bilanz: Bislang 21 Tote, 68 Schwerverletzte – zwölf schweben in Lebensgefahr – und 45 Leichtverletzte.
Die Unfallursache: zu hohe Geschwindigkeit. Der Lokführer des Zuges Milan T. (25 J.) hatte trotz Anweisung offenbar vor der Weiche nicht abgebremst. Statt Tempo 40 wie vorgeschrieben raste der ICE 790 mit Tempo 142 auf Weiche 67 zu. Viel zu schnell – mit 142 km/h in die Katastrophe. Den Hilfskräften am Unfallort bot sich ein Bild des Grauens.
Milan T., der den Zug erst in Hamburg übernommen hatte, überlebte unverletzt. Wie Zeugen berichteten, war er wegen Übermüdung vor der Unfallstelle kurz eingenickt und hatte offenbar dadurch das entscheidende Signal zur Geschwindigkeitsreduzierung übersehen. Bisher verweigerte er jede Aussage. Ein Polizeisprecher: „Der Mann steht unter Schock, ist nicht vernehmungsfähig, es geht ihm schlecht.“ Minuten nach der Zugkatastrophe war ein Feuerwehrmann dem völlig verstörten Lokführer Milan T. begegnet. Der stammelte immer nur: „Ich bin schuld. Ich bin schuld.“

1. ❖ Beschreibt die Situation, in der sich Milan T. befindet. Welche Gedanken und Gefühle könnten ihn beschäftigen?
2. ❖ Milan T. ist schuld am Tod von 21 Menschen. Wie kann jemand mit einer solchen Schuld weiterleben?
3. ❖ In seiner Verzweiflung wendet sich Milan T. an die Angehörigen der Opfer. Einige schreiben ihm und vergeben ihm. Erörtert, warum es dem Lokführer trotzdem nicht gelingt, mit seiner Schuld fertig zu werden.

Einige Zeit später besucht Milan T. zufällig einen Ostergottesdienst. Als der Pfarrer sagt: *„Jesus ist für unsere Sünden gestorben“*, fühlt er sich plötzlich ganz persönlich angesprochen und hört genauer hin. Der Pfarrer weiter: *„Jesus nimmt meine Schuld mit ins Grab. Aber Jesus ist wieder auferstanden. Und das heißt: Gott hat meine Schuld von ihm weggenommen. Er hat mir meine Schuld vergeben. Gott gibt mir eine neue Chance. Ich kann einen neuen Anfang machen.*
Jesu Auferstehung zeigt aber auch: Gott ist stärker als der Tod! Weil meine Schuld von mir genommen ist, hat der Tod auch über mich keine Macht mehr. Ich kann darauf hoffen, dass ich nach dem Tod bei Gott sein werde.“

1. ❖ Gebt die Aussage des Pfarrers im Ostergottesdienst in eigenen Worten wieder.

2. ❖ Erörtert, inwieweit diese Worte dem Lokführer neue Hoffnung geben können.

3. ❖ Den gleichen Gottesdienst besuchten zufällig auch Hinterbliebene der Opfer des Zugunglücks. Inwiefern können die Worte des Pfarrers auch ihnen helfen?

Jesus ist auch für meine Schuld gestorben

Viele Christen glauben: Die Botschaft „Jesus ist für unsere Sünden gestorben“ hat nicht nur für den Lokführer mit seiner „großen“ Schuld Bedeutung, sondern auch für mich. Wenn ich z.B. jemanden verletzt habe, wenn ich Dinge falsch gemacht habe oder wenn ich etwas bereue, was ich gerne ändern würde, aber nicht mehr kann – das heißt: alle Schuld, die mich belastet – all das nimmt Jesus mir ab, und ich kann neu beginnen.

Schuld und Vergebung, S. 56

4. ❖ Male ein Kreuz in dein Heft und schreibe darauf, welche Dinge dich belasten, was du gerne loswerden und an Jesus abgeben würdest.

5. ❖ Mit Jesus ist deine Schuld „gestorben“. Überklebe deshalb das Kreuz mit einem passenden gelben Papierkreuz.

Malte, 14 Jahre, muss auf Livia, seine dreijährige Nichte, aufpassen. Weil er mit Freunden WhatsApp-Nachrichten austauscht, bemerkt Malte nicht, dass Livia heimlich die Wohnungstür öffnet und hinaus läuft. Livia stürzt die Treppe hinunter und bricht sich ein Bein. Malte ist verzweifelt. Er weiß nicht, wie er das Livias Eltern erklären soll.

Hetty, 17 Jahre, liebt ihren Freund sehr. Obwohl sie es eigentlich nicht wollte, hat sie nach einer Party und nach viel Alkohol mit einem anderen Jungen geschlafen. Sie bereut das sehr.

6. ❖ Beschreibt jeweils die Gefühlslage der Jugendlichen.

7. ❖ Diskutiert, was die Botschaft von Kreuz und Auferstehung Jesu für Malte und Hetty bedeuten könnte.

8. ❖ Beschreibt in Partnerarbeit, wie in den beiden Fällen ein Neuanfang möglich sein könnte.

Jesus nachfolgen – wie soll das denn gehen?

www.kidsquestions.de Frageportal

Amelie, 15 Jahre
Eigentlich finde ich Jesus ganz cool. Ich würde gern so leben, wie er es gesagt hat, aber irgendwie geht das doch heute nicht mehr. Und nun meine Frage: Hat schon mal jemand versucht, wie Jesus zu leben? Oder kennt ihr jemand?

Jan-Luca, 15 Jahre
Natürlich kann man nicht sein ganzes Leben, d.h. jeden Tag und jede Stunde, so leben wie Jesus, aber in kleinen Dingen kann man das schon. Wenn zum Beispiel in einer Klasse jemand gemobbt wird, dann hätte das Jesus mit Sicherheit nicht gewollt. Deshalb muss man dann eingreifen und dem oder der Gemobbten helfen, dass das aufhört.

Charlotte, 17 Jahre
Oder jetzt mit den Flüchtlingen. Jesus hätte sich ganz sicher auf deren Seite gestellt, er war ja immer für die Außenseiter und Benachteiligten und deshalb muss man, wenn man so leben will, wie Jesus es gesagt hat, das heute auch tun.

Sören, 13 Jahre
Ich kenn jemanden, der sammelt in jedem Frühjahr mit einer Gruppe Kröten ein und trägt die dann über die Straße. So Schöpfung bewahren und so. Das hätte Jesus bestimmt auch gefallen.

Charlotte, 17 Jahre
Ja, schon. Aber nicht jeder, der was Gutes tut, ist auch ein Nachfolger von Jesus. Das muss man schon ganz bewusst tun. Man muss z.B. sagen: Jesus hat sich immer um die Benachteiligten und Außenseiter gekümmert, und deshalb tu ich das heute auch und ich geh deshalb nicht auf eine Anti-Islam-Demonstration oder zu so einem Scheiß, sondern ich helfe z.B. den Asylanten.

Anna-Lena, 17 Jahre
Ich mache zurzeit eine Ausbildung zur Altenpflegerin. Okay, ich bin nicht Frau Jesus oder die Mutter Teresa, aber ich habe mir bei meiner Berufswahl schon überlegt, was zu machen, wobei ich jemanden helfen kann – okay, nicht nur, aber schon auch ein bisschen, weil ich denke, dass das im Sinne von Jesus wäre.

Lasse, 14 Jahre
So zu leben wie Jesus geht heute meiner Meinung nach nicht mehr. Irgendwie ist man dann immer der Depp, wenn man immer nur nachgibt oder so.

Jule, 15 Jahre
Jesus hat ja auch nicht immer nachgegeben. Er hat schon auch seinen Willen durchgesetzt, damals gegen die Mächtigen und Reichen und Oberfrommen. Oder als er die Händler aus dem Tempel vertrieben hat. Ich finde, man kann sich auch heute schon noch an ihm orientieren, indem man halt auch heute von den Mächtigen und den Oberfrommen nicht unkritisch alles hinnimmt.

1. ❖ Amelie fragt nach Beispielen, wie man sich heute an Jesu Worten und Taten orientieren könnte. Welche Beispiele werden im Forum genannt? Diskutiert diese im Einzelnen.

Birthe, 14 Jahre

Hi Amelie, ich hab einen guten Tipp für dich. Ich hab so ein Armbändchen, da stehen nur vier Buchstaben drauf: WWJD. Das ist die Abkürzung für: What would Jesus do? Also: Was würde Jesus tun? Und ich schau da oft drauf und denk, was Jesus jetzt wohl machen würde. Also zum Beispiel, wenn ich an einem Bettler vorbeigehe. Dann denke ich, dass Jesus dem jetzt irgendwie helfen würde. Und manchmal geb ich dann auch 50 Cent …

Raul, 13 Jahre

Meine Schwester isst kein Fleisch, weil ihr die Tiere leidtun. Ich denke, dass das Jesus auch gefallen würde.

Jannis, 14 Jahre

Das ist doch Müll! Wenn jemand kein Schnitzel isst, ist er doch noch kein Nachfolger von Jesus!

Charlotte, 17 Jahre

Das stimmt schon. Ich denke, es kommt immer auf die innere Haltung an. Also wenn jemand ganz bewusst etwas macht oder etwas nicht macht, weil er so leben will, wie Jesus es vorschlägt. Ich habe auch mal im letzten Jahr in den sieben Wochen vor Ostern auf Fleisch verzichtet. Und immer, wenn ich dann etwas anderes gegessen oder etwas anderes bestellt habe, war mir ganz kurz auch ein bisschen die Leidenszeit von Jesus bewusst. Ich fand das cool.

Moritz, 15 Jahre

Ich finde, man kann sich oder man muss sich sogar heute an Jesus orientieren. Ich finde vor allem sein Gleichnis vom barmherzigen Samariter oder die Geschichte, als er bei dem Zöllner Zachäus isst, super. Da denke ich, wenn ich mir überlege, was richtig ist, oft dran. Nämlich: Man soll denen helfen, die Hilfe brauchen, und man soll sich vor allem um die Außenseiter und Benachteiligten kümmern. Und da gibt es ja gerade heute viele Situationen und Menschen, um die man sich kümmern müsste.

Konflikt-Tipps von Jesus S. 42

Titus, 14 Jahre

Ja genau, Moritz hat voll Recht. Ich bin mir sicher, dass die Welt heute besser wäre, wenn sich mehr Menschen an Jesus orientieren würden.

2. ❖ **Moritz schreibt, dass es heute viele Menschen gibt, für die es gut wäre, wenn sich jemand im Sinne von Jesus um sie kümmern würde. Überlegt, was Moritz damit gemeint haben könnte.**

Jesus im Tempel S. 102

3. ❖ **Titus schreibt: Die Welt wäre besser, wenn sich mehr Menschen an der Botschaft von Jesus orientieren würden. Diskutiert diese Aussage.**

4. ❖ **Beschreibe eine Situation, in der du dich in deinem Verhalten an der Botschaft von Jesus orientieren könntest.**

Wenn manche fragen: „What would Jesus do?“,

denke daran:

Tische umwerfen ist immer eine Möglichkeit!

Karikaturen interpretieren, S. 194

Wissen und Können

Das weiß ich

▶ In der Zeit von Palmsonntag bis Ostern gibt es wichtige Gedenk- oder Feiertage, an denen wir uns erinnern, wie Jesus gelitten hat, wie er gestorben und auferstanden ist.

Palmsonntag: Jesus kommt mit seinen Jüngern nach Jerusalem, um das Passafest zu feiern. Jesus reitet auf einem Esel. Die Menschen jubeln ihm zu und empfangen ihn wie einen König. Sie breiten ihm zu Ehren Kleider und Palmzweige als Teppich auf seinem Weg aus. Sie rufen: „Hosianna! Gelobt sei, der da kommt im Namen des Herrn!"

Gründonnerstag: Jesus feiert mit seinen Jüngern das Passamahl. Er bricht das Brot und reicht es herum. Dann gibt er den Kelch mit Wein weiter. Jesus sagt, Brot und Wein sind das Zeichen der Gemeinschaft mit ihm.
Aus diesem Grund feiern wir heute das heilige Abendmahl.
Anschließend gehen Jesus und seine Jünger in den Garten Gethsemane. Die Jünger schlafen. Jesus ist allein. Er betet, er hat Angst vor dem, was auf ihn zukommt.
Da kommen römische Soldaten. Judas küsst Jesus. Daraufhin wird Jesus gefangengenommen und in das Haus des Hohepriesters Kaiphas gebracht.

Karfreitag: Der Hohe Rat, das höchste Gremium der Juden, verurteilt Jesus wegen Gotteslästerung.
Jesus wird an den römischen Statthalter Pontius Pilatus übergeben. Dieser verurteilt Jesus wegen politischem Aufruhr zum Tode am Kreuz. Jesus wird geschlagen, ausgepeitscht und gedemütigt. Auf dem Hügel Golgatha wird Jesus zwischen zwei Verbrechern gekreuzigt. Freunde beerdigen ihn in einem Felsengrab.

Ostern: Als Frauen zum Grab kommen, um den Leichnam von Jesus einzubalsamieren, finden sie das Grab leer. Ein Engel berichtet ihnen, dass Jesus auferstanden sei. Wenig später begegnet Jesus den Frauen selbst und auch zwei Jüngern beim Dorf Emmaus. Danach begegnet Jesus auch den anderen Jüngern.
Durch Ostern und die Auferstehung von Jesus haben Christen Hoffnung, dass Gott Menschen im Tod beisteht und den Tod überwindet.

Das kann ich

A) Jesus hatte auch Gegner

1. **Um was geht es bei dem dargestellten Konflikt? Formuliere jeweils eine Aussage der Pharisäer und eine von Jesus, die diesen Konflikt verdeutlichen.**

B) Jesu Sterben, Tod und Auferstehung

1. Erkläre, was auf den Bildern jeweils dargestellt ist.
2. Bringe die Bilder in die richtige Reihenfolge.
3. Ordne den Bildern jeweils den richtigen Feiertag zu: Karfreitag, Ostern, Gründonnerstag, Palmsonntag.

C) Die Emmaus-Jünger

- Neue Hoffnung
- Alles ist aus
- Er bricht mit ihnen das Brot
- Völlige Verzweiflung
- Er legt die Bibel aus
- Alles wird wieder gut

1. Ordne die folgenden Textbausteine den drei Phasen der Geschichte zu:
   – Die Jünger vorher
   – Jesus begegnet den Jüngern
   – die Jünger nachher

D) Jesu Auferstehung

- Ich kann darauf hoffen, dass ich nach dem Tod bei Gott sein werde.
- Gott ist stärker als der Tod!
- Jesu Auferstehung zeigt: Weil durch den Tod Jesu auch meine Schuld von mir genommen ist, hat der Tod auch über mich keine Macht mehr.

1. Jesu Auferstehung hat auch eine Bedeutung für mich. Schreibe die folgenden Textbausteine in der richtigen Reihenfolge in dein Heft.

E) Jesus nachfolgen

Nenne vier Beispiele, was Menschen tun können, wenn sie sich in ihrem Verhalten an Jesus orientieren.

Schluss-Check

Überlegt gemeinsam:
- ▶ *Das war (mir) wichtig in diesem Kapitel: …*
- ▶ *Das sollte man sich merken: …*
- ▶ *Gibt es etwas, das noch geklärt werden muss?*

SPEICHERN

Gute Zeiten, schlechte Zeiten

- *Wann beginnt die Geschichte der Kirche?*
- *Tut die Kirche nur Gutes?*
- *Was haben Kreuzritter und Hexen mit der Kirche zu tun?*
- *Seit wann gibt es denn mehrere Kirchen?*

A

B

C

D

E

F

G

1. ❖ Beschreibt die einzelnen Situationen. Alle Bilder haben etwas mit der Geschichte der Kirche zu tun. Was könnte das jeweils sein?

2. ❖ Bringt die dargestellten Stationen der Kirchengeschichte in die zeitlich richtige Reihenfolge.

3. ❖ Tragt zusammen, was ihr über die Entstehung und Geschichte der Kirche bisher schon wisst.

30 – 500

30 | 100 | 200

Pfingsten

50 Tage nach Ostern waren alle Jünger in einem Haus in Jerusalem versammelt, als sie plötzlich die Kraft des Heiligen Geistes verspürten. Sie begannen, in fremden Sprachen von Jesus und Gott zu reden. Es war wie ein Wunder. Menschen aus vielen Ländern verstanden an diesem Tag die frohe Botschaft von Jesus. Viele ließen sich taufen. So entstand in Jerusalem die erste christliche Gemeinde der Welt, die Urgemeinde. Aus diesem Grund nennt man Pfingsten auch den Geburtstag der Kirche.

Apostel, S. 199

Paulus

Paulus hatte ursprünglich die Christen verfolgt. Nach einer wundersamen Begegnung mit dem auferstandenen Jesus wurde er zum Christentum bekehrt. Er ließ sich taufen und setzte sich von da an mit aller Kraft für die Verbreitung des Christentums ein. Als christlicher Apostel machte er zwischen den Jahren 30 und 60 drei große Missionsreisen und verbreitete den christlichen Glauben im ganzen Römischen Reich. Dabei gründete er überall christliche Gemeinden. Seine Briefe an diese Gemeinden gehören zu den ältesten erhaltenen Schriften des Neuen Testaments.

1. **❖ Gestaltet in eurem Klassenzimmer eine ähnliche Zeitleiste wie im Religionsbuch. Wenn ihr für jedes Jahrhundert 20 cm einplant, wird die Leiste 4 m lang. Markiert die einzelnen Stationen durch Zeichnungen und/oder kleine Texte.**
2. **❖ Erkläre die Begriffe „Urgemeinde" und „Konstantinische Wende".**
3. **❖ Ordne die folgenden Ereignisse zeitlich in der richtigen Reihenfolge.**
   - A. Kaiser Konstantin siegt mit dem Zeichen des Christentums.
   - B. Jesus stirbt am Kreuz.
   - C. Paulus schreibt Briefe an die verschiedenen Gemeinden.
   - D. Die Jünger spüren den Heiligen Geist.
   - E. Jesus wird geboren.

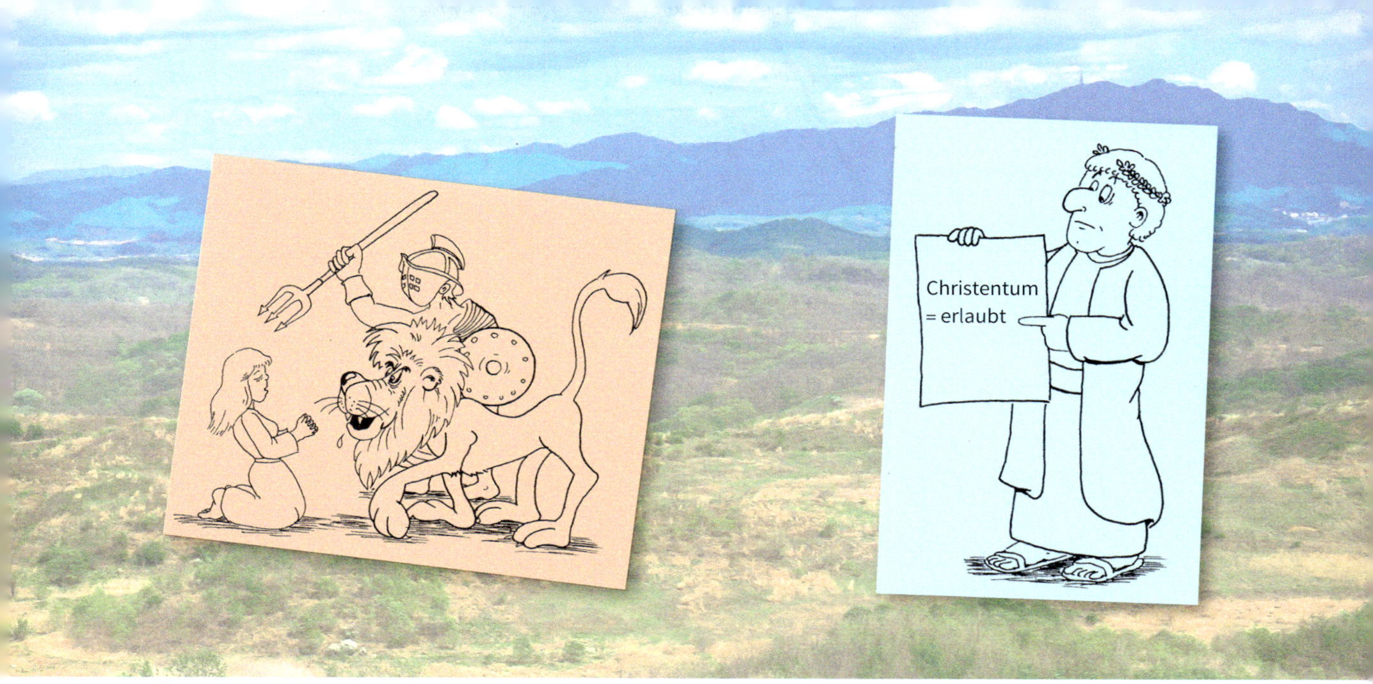

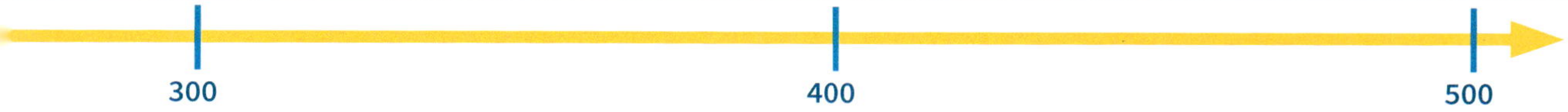

Christenverfolgung

Seit Beginn des Christentums gab es immer wieder Christenverfolgungen. Im Jahr 64 n.Chr. legte Kaiser Nero heimlich ein Feuer, um ganz Rom abzubrennen und Platz für ein schöneres Rom mit einem großen Palast zu schaffen. Die Schuld an diesem verheerenden Brand schob Nero auf die Christen. Daraufhin verfolgten die Bürger Roms die Christen und töteten viele von ihnen.
Als die römische Regierung von ihren Bürgern verlangte, die römischen Staatsgötter und den Kaiser anzubeten, weigerten sich die Christen: Sie konnten niemand außer Gott anbeten. Wiederum wurden Tausende von ihnen getötet.

F. Paulus verbreitet den christlichen Glauben im gesamten Römischen Reich.
G. Das Christentum wird Staatsreligion im Römischen Reich.
H. In Jerusalem entsteht die erste christliche Gemeinde.
I. Unter Kaiser Nero kommt es zu schweren Christenverfolgungen.
J. Jesus wird von den Toten auferweckt.
K. Das Christentum wird im Römischen Reich toleriert.

Konstantinische Wende

Die Zeit der Verfolgung fand im Jahr 311 ein offizielles Ende. Christen wurden im Römischen Reich toleriert und durften ihre Religion offen ausleben. Für den weiteren Aufstieg des Christentums war Kaiser Konstantin verantwortlich. Im Jahr 312 soll er vor einem wichtigen Kampf im Traum das Christuszeichen gesehen und dazu die Worte gehört haben: „Durch dieses Zeichen wirst du siegen“.
Am nächsten Tag ließ Konstantin das Zeichen an der Kaiserstandarte und allen Schilden seiner Soldaten befestigen. In der entscheidenden Schlacht brach wie durch ein Wunder mitten im Kampf die Brücke, über die seine Feinde angreifen wollten, und Konstantin siegte mit seinem zahlenmäßig völlig unterlegenen Heer.
Nach diesem Sieg begann Konstantin, das Christentum zu unterstützen. Später, kurz vor seinem Tod, ließ sich Konstantin taufen. Im Jahr 380 wurde das Christentum unter Kaiser Theodosius I. schließlich zur einzigen erlaubten Religion im Römischen Reich. Das Christentum war nun die Staatsreligion.

500 – 1000

500 600 700

Mönchsorden und Klöster

In Italien und Frankreich entstehen die ersten christlichen Klöster. Mönche oder Nonnen leben meist abgeschlossen von der Außenwelt und konzentrieren sich in ihrem Zusammenleben ganz auf die Ausübung ihrer Religion. Sie geben ihren Besitz auf und stellen ihr Leben in den Dienst Gottes. Arbeit, Buße und Gebet zu Gott bestimmen den Tagesrhythmus. Viele Klöster waren wie kleine unabhängige Städte. Sie hatten Schlafsäle, Speisesaal, Küchen, Stallungen, Handwerksbetriebe, Gästehäuser, einen umschlossenen Hof, den Kreuzgang, und einen Garten. Die Mönche galten als besonders gebildet. Sie zählten zu den wenigen Menschen, die lesen und schreiben konnten, und fertigten handgeschriebene und kunstvoll bemalte Bücher an.

1. ❖ **Mönche und Nonnen hatten einen ausgefüllten Tag. Er war aufgeteilt in die Bereiche Gottesdienst, Arbeit und Erholung.**
   - Die Gottesdienste fanden mehrfach täglich statt. Der erste war um 2 Uhr morgens, weitere folgten um 6 Uhr, 8 Uhr, 9 Uhr, 12 Uhr, 15 Uhr und 19 Uhr. Sie dauerten jeweils eine Stunde.
   - Gearbeitet wurde von 7 bis 8 Uhr, von 10 bis 12 Uhr, von 16 bis 18 Uhr und von 20 bis 22 Uhr.
   - Der Rest des Tages diente der Erholung und war für die Mahlzeiten vorgesehen.

   Zeichne in deinem Heft eine Tagesuhr mit 24 Stunden. Färbe die Gottesdienstzeiten rot, die Arbeitszeiten blau und die Erholungszeiten grün ein.

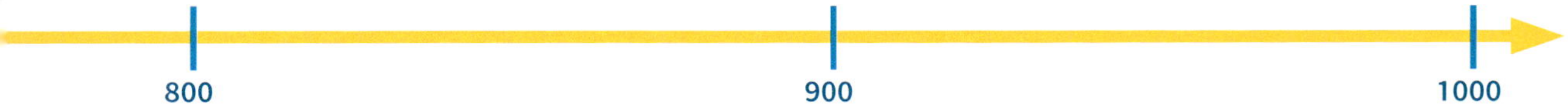

Germanien wird christlich

Als erster Germanenstamm sind wohl die Westgoten mit dem Christentum in Berührung gekommen. Auf ihren Streifzügen im römischen Grenzgebiet machten sie Gefangene, die Christen waren.
Große Bedeutung für die Christianisierung der Germanen hatten die irisch-schottischen Mönche, die als Wanderprediger nach Germanien kamen. Die bedeutendste Persönlichkeit ist der Mönch Bonifatius. Aufgrund seiner umfangreichen Missionstätigkeit wird er auch als „Apostel der Deutschen" verehrt. Besonders eine Begebenheit machte Bonifatius sehr bekannt.
Im Jahre 723 predigte Bonifatius in der Nähe von Fritzlar vor einer großen Menschenmenge, die sich unter der Donareiche eingefunden hatte, einem Baum, der dem Donnergott der Germanen geheiligt war. Bonifatius aber sagte, dass der Christengott allen Göttermächten überlegen sei. Die Leute glaubten das nicht. Da begann Bonifatius kurzerhand die Eiche zu fällen. Die Leute hielten den Atem an und erwarteten die Rache des Donnergottes. Doch der Baum stürzte schon nach wenigen Schlägen, und nichts geschah. Da erkannten die Leute die Ohnmacht ihrer Götter und ließen sich taufen.

Apostel, S. 199

Elia macht den Gottestest, S. 82f.

2. ❖ **Die Reden der Missionare waren meist in drei Schritte aufgeteilt:**
a) Zeige die Überlegenheit des christlichen Gottes.
b) Nenne Beispiele, wie hilfreich der christliche Glaube ist.
c) Sprich die Einladung zur Taufe und zu einer Lebenswende aus.
Schreibe eine kurze Missionarsrede, die Bonifatius den heidnischen Germanen gehalten haben könnte, und berücksichtige dabei diese drei Schritte.

3. ❖ **Wie würde heute ein Gespräch aussehen, das ein Christ mit einem Nichtchristen führt?**

1000 – 1500

1000 1100 1200

Trennung in Ost- und Westkirche

Weil die östlichen Kirchen den Papst als ihren Oberherrn ablehnen und die westliche Kirche sich nicht dem Patriarchen von Konstantinopel unterstellen will, kommt es 1054 zur Trennung zwischen der römisch-katholische Kirche (Westkirche) und den orthodoxen Kirchen (Ostkirche). Während die katholische Kirche zentral von Rom aus geleitet wird und dem Papst untersteht, hat die orthodoxe Kirche verschiedene Nationalkirchen, die relativ unabhängig voneinander bestehen und die in der Regel von einem Patriarchen geleitet werden. In den Ostkirchen spielen Ikonen (besonders verehrte Bilder) eine wichtige Rolle.

Kreuzzüge

Nachdem 1071 Muslime Jerusalem erobert hatten, verboten sie den christlichen Pilgern den Besuch der heiligen Stätten. 1095 rief Papst Urban II. deshalb zu einem Kreuzzug auf, um Jerusalem wieder zu erobern. Das Unternehmen gelang, 1099 war Jerusalem wieder unter christlicher Herrschaft. Es folgten sechs weitere blutige Kreuzzüge, die nicht immer erfolgreich waren und bei denen die Kreuzritter oft Verwüstung und Tod hinterließen. Der letzte Kreuzzug endete 1291 mit der Eroberung der letzten christlichen Festung in Palästina durch die Muslime.

1. ❖ **Ordne die folgenden Begriffe der katholischen Kirche oder der orthodoxen Kirche zu:**
Patriarchen | Gottesdienste über mehrere Stunden | Rom | Wenig Selbstständigkeit der einzelnen Kirchen | Konstantinopel | Unfehlbarkeit des Papstes | Weihnachten am 25. Dezember | Weihnachten am 7. Januar | Verschiedene selbstständige Kirchen | 270 Millionen Gläubige | 1,5 Milliarden Gläubige | Verehrung von Ikonen und Heiligenbildern

1300 1400 1500

Mönchsorden tun viel Gutes

Im 13. Jahrhundert wurden mehrere Mönchsorden gegründet, die bis heute existieren, z.B. der Dominikaner-, der Franziskaner- oder der Augustinerorden. Die Mönche und Nonnen in den Klöstern taten für die Menschen ihrer Zeit viel Gutes. Sie waren handwerklich und landwirtschaftlich tätig, entwickelten die Kräuter- und Heilkunde, kümmerten sich um Bedürftige und Kranke und boten Unterkunft für Reisende. In vielen Klöstern wurden Klosterschulen eingerichtet.
Die Klöster waren außerdem Stätten der Kunst und des Wissens, denn die Mönche waren diejenigen, die Bücher abschrieben und kostbar ausstatteten. Für ihre Klosterkirchen schufen sie prachtvolle Kunstwerke.

Inquisition

Ab dem 13. Jahrhundert ging die katholische Kirche unerbittlich und grausam gegen Andersdenkende vor. Als Inquisition werden jene Gerichtsverfahren bezeichnet, bei denen im Auftrag der katholischen Kirche so genannte Ketzer aufgespürt, verhört, gefoltert und z.T. auf dem Scheiterhaufen verbrannt wurden.

2. ❖ Schreibe den folgenden Text in dein Heft und ergänze dort die Lücken.
1054 kommt es zur Trennung der Kirche in die XXX mit dem Mittelpunkt in XXX und die XXX mit dem Zentrum in XXX (heute Istanbul).1095 rief XXX zu einem XXX auf, um XXX von der muslimischen Herrschaft zu befreien.
XXX und XXX in den Klöstern taten für die Menschen ihrer Zeit viel XXX.
Als XXX werden jene Gerichtsverfahren bezeichnet, bei denen im XXX der katholischen Kirche sogenannte XXX aufgespürt, verhört, XXX und zum Teil XXX verbrannt wurden.

3. ❖ Jesus sagt: „Liebt eure Feinde; tut wohl denen, die euch hassen; segnet, die euch verfluchen; bittet für die, die euch beleidigen“. Diskutiert, welche der aufgezählten Schritte der Kirchengeschichte sich mit diesem Satz von Jesus vereinbaren lassen.

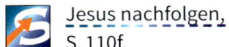

Jesus nachfolgen, S. 110f.

1500 – heute

1500 1600 1700

Hexenverfolgung

Zwischen 1450 und 1750 kam es in verschiedenen Wellen immer wieder zu Verfolgungen von so genannten Hexen und Zauberern. Dabei kamen staatliche und kirchliche Interessen zusammen. Dies führte zu grausamer Folter und Hinrichtung vieler tausender Menschen.

Reformation

Den Mönch Martin Luther störten viele Missstände, die es in der katholischen Kirche zu Beginn des 16. Jahrhunderts gab. Um seine Bedenken der Kirche mitzuteilen, verfasste er im Jahr 1517 95 Thesen, die er an der Tür der Schlosskirche in Wittenberg öffentlich aushängte. Darin beschrieb er, wie der Glaube laut der Bibel ausgeübt werden sollte. Diese Thesen leiteten die Reformation, d.h. Erneuerung der Kirche ein und führten schließlich zur Bildung der evangelischen Kirche.

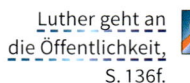

Luther geht an die Öffentlichkeit, S. 136f.

1. ❖ Verbinde die richtigen Satzteile und schreibe dann die Sätze in dein Heft.

Im Mittelalter galten Hexen	leiteten die Reformation ein.
Die Kirche rechtfertigte	die sozialen Einrichtungen der evangelischen Kirche.
Die Reformation führte zur	als Dienerinnen des Teufels.
Die 95 Thesen von Martin Luther	die Judenverfolgungen in der Zeit des Nationalsozialismus.
Unter der Diakonie versteht man	die Verfolgungen und Tötungen von vermeintlichen Hexen.
Die Kirchen stellten sich nicht genug gegen	Bildung der evangelischen Kirche.

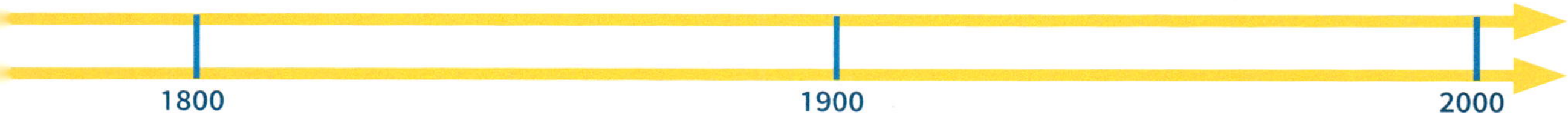

Kirchliche Hilfsorganisationen

Im 19. Jahrhundert lebten viele Menschen in Deutschland in Armut und Not. Einzelne Pfarrer gründeten – zum Teil gegen den Widerstand ihrer Kirchen – Hilfsorganisationen, um bedürftigen Menschen helfen zu können. Die Diakonie in der evangelischen und die Caritas in der katholischen Kirche gehen darauf zurück.

Judenverfolgung im Nationalsozialismus

Von 1933 bis 1945 stellten sich die Kirchen nur in Ausnahmefällen gegen die Judenverfolgungen der Nationalsozialisten – ein weiteres dunkles Kapitel der Kirchengeschichte.

Ökumenische Bewegung

Nach dem Krieg gewann die Zusammenarbeit der verschiedenen Kirchen an Bedeutung. Im Jahr 1948 fand die Gründungsvollversammlung des Ökumenischen Rats der Kirchen mit 147 Mitgliedskirchen statt. Heute ist diese Zahl auf 349 gestiegen. Sein Profil hat sich mit dem Zustrom zahlreicher orthodoxer Kirchen des Ostens und unabhängig gewordener Kirchen aus ehemaligen Kolonialgebieten des Südens verändert.

2. ❖ **Betrachte die gesamte Kirchengeschichte. Ordne die folgenden Zeitangaben und die Ereignisse richtig zu.**

33 | 40 – 60 | 64 – 311 | 312 | 723 | 1054 |
11. - 13. Jahrhundert | 1517 | 19. Jahrhundert | 1933 - 1945

Trennung in katholische Kirche und orthodoxe Kirche | Judenverfolgungen | Christenverfolgungen | Entstehung der Urgemeinde in Jerusalem | Bonifatius fällt die Donareiche | Reformation | Christentum wird Staatsreligion im römischen Reich | Kirchliche Hilfsorganisationen Diakonie und Caritas werden gegründet | Paulus gründet christliche Gemeinden | Kreuzzüge

Kirche heute

„Typisch evangelisch“

Seit der Reformation gibt es in Deutschland die evangelische und die katholische Kirche. Zwischen diesen beiden Kirchen gibt es viele Gemeinsamkeiten, aber auch einige Unterschiede. Was typisch evangelisch ist, erkennt man u.a. bei den folgenden Themen.

- Bibel
- Sakramente
- Gottesdienst
- Abendmahl
- Priestertum aller Gläubigen
- Lied

A Jeder kann im Gebet zu Gott beichten und um Vergebung bitten. Gott vergibt dem, der seine Fehler bereut.

B Viele evangelische Christen starten mit einem ausgewählten Bibelwort, den sog. Losungen, in den Tag.

C Der evangelische Pfarrer Paul Gerhardt (1607–1676) ist bis heute einer der beliebtesten Dichter von Kirchenliedern.

D Es gibt zwei heilige Handlungen (= Sakramente), die auch in der Bibel erwähnt werden: die Taufe und das Abendmahl.

E Jeder Christ kann einem anderen die Sünden vergeben, nicht nur ein Pfarrer.

F Viele evangelische Gottesdienste haben nur wenig Liturgie, d.h. Wechselgesänge, Gebete usw.

G Die Bibel ist am allerwichtigsten. Aus ihr erfahren wir, was Gott will.

H Auch wenn evangelische Christen meist auch kirchlich heiraten, ist die standesamtliche Hochzeit genauso wichtig.

I Am wichtigsten ist die Predigt, d.h. die Verkündung des Wortes Gottes.

J Nicht nur der Pfarrer darf Brot und Wein austeilen, sondern z.B. auch ein Kirchengemeinderat.

K Während in der katholischen Kirche lange Zeit nur lateinische Lieder gesungen wurden, haben evangelische Dichter schon zur Reformationszeit populäre Lieder umgedichtet.

L In der Feier mit Brot und Wein erinnern wir uns an die Gemeinschaft mit Jesus.

1. ❖ **a) Ordnet jedem Thema die entsprechenden Aussagen zu.**
❖ **b) Findet eigene Beispiele.**

Ökumene

Ökumene ist abgeleitet von dem griechischen Wort oikos = Haus. Oikumene (im Deutschen schreiben wir statt dem oi ein ö, also Ökumene) meint: „das Haus betreffend, zum Haus gehörend“. Doch schon die Menschen zur Zeit Jesu kannten auch die weitere Bedeutung des Wortes. Das Haus war für sie die ganze Welt. Ökumene meinte also: „Die ganze Welt umspannend, die ganze Welt betreffend, weltweit“.

Ökumene hat heute eine doppelte Bedeutung:

Ökumene als
1. die Gesamtheit aller christlichen Kirchen weltweit,
2. Bewegung, die das Gemeinsame der evangelischen Kirche und der katholischen Kirche betont.

1. ❖ Erkläre den Begriff Ökumene in eigenen Worten.

2. ❖ Das Symbol für die Ökumene beinhaltet vier Symbole: Kreis, Kreuz, Boot, Wellen. Was könnten diese Symbole jeweils bedeuten?

3. ❖ Zeichne das Ökumene-Symbol in dein Heft und schreibe die Bedeutung von Ökumene darunter.

M Karikaturen interpretieren, S. 194

4. ❖ Analysiert die Karikatur mit Hilfe der Methode „Karikaturen interpretieren".

Vier Schritte auf dem ökumenischen Weg

1. Respekt vor dem anderen haben
Mache dich nicht lustig, wenn es in anderen Konfessionen fremde, ungewohnte Bräuche und Sitten gibt!

2. Den Anderen kennen lernen
Sei neugierig auf das, was andere Christen tun! Frage deine Freunde und Bekannten zu ihrer Art des Glaubens! Lass dir erklären, warum so oder anders gefeiert, gebetet und geglaubt wird!

3. Wissen, was man selber glaubt
Lerne verstehen, was in deiner eigenen Konfession geglaubt wird! Hör gut zu, wenn Bräuche und Traditionen erklärt werden! Denn nur, wenn du dich selber auskennst, kannst du auch anderen von deiner Kirche erzählen.

4. Gemeinsamkeiten suchen, Unterschiede benennen
Finde gemeinsam mit deinen Freunden, deiner Familie, deinen Klassenkameraden heraus, was ihr mit den jeweils anderen gemeinsam habt! Welche Gebete sprecht ihr gemeinsam, welche Handlungen und Feste sind gleich? Stelle aber auch fest, wo es Unterschiede gibt! Finde heraus, wie wichtig diese Unterschiede für dich und die jeweils Anderen sind!

5. ❖ Ladet einen oder mehrere Katholiken in den Religionsunterricht ein und gestaltet ein Gespräch, in dem ihr diese vier Schritte berücksichtigt.

Wissen und Können

Das weiß ich

Wichtige Stationen der Kirchengeschichte

0	Geburt Jesu, Beginn christlicher Zeitrechnung
33	Kreuzigung Jesu
33	Pfingsten, Entstehung der Urgemeinde in Jerusalem
40 – 60	Paulus gründet viele christliche Gemeinden im Mittelmeerraum
64 – 311	Christenverfolgungen im Römischen Reich
312	Konstantinische Wende, Christentum wird Staatsreligion
ab 500	Christliche Klöster entstehen Missionare verbreiten den christlichen Glauben in Germanien
723	Bonifatius, der Apostel der Deutschen, fällt die Donareiche
1054	Trennung der Kirche in Westkirche (katholische Kirche) und Ostkirche (Orthodoxe Kirche)
11. – 13. Jh.	Kreuzzüge
ab dem 13. Jh.	Mit der Inquisition geht die katholische Kirche brutal gegen sogenannte Ketzer vor
1517	Thesenanschlag Martin Luthers, es kommt zur Reformation, in deren Folge die evangelische Kirche entsteht
19. Jh.	Die kirchlichen Hilfsorganisationen Diakonie (evangelische Kirche) und Caritas (katholische Kirche) werden gegründet
1933 – 1945	Die Kirchen stellen sich nur in Ausnahmefällen gegen die Judenverfolgungen der Nationalsozialisten
seit 1948	Die Ökumene gewinnt immer mehr an Bedeutung

Das kann ich

A) Wichtige Stationen in der Kirchengeschichte

1. Auf den Zeichnungen sind wichtige Stationen auf dem Weg der Kirche dargestellt. Um welche Ereignisse handelt es sich jeweils? In welchem Zeitraum fanden diese Ereignisse ungefähr statt?

B) Richtig oder falsch?

1. Bewerte die folgenden Aussagen. Welche sind richtig, welche falsch? Schreibe die richtigen Sätze in dein Heft.

A	Die erste christliche Gemeinde entstand nach Pfingsten in Rom.
B	Die erste christliche Gemeinde nennt man auch die Urgemeinde.
C	Der Apostel Paulus hat viel für die Verbreitung des Christentums getan.
D	Bei den Christenverfolgungen wurden Andersgläubige von Christen brutal verfolgt.
E	Mit der Konstantinischen Wende wurde das Christentum Staatsreligion.
F	Die ersten christlichen Klöster entstanden in Deutschland um das Jahr 100.
G	Wegen seiner Missionstätigkeit in Germanien wird Bonifatius auch „Apostel der Deutschen" genannt.
H	1095 rief Papst Urban II. die Christen zum ersten Kreuzzug auf.
I	Die Leiter der katholischen Kirchen nennt man auch Patriarchen.
J	1517 kam es zur Trennung der Kirche in die Ost- und Westkirche.
K	Der Thesenanschlag von Martin Luther war der Auslöser für die Reformation.
L	Infolge der Reformation entstand die evangelische Kirche.
M	Die Mönche in den Klöstern taten viel Gutes, so reformierten sie z.B. das deutsche Bankwesen.
N	Bei der Inquisition wurden viele Ketzer auf dem Scheiterhaufen verbrannt.
O	Im 13. Jahrhundert verhinderte die Kirche viele Hexenverbrennungen.
P	Die Diakonie ist die Hilfsorganisation der evangelischen Kirche.
Q	Die Kirchen kämpften energisch gegen die Judenverfolgungen der Nationalsozialisten.

C) Gute Zeiten, schlechte Zeiten

1. Die Geschichte der Kirche war sehr wechselvoll. Erstelle eine Tabelle „Gute Zeiten / schlechte Zeiten". Suche für jede Spalte drei Ereignisse, die zu der jeweiligen Spaltenüberschrift passen.

Schluss-Check

Überlegt gemeinsam:
- *Das war (mir) wichtig in diesem Kapitel: …*
- *Das sollte man sich merken: …*
- *Gibt es etwas, das noch geklärt werden muss?*

SPEICHERN

Martin Luther

Ein Mönch verändert die Welt

- *Wer war Martin Luther?*
- *Wie kam es zu der Trennung in die evangelische und katholische Kirche?*
- *Was versteht man unter der reformatorischen Entdeckung?*
- *Welches Ereignis feiern wir am 31. Oktober?*

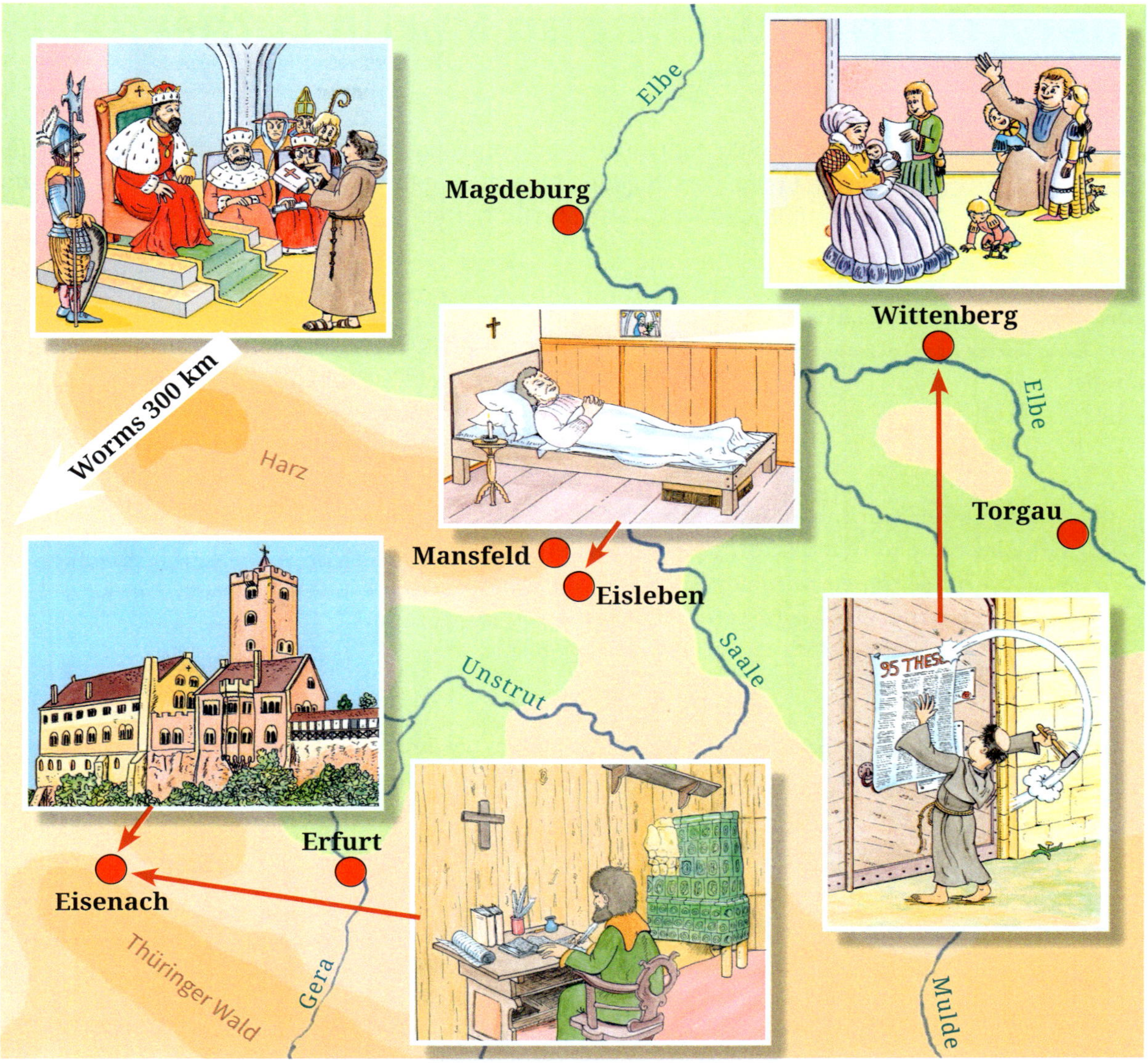

1. ❖ Auf der Karte sind wichtige Szenen im Leben Martin Luthers dargestellt. Gebt wieder, was sie darstellen.

2. ❖ Sammelt, was ihr sonst noch über Martin Luther wisst.

3. ❖ Bewertet mit Hilfe der Ja-Nein-Methode die folgenden Aussagen:
   a) Gott liebt die Menschen, die Gutes tun, die anderen nicht.
   b) Gott bestraft die Sünden der Menschen.
   c) Wer viel Gutes tut, kommt in den Himmel.
   d) Pfarrer, Priester oder der Papst sind vor Gott die besseren Christen.
   e) Wer an Gott glaubt, kommt in den Himmel.
   f) Am Ende der Zeit hält Gott über die Menschen Gericht.
   g) Pfarrer, Priester oder der Papst kennen sich in der Bibel am besten aus, deshalb haben sie in Fragen der Bibelauslegung das letzte Wort.

M Ja-Nein-Linie, S. 194

Was ist denn so wichtig an Martin Luther?

Anlässlich des 500. Jahrestages der Reformation am 31. Oktober 2017 gab es eine Umfrage, bei der verschiedene Menschen gefragt wurden, was ihnen zu Martin Luther einfällt und was sie an Martin Luther besonders wichtig finden.

Tom-Luca, 14: Martin Luther ist der Begründer der evangelischen Kirche.

Dorothee, 41: Martin Luther ist eine der wichtigsten Personen der Weltgeschichte. Mit seinen 95 Thesen hat er die Welt für immer verändert.

Rico, 15: Luther war manchmal ganz schön ordinär. Er hat zum Beispiel mal gesagt: „Aus einem verzagten Arsch kommt selten ein vergnügter Furz." Oder nach einem Essen hat er die Gäste gefragt: „Warum rülpset und furzet ihr nicht? Hat es euch nicht geschmecket?"

Kilian, 38: Luther hat die Kirche gespalten. Er ist schuld, dass es heute so viele christliche Kirchen gibt.

Ann-Katrin, 16: *Luther hat gegen den Ablass gekämpft. Er hat gesagt, dass man sich nicht durch Geld oder gute Werke von seinen Sünden loskaufen kann, sondern dass Gott einem die Sünden vergibt, wenn man sie bereut.*

Johannes, 20: *Luther hat gesagt, dass es nicht so wichtig ist, was der Papst oder die Bischöfe sagen, weil die sind nicht unfehlbar und können sich auch irren. Wichtig ist in erster Linie, was in der Bibel steht.*

Theo, 29: Luther hat die Vorstellung der Menschen von Gott grundlegend verändert. Vorher haben alle Gott gefürchtet, weil sie gemeint haben, dass Gott sie für ihre Sünden streng bestraft. Luther hat gesagt, dass das nicht stimmt, sondern dass Gott die Menschen liebt und ihnen ihre Sünden vergibt, wenn sie sie bereuen.

Sandro, 23: *Der große Fehler von Luther war, dass er sich bei den Bauernkriegen nicht auf die Seite der unterdrückten Bauern gestellt hat, sondern dass er die Adligen noch aufgefordert hat, die Bauern zu töten. Dafür haben die Adligen Luther dann geschützt.*

Georg, 52: Martin Luther hat viele schlimme Dinge über die Juden gesagt, auf die der Hitler dann zurückgegriffen hat. Das vergisst man heute oft, wenn alle ihn feiern.

Frederick, 14: Luther hat gesagt, dass vor Gott alle Menschen gleich sind. Das heißt, dass niemand wegen seines kirchlichen Amtes näher bei Gott ist. Also der Papst ist nicht näher bei Gott als z.B. ich.

Maya, 27: *Luther hat die Bibel ins Deutsche übersetzt. Ihm haben wir es zu verdanken, dass wir heute die Bibel selbst lesen können und nicht das glauben müssen, was der Pfarrer sagt.*

Liesel, 79: *Luther hat einen Katechismus geschrieben. Da steht alles drin, was man über seinen Glauben wissen soll. Das musste man früher im Religionsunterricht lernen.*

Lennard, 18: An Luther gefällt mir, dass er die Dinge nicht einfach so klaglos hingenommen, sondern für seine Überzeugung gekämpft und dabei auch sein Leben riskiert hat.

Emili, 33: Ich bin Pfarrerin in der evangelischen Kirche. Wenn es Luther nicht gegeben hätte, wäre das nicht möglich.

Maria, 71: *Am besten an Luther finde ich die vielen schönen Kirchenlieder, die er geschrieben hat, zum Beispiel „Vom Himmel hoch, da komm ich her“ oder „Ein feste Burg ist unser Gott“.*

1. ❖ Diskutiert die einzelnen Beiträge. Welche findet ihr gut, welche nicht so gut? Welche Argumente sprechen eher für Luther, welche gegen ihn? Begründet eure Meinung.
2. ❖ Stell dir vor, du wärst bei dieser Umfrage gefragt worden. Formuliere eine kurze Antwort.
3. ❖ Bereitet eine eigene Umfrage vor und führt sie an eurer Schule oder in der Fußgängerzone durch.

Martin Luthers Kindheit und Jugend

Auszüge aus Martins Tagebuch

Tagebuch von Martin Luther
geboren: 10. November 1483
Geburtsort: Eisleben (Sachsen-Anhalt)
Eltern: Hans und Margarethe Luther
Beruf des Vaters: Bergmann

10. November 1495

Liebes Tagebuch,
heute habe ich dich zu meinem 12. Geburtstag geschenkt bekommen! Ab jetzt will ich immer, wenn etwas Wichtiges in meinem Leben passiert, dies aufschreiben.

13. März 1496

Heute war ein schlimmer Tag. Ich gehe seit meinem sechsten Lebensjahr in die Lateinschule in Mansfeld. Kurz nach meiner Geburt sind meine Eltern hierher gezogen. Wir haben einen strengen Lehrer, vor dem alle Angst haben. Man darf nur lateinisch sprechen. Heute habe ich etwas falsch gemacht. Da hat mich der Lehrer mit dem Stock geschlagen und ich musste den ganzen Tag die hölzerne Eselsmaske aufsetzen. Alle haben mich ausgelacht.

18. Oktober 1496

Ich habe mir vom Baum im Nachbargarten eine Nuss genommen. Mein Vater hat das gemerkt und mich mit einem Prügel so lange geschlagen, bis ich geblutet und geheult habe. Meine Oma sagt, dass Gott mich noch viel härter strafen wird und dass ich in die Hölle komme, weil ich gegen das 7. Gebot verstoßen habe. Ich habe vor Gott noch mehr Angst als vor meinem Lehrer und meinem Vater.

25. April 1497

In der Schule haben wir heute zum ersten Mal ein gedrucktes Buch gesehen! Unser Lehrer hat gesagt, dass Johannes Gutenberg den Buchdruck erfunden hat und man jetzt neue Informationen viel schneller verbreiten kann.

5. November 1497

Weil ich zu den besten Schülern meiner Klasse gehörte, wechselte ich in diesem Schuljahr auf die Mönchsschule in Magdeburg. Dort ist es auch nicht besser. Weil ich in der Schule etwas nicht gewusst habe, habe ich vom Lehrer 15 schlimme Schläge mit dem Stock bekommen. Als ich das zu Hause erzählt habe, hat mich mein Vater noch mehr geschlagen.

25. Januar 1498

Der Lehrer hat heute wieder von Gott erzählt und wie es ist, wenn er Gericht über die Menschen hält. Dann kommen die Toten aus ihren Gräbern und alle müssen vor Gott treten. Die einen werden in den Himmel aufgenommen, auf die anderen stürzen sich schreckliche Teufel und zerren sie ins Fegefeuer.
Ich habe solche Angst davor! Ich mache so viel falsch und Gott ist so streng, dass ich ganz bestimmt ins Fegefeuer komme.

17. September 1498

Ich besuche jetzt die Schule in Eisenach und wohne bei Verwandten. Das ist billiger so. Der Herr Lehrer hat uns heute erzählt, dass ein Genueser mit Namen Christoph Kolumbus im Jahr 1492 eine ganz neue Welt entdeckt hat, mit unbekannten Tieren und Menschen – Amerika. Verrückt, was zurzeit alles passiert!

05. Februar 1500

Wieder so was Verrücktes! Offenbar gibt es Leute, die meinen, dass nicht die Erde im Mittelpunkt des Planetensystems steht und alles sich um die Erde dreht, sondern dass die Erde nur ein normaler Planet ist, der sich, wie die anderen Planeten auch, um die Sonne dreht. Der Mathematiker und Astronom Kopernikus glaubt sowas ernsthaft. Zu hart! Völlig absurd und lachhaft!

15. Juli 1501

Ich habe die Schule abgeschlossen und studiere jetzt an der Universität in Erfurt Rechtswissenschaften. Mein Vater ist sehr stolz auf mich. Er gibt auch ein bisschen mit mir an und dass er es sich leisten kann, seinen Sohn studieren zu lassen. Er hofft, dass ich als Rechtsgelehrter einmal ein besseres Leben führen kann als er. Meine Studiengebühren muss er sich vom Mund absparen. Ich bin ihm sehr dankbar.

12. März 1503

Ich habe heute zum ersten Mal eine Uhr gesehen, die man in die Tasche stecken kann. Ein Wunder! Anscheinend hat der Nürnberger Schlossermeister Peter Henlein die bereits im Jahre 1500 erfunden. Bisher gab es ja nur Kirchturmuhren.

2. Juli 1505

Ab heute ändert sich alles! Mein ganzes Leben! Ich hatte ein schreckliches Erlebnis. Auf dem Weg von Mansfeld nach Erfurt geriet ich bei dem Dorf Stotternheim in ein fürchterliches Gewitter. Überall schlugen Blitze ein, einer direkt neben mir! Donner krachten. So muss es in der Hölle sein. Ich hatte Todesangst! Und noch schrecklichere Angst davor, dass ich, wenn ich jetzt sterbe, mit meinen vielen Sünden ganz bestimmt mindestens 1000 Jahre ins Fegefeuer komme. Das ist ganz furchtbar. Ich will das nicht! In meiner Not habe ich mich auf den Boden geworfen und zur heiligen Anna gebetet. Ich habe ihr versprochen, dass ich mein ganzes Leben ändere und ins Kloster gehe, wenn ich nur mit dem Leben davon komme. Es schlugen noch weitere Blitze neben mir ein, aber ich kam mit dem Leben davon. Und nun steht mein Entschluss fest: Ich halte mein Versprechen, werde Mönch und gehe ins Kloster.

17. Juli 1505

Ich habe alle meine Bücher verkauft und mich gestern mit einer Party von meinen Freunden verabschiedet. Wahrscheinlich werde ich sie nie wieder sehen. Alle waren sehr traurig und wollten mich umstimmen. Vor allem mein Vater. Er kann meinen Entschluss überhaupt nicht verstehen. Ich habe ihn enttäuscht. Er ist sehr böse auf mich und hat mich beschimpft. Er sagt, er ist in der ganzen Stadt blamiert. Egal, ich muss zu meinem Wort stehen. Heute trete ich ins Augustinerkloster in Erfurt ein. Das Augustinerkloster soll das strengste Kloster überhaupt sein.

1. ❖ Das Leben der Menschen im Mittelalter war geprägt von vielen Ängsten. Beschreibe diese am Beispiel von Martin Luther.
2. ❖ Als sich Martin Luther im Kloster bewirbt, muss er einen tabellarischen Lebenslauf abgeben. Schreibt diesen Lebenslauf für Martin Luther.
3. ❖ Martin Luther wird zu einem Vorstellungsgespräch ins Kloster eingeladen. Bei diesem Gespräch muss er auch begründen, warum er sich entschieden hat, Mönch zu werden. Bildet Kleingruppen und spielt dieses Gespräch. Präsentiert eure Rollenspiele in der Klasse.
4. ❖ Welche Vorstellung von Gott entwickelt Luther aufgrund der Ereignisse in seiner Kindheit und Jugend?

Martin Luther im Kloster

Februar 1507

Heute wurde ich zum Priester geweiht!

1508

Ich wohne jetzt im Augustinerkloster in Wittenberg. Man hat mich nach Wittenberg geschickt, damit ich hier an der Universität Theologie studiere. Ich bin aber auch Priester und predige von der Kanzel.

1512

Ich bin jetzt Doktor der Theologie und halte als Professor hier an der Wittenberger Universität Vorlesungen vor Studenten.

Ich bin müde. Ich habe die ganze Nacht gewacht und gebetet. Aber genügt das, damit Gott mir meine Sünden vergibt?

Ich habe mich heute zweimal gegeißelt, bis aufs Blut. Wenn ich mich selbst bestrafe, wird Gott mich vielleicht nicht so sehr strafen.

Ich habe solche Angst vor Gott. Wie kann ich ihn nur gnädig stimmen?

Was muss ich tun, um einmal in Gottes Reich zu kommen?

Kap. Gewissen, S. 48ff.

Ich habe heute dreimal gebeichtet. Reicht das?

Ich werde heute die ganze Nacht in der Bibel lesen. Ob das Gott gefällt?

Gott sieht alles und er bestraft alles, sogar meine Gedanken. Was kann ich nur tun, damit er gnädig zu mir ist?

Warum straft Gott die Menschen so sehr? Warum schickt er sie ins Fegefeuer?

Gott ist der strengste Richter, den es gibt. Ich fürchte mich so vor ihm. Keiner kann vor ihm bestehen.

Ich faste seit drei Tagen. Ob Gott das gefällt?

Ich will ganz genau nach den Geboten Gottes leben. Doch was heißt das? Reicht es, wenn ich immer alle Klosterregeln ganz genau einhalte?

1. ❖ Nennt die Stationen der beruflichen Karriere von Martin Luther.

2. ❖ Wertet die einzelnen Gedanken von Martin Luther aus.
a) Welche Befürchtungen hat er? Was belastet ihn?
b) Wie versucht er, Gottes Urteil zu beeinflussen?

Martin Luthers große Entdeckung

Frühjahr 1513

Ich bin erlöst von allen meinen Qualen!!! Gott ist nicht böse! Er liebt den Menschen!

Heute habe ich in der Bibel eine Entdeckung gemacht, die alles verändert. Danke, Gott, dass du mir den Weg gewiesen hast!

Ich saß im Turmzimmer unseres Klosters in Wittenberg und bereitete mich auf eine Vorlesung vor. Dabei habe ich wohl zum hundertsten Mal den Brief des Paulus an die Römer gelesen. Da fiel es mir plötzlich wie Schuppen von den Augen: Gott ist gar nicht der böse, strafende Gott. Gott liebt die Menschen, allein weil sie an ihn glauben! So steht es bei Paulus. Ich muss gar nicht fromme Werke tun, mich geißeln, fasten, jeden Tag beichten. Gott liebt mich so, wie ich bin!!! Man kann sich Gottes Liebe nicht erkaufen oder verdienen. Gott liebt mich so, wie der Vater im Gleichnis vom verlorenen Sohn den Sohn liebt. Und wenn ich Fehler mache, verzeiht er mir. Ich kann immer zu ihm kommen, er empfängt mich mit offenen Armen.

Ich könnte weinen vor Glück. Meine ganzen Qualen sind mir genommen. Gott ist nicht der strenge und strafende Richter, sondern ER LIEBT MICH!!!!!

Das muss ich der ganzen Welt erzählen!

Gleichnis vom verlorenen Sohn, S. 90f.

1. ❖ Beschreibt in eigenen Worten, was Luthers große Entdeckung war.

2. ❖ Erklärt anhand des Gleichnisses vom verlorenen Sohn Luthers neue Sicht auf Gott.

3. ❖ Martin Luthers Entdeckung nennt man auch die „reformatorische Entdeckung“, weil sie der Ausgangspunkt für die folgende Reformation ist. Diese reformatorische Entdeckung hat die Vorstellung von Gott grundlegend verändert. Ordne die folgenden Aussagen den Phasen vor und nach der reformatorischen Entdeckung zu.

   a) Gott bestraft die Sünden der Menschen.
   b) Gott liebt die Menschen, wie sie sind.
   c) Gott hält über die Menschen Gericht.
   d) Gottes Liebe kann man sich nicht verdienen, man bekommt sie geschenkt.
   e) Gott liebt die Menschen, die Gutes tun, die anderen nicht.
   f) Gott liebt die Menschen, allein wenn sie an ihn glauben.
   g) Gott verzeiht den Menschen ihre Fehler.
   h) Wer viel Gutes tut, kommt in den Himmel.

Luther geht an die Öffentlichkeit

Tetzel verkauft Ablassbriefe

Der Papst wollte in Rom einen neuen Petersdom bauen. Dafür brauchte er viel Geld, das er nicht hatte. Da ließ er sich einen Trick einfallen.

Luther schlägt 95 Thesen an

Am 31. Oktober 1517 schlägt Martin Luther 95 Thesen gegen den Ablass an die Eingangstür der Schlosskirche in Wittenberg. Luthers berühmter Thesenanschlag gilt als der Beginn der Reformation. Reformation heißt „Wiederherstellung“ oder „Erneuerung“.

Reformation, S. 122

21 Nirgendwo in der Bibel steht, dass ein Ablassbrief von Strafe befreit.
36 In der Bibel steht: Gott schenkt uns Vergebung, wenn wir unsere Fehler wirklich bereuen.
43 Über das Geschenk der Vergebung freuen wir uns. Wir können uns bei Gott bedanken, wenn wir unseren Mitmenschen Gutes tun.

1. ❖ **Beschreibt das links dargestellte Geschehen in eigenen Worten.**

2. ❖ **Diskutiert und erörtert die folgenden Fragen:**
a) Aus welchen Gründen kaufen sich die Menschen Ablassbriefe?
b) Wenn du damals gelebt hättest, hättest du dir einen solchen Ablassbrief gekauft?
c) Sammelt Gründe, warum die Kirche ein Interesse daran hatte, dass die Menschen sich Ablassbriefe kauften.

3. ❖ **Luther wendet sich gegen den Verkauf von Ablassbriefen. Gebt seine Hauptargumente wieder und nehmt dazu Stellung.**

4. ❖ **Was meint ihr: Wie wird die Kirche auf die Thesen Luthers reagieren?**

Die Reformation ist nicht aufzuhalten

1 Der Papst und der Kaiser verboten Luther, seine Thesen weiter zu verbreiten. Doch Luther hielt sich nicht an dieses Verbot. Da wurde er 1521 zum Reichstag nach Worms einbestellt. Dort sollte er öffentlich alle seine Schriften widerrufen. Die Reise nach Worms war nicht ungefährlich. Zwar wurde Luther freies Geleit zugesagt, doch auch früher schon waren Menschen trotz freiem Geleit auf dem Scheiterhaufen verbrannt worden, weil sie den Mut hatten, offen Kritik an den Missständen der Kirche zu äußern.

2 Was würde Luther tun? Würde er seine Schriften widerrufen oder würde er es nicht tun und sein Leben riskieren?
Luther sagte vor dem Reichstag: „Wenn mir jemand aus der Bibel nachweisen kann, dass ich etwas Falsches gesagt habe, widerrufe ich, sonst bleibe ich bei meiner Meinung. Ich kann nicht gegen mein Gewissen handeln. Hier stehe ich, ich kann nicht anders. Gott helfe mir. Amen."

3 Luther durfte den Reichstag zwar noch verlassen, das freie Geleit wurde ihm gewährt. Doch Kaiser Karl V. verkündete, dass Martin Luther ab sofort im ganzen deutschen Reich „geächtet" und „vogelfrei" sei. Das bedeutete, dass jeder ihn ohne Strafe töten durfte. Weiter befahl der Kaiser, dass Martin Luther an ihn ausgeliefert und alle seine Schriften öffentlich verbrannt werden sollten.

4 Luther war auf dem Heimweg nach Wittenberg. Doch er kam dort nie an. Er war wie vom Erdboden verschluckt. Niemand wusste, was mit ihm passiert war. Viele seiner Anhänger waren davon überzeugt, dass er umgebracht worden war.
Aber: Martin Luther lebte! In einer Geheimaktion hatte ihn Friedrich der Weise, der Kurfürst von Sachsen, der Luther wohlgesonnen war, zum Schutz entführen und auf die Wartburg in Thüringen bringen lassen. Dort versteckte sich Luther über ein Jahr lang. Damit ihn niemand erkannte, ließ er sich die Haare und einen Bart wachsen und nannte sich „Junker Jörg".

5 Martin Luther nutzte die Zeit auf der Wartburg und tat etwas, das ihm schon lange am Herzen lag: Er übersetzte das Neue Testament ins Deutsche. Nun konnten alle Menschen selbst lesen, was in der Bibel steht, und waren nicht mehr auf den Papst, Bischöfe oder Pfarrer angewiesen.

6 Später kehrte Luther von der Wartburg wieder nach Wittenberg zurück. 1525 heiratete er Katharina von Bora. Katharina war als kleines Mädchen ins Kloster gebracht worden, weil ihre Mutter gestorben war. Als sie von Martin Luther und seiner neuen Lehre hörte, floh sie mit anderen Nonnen aus dem Kloster nach Wittenberg. Martin und Katharina führten ein glückliches Familienleben. Sie hatten sechs Kinder.

7 Im Jahre 1546 starb Luther in seiner Geburtsstadt Eisleben. Er war dorthin gekommen, um einen Streit zwischen zwei Grafen zu schlichten.

8 Martin Luther wollte eine Reformation der Kirche, d.h. eine gründliche Erneuerung. Doch der Papst und die Bischöfe lehnten dies ab. Sie schlossen Luther sogar aus der Kirche aus. Aber die Verbreitung seiner Gedanken und seiner neuen Vorstellungen von Gottes Gerechtigkeit konnten sie dadurch nicht mehr verhindern. Als Luther immer mehr Anhänger fand, kam es schließlich zur Trennung in die katholische und die evangelische Kirche. Der Name „Evangelisch“ kommt daher, weil den Christen der evangelischen Kirche das Evangelium, d.h. die gute Nachricht, die Jesus verkündet hat, am wichtigsten ist.

1. ❖ **Beschreibt anhand der Bilder und Texte die Entwicklung der Reformation in eigenen Worten.**
2. ❖ **Erkläre den Begriff „Evangelisch“.**
3. ❖ **Evangelische Christen werden oft auch Protestanten genannt. Der Begriff „Protest“ bedeutet „für etwas einstehen“, aber auch „Einspruch einlegen“. Erkläre, warum man für evangelisch auch protestantisch sagen kann.**
4. ❖ **Betrachte den gesamten Lebensweg Luthers. Erstelle für ihn einen tabellarischen Lebenslauf, in dem die Ereignisse der folgenden Jahre genannt werden:** *1483, 1490, 1497, 1498, 1501, 1505, 1507, 1508, 1512, 1513, 1517, 1521, 1525, 1546*
5. ❖ **Analysiert Luthers veränderte Sicht auf Gott.**

LEX evangelisch S. 200

Aufgabe 4, S. 133

Wissen und Können

Das weiß ich

- Martin Luther wurde am 10. November 1483 in Eisleben in Thüringen geboren. Nach der Schule schickten ihn seine Eltern zum Jurastudium nach Erfurt. Doch Martin brach das Studium ab und trat gegen den Willen seines Vaters in das Augustinerkloster in Erfurt ein, wo er auch bald zum Priester geweiht wurde.
- Luthers Hauptproblem war die Frage: Was muss ich tun, damit Gott mich nicht für meine Sünden straft, sondern mir gnädig ist? Luther versuchte alles, um Gott gnädig zu stimmen. Er fastete, geißelte sich, beichtete mehrmals täglich, betete stundenlang und las die ganze Nacht in der Bibel. Aber er merkte: Das alles reicht nicht.
- Und plötzlich, als er wieder einmal in der Bibel den Römerbrief las, fiel es ihm wie Schuppen von den Augen: Gott ist gar nicht der strafende, böse Gott, den die Kirche verkündete, sondern Gott liebt die Menschen und schenkt ihnen seine Gnade, allein weil sie an ihn glauben. Diese Erkenntnis, die man auch die reformatorische Entdeckung nennt, änderte die Vorstellung von Gott grundlegend.
- Zum Anlass der Trennung von der katholischen Kirche wurde der Streit um den Ablass. Die Kirche sagte, dass mit dem Kauf eines Ablassbriefs dem Käufer die Fegefeuerstrafen für seine Sünden erlassen sind. Am 31. Oktober 1517 veröffentlichte Luther in Wittenberg 95 Thesen, in denen er sich wortstark gegen den Ablasshandel wandte. Daraufhin wurde Luther vom Papst exkommuniziert, das heißt, aus der Kirche ausgeschlossen.
- Auf dem Reichstag in Worms sollte Luther seine Schriften widerrufen. Doch Luther weigerte sich. Da verhängte der Kaiser über Luther die Reichsacht. Um ihn zu schützen, ließ der sächsische Kurfürst Friedrich der Weise Luther entführen und versteckte ihn auf der Wartburg. Dort übersetzte Luther, getarnt als „Junker Jörg“, das Neue Testament ins Deutsche, damit alle Menschen selbst die Bibel lesen konnten.
- Als Luther wieder zurück in Wittenberg war, heiratete er die ehemalige Nonne Katharina von Bora. 1546 starb Luther in seiner Geburtsstadt Eisleben.
- Luthers Lehre fand immer mehr Anhänger, so dass es schließlich zur Kirchentrennung kam. Die Anhänger Luthers nannten sich evangelisch, weil für sie das Evangelium von Jesus Christus, wie es in der Bibel stand, am wichtigsten war.

Das kann ich

A) Zwei wichtige Situationen in Luthers Leben

1. Die dargestellte Situation wird auch als Ausgangspunkt für die Reformation bezeichnet. Beschreibe das Ereignis und erkläre seine Bedeutung.

2. Auf dem Reichstag in Worms soll Martin Luther seine Schriften widerrufen. Tut er das nicht, ist sein Leben in Gefahr. Was antwortet Luther dem Kaiser?

B) Stationen auf Luthers Lebensweg

– Eisleben
– Mansfeld
– Magdeburg
– Eisenach
– Erfurt
– Stotternheim
– Wittenberg
– Worms
– Wartburg

1. Auf Martin Luthers Lebensweg spielen die folgenden Orte eine große Rolle. Schreibe zu jedem Ort auf, was dieser mit Martin Luther zu tun hat.

Schluss-Check

Überlegt gemeinsam:
- *Das war (mir) wichtig in diesem Kapitel: …*
- *Das sollte man sich merken: …*
- *Gibt es etwas, das noch geklärt werden muss?*

SPEICHERN

Helfen im Auftrag des Herrn

Diakonie

- *Was sind die Aufgaben der Kirche?*
- *Warum sollen besonders Christen anderen helfen?*
- *Wohin kann man sich wenden, wenn man ein bestimmtes Problem hat?*
- *Ist Helfen „geil“?*
- *Wäre ein sozialer Beruf etwas für mich?*

Bei einer Umfrage wurden 3000 Menschen über 12 Jahren befragt, was sie meinen, wo sich die Kirche stärker engagieren sollte.

Das ist das Ergebnis:

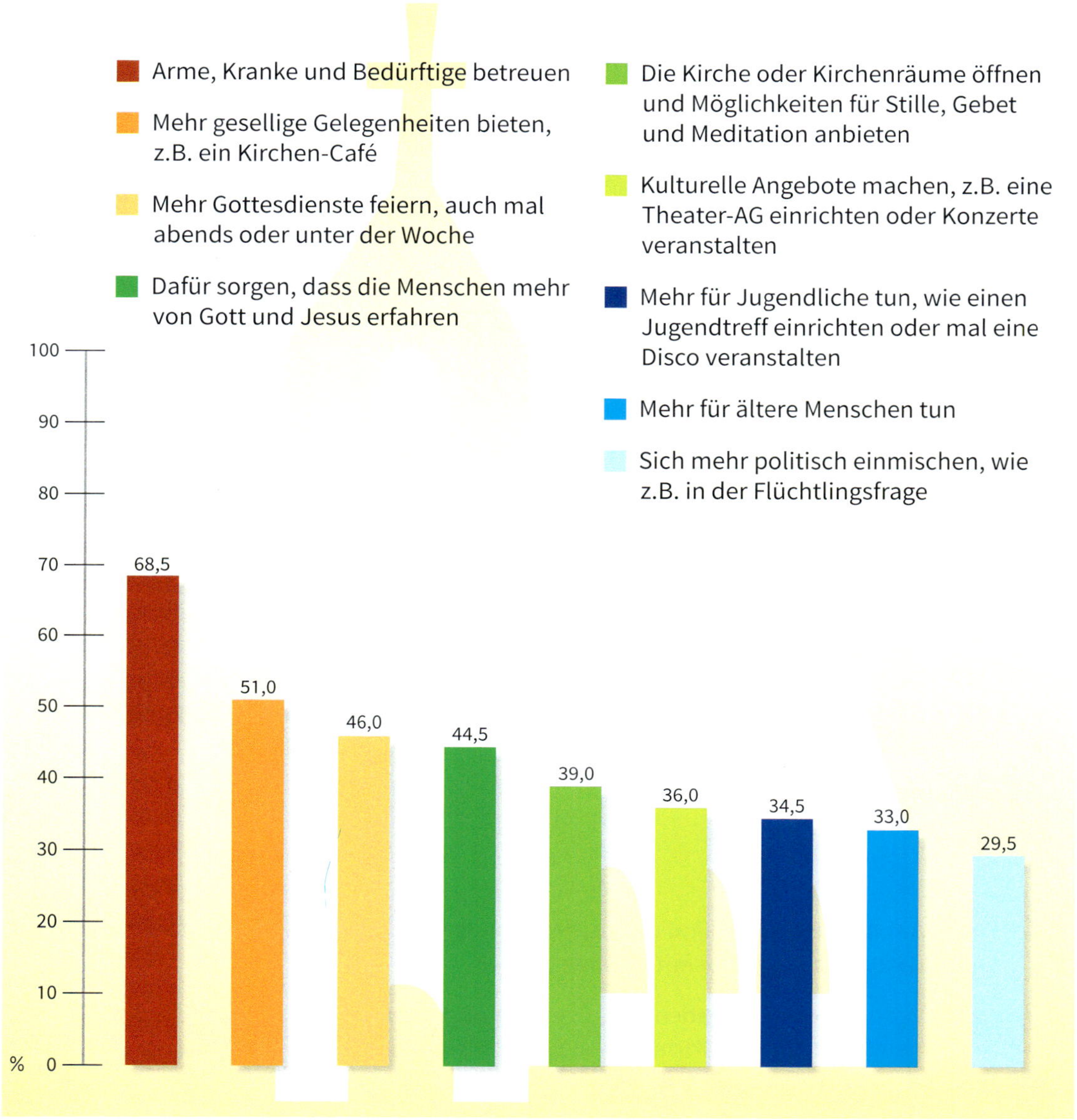

1. ❖ **Diskutiert die Ergebnisse der Umfrage.**

Diskussion, S. 193

2. ❖ **Stell dir vor, du wärst befragt worden. Bewerte die einzelnen Punkte jeweils mit bis zu 7 Punkten (1 = stimme ich überhaupt nicht zu, 7 = stimme ich voll zu).**

3. ❖ **Stelle dein Ergebnis in der Klasse vor und begründe deine Meinung. Vergleicht die Bewertungen in eurer Klasse.**

4. ❖ **Untersucht die Zeichnung auf Seite 142. Was möchte der Zeichner damit ausdrücken?**

Vier Aufgaben der Kirche

Abendmahl, S. 199

1. ❖ Auf der Zeichnung sind die vier Hauptaufgaben von Kirche heute dargestellt. Erklärt diese Aufgaben mit eigenen Worten.
2. ❖ Ordnet diesen Aufgaben die folgenden Begriffe zu:
   gemeinsames Beten | Vorbereitungsgespräch auf die Taufe | Kirchen-Café | Gemeinsames Singen | Abendmahl | Konfirmandenunterricht | Altenhilfe | Flüchtlingskreis | Andacht | Kindertagesstätten | gemeinsames Mittagessen | Schwangerschaftsberatung | Sommerfest | Predigt |
3. ❖ Zeichne die vier Symbole in dein Heft und schreibe jeweils die passenden Begriffe dazu. Ergänze weitere Aktivitäten.

Was hat Vorrang?

Stellt euch vor, eure Klasse ist ein Kirchengemeinderat, der über die Verteilung der Haushaltsmittel für das kommende Jahr entscheiden muss. Insgesamt stehen 80 000 Euro zur Verfügung.
Folgende Anträge liegen euch vor:

1. Der schon lange gewünschte Erweiterungsbau des Kindergartens soll endlich begonnen werden. Kosten des ersten Bauabschnitts: 20 000 €
2. Die Kirche muss neue Bänke bekommen, da es schon mehrmals Beschwerden wegen der alten Bänke gab: 10 000 €
3. Das Pfarrhaus muss gründlich renoviert werden. Das Dach ist undicht und es zeigen sich schon erste Wasserschäden: 20 000 Euro
4. An der Kirche soll eine Rollstuhlrampe gebaut werden, damit auch behinderte Gemeindemitglieder den Gottesdienst besuchen können: 10 000 €
5. Ein Student aus einem Entwicklungsland hat um ein Stipendium gebeten, um studieren zu können: 5 000 €
6. Um den kirchlichen Jugendtreff attraktiver zu machen, sollen zwei Tischfußball-Kästen, ein Flipper-Automat, ein Pool-Billard-Tisch und eine Tischtennisplatte angeschafft werden: 5 000 €
7. Zuschüsse für Kinder-, Jugend- und Familienfreizeiten: 5 000 €
8. Die Orgel pfeift und quietscht aus dem letzten Loch. Renovierungskosten: 20 000 €
9. Für Seniorennachmittage und Zuschüsse zu Ausflügen der älteren Gemeindemitglieder: 3 000 €
10. Ein neuer Fotokopierer und ein neuer Computer mit Bildschirm und Drucker für das Pfarrbüro: 5 000 €
11. Ein neuer Rollstuhl und ein neues Krankenbett für die Sozialstation: 5 000 €
12. Unterstützung von Armen: 5 000 €
13. Reserve für Notfälle: 10 000 €

1. ❖ Die Entscheidung wird in drei Arbeitsgängen getroffen:
a) Jeder Kirchengemeinderat entscheidet für sich, welche Projekte er für die wichtigsten hält.
b) Die Kirchengemeinderäte beraten in Ausschüssen von 3 bis 5 Mitgliedern und einigen sich auf einen gemeinsamen Vorschlag.
c) Im Plenum werden die einzelnen Vorschläge diskutiert und eine endgültige Entscheidung getroffen.

2. ❖ Im Haushaltsplan werden die Ausgaben der Kirchengemeinde unter folgenden Überbegriffen zusammengefasst: Kindergarten, Jugendarbeit, Diakonie, Altenarbeit, Kirchenmusik, Verwaltung und Instandsetzungen.

Ordnet die beantragten Projekte diesen Überbegriffen zu.

Warum sollen besonders Christen helfen?

Bildbetrachtung, S. 191

1. ❖ Untersucht das Bild mit Hilfe der Methode „Bildbetrachtung".
2. ❖ Tragt zusammen, worum es in dem Gleichnis vom barmherzigen Samariter (Lukas 10,30-36) geht.
3. ❖ Welcher Satz beschreibt am besten, was Jesus uns mit diesem Gleichnis sagen will?
   a) Man soll allen, die überfallen wurden, helfen.
   b) Man soll gegen ausländische Menschen keine Vorurteile haben.
   c) Man soll Menschen keine Gewalt antun.
   d) Besonders Menschen, die bei der Kirche arbeiten, sollen anderen helfen.
   e) Man soll jedem Menschen, der Hilfe braucht, helfen.

Julius Schnorr von Carolsfeld (1794–1874): Der barmherzige Samariter.

„Sechs Werke der Barmherzigkeit"

Jesus sagt zu Menschen, die anderen geholfen haben:

1. Ich bin hungrig gewesen, und ihr habt mir zu essen gegeben.
2. Ich bin durstig gewesen, und ihr habt mir zu trinken gegeben.
3. Ich bin ein Fremder gewesen, und ihr habt mich aufgenommen.
4. Ich bin nackt gewesen, und ihr habt mich gekleidet.
5. Ich bin krank gewesen, und ihr habt mich besucht.
6. Ich bin im Gefängnis gewesen, und ihr seid zu mir gekommen.

Matthäus 25,35-36

4. ❖ Diese Sätze nennt man auch die „Sechs Werke der Barmherzigkeit". Was will Jesus mit diesen Sätzen sagen?

5. ❖ Wenn du folgende Satzteile in die richtige Reihenfolge bringst, erhältst du einen Satz, der die Aussage von Jesus zusammenfasst. Schreibe diesen Satz mit einem schönen Rahmen in dein Heft.

FÜR DIE TUN / FÜR JESUS SELBST GETAN / DIE HILFE BRAUCHEN / DAS HABEN WIR / WAS WIR

Mönchsorden tun viel Gutes, S. 121

6. ❖ Ordnet die Zeichnungen auf S. 146 den einzelnen Aussagen zu.

Diakonie

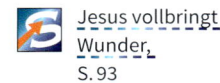

Jesus vollbringt Wunder, S. 93

Diakonie ist ein Wort, das schon in der Bibel vorkommt. Es bedeutet „Dienst an Menschen“. Diakonie ist eine der wichtigsten Aufgaben der Kirche. Das Diakonische Werk der evangelischen Kirche („die Diakonie“) setzt diese Aufgabe um, indem es sich um hilfsbedürftige Menschen kümmert.
Es gibt in Deutschland ca. 30 000 diakonische Angebote und Dienste, wie beispielsweise Altenheime, Krankenhäuser, Beratungsstellen, Kindertageseinrichtungen, Fachschulen für Sozialpädagogik oder Einrichtungen der Behindertenhilfe. Die Diakonie unterstützt Menschen in allen Lebensabschnitten und allen Lebenslagen durch Beratung, praktische Hilfeleistungen oder anwaltschaftliche Unterstützung. Insgesamt arbeiten in der Diakonie etwa 500 000 Menschen hauptamtlich und rund 700 000 Menschen, die sich freiwillig engagieren.

Das Kronenkreuz ist das Zeichen der Diakonie

Diakonie

Teil des Diakonie-Logos ist das Kronenkreuz: Das Kronenkreuz setzt sich aus zwei Teilen zusammen: Das Kreuz steht für das Leiden und die Krone steht für die Hoffnung auf Jesus Christus. Zusammengesetzt kann man das Symbol so verstehen, dass die Hoffnung auf Jesus Christus Not und Leiden überwindet.
Gleichzeitig ist ein I und ein M dargestellt, das den früheren Namen „Innere Mission“ wiedergibt. Der Begriff „Innere Mission“ stand insbesondere in früheren Zeiten für das, was heute als Diakonie bezeichnet wird.

7. ❖ Sammelt Situationen oder Orte in eurer Umgebung, wo ihr das Kronenkreuz schon einmal gesehen habt.

8. ❖ Zeichne das Kronenkreuz in dein Heft und schreibe die Erklärungen der Symbole dazu.

9. ❖ Gestaltet einen Werbeprospekt für die Diakonie.

Menschen brauchen Hilfe

Luca (18 J.) fällt ein Stein vom Herzen. Er ist noch einmal davongekommen. Zwei Jahre auf Bewährung, hatte die Richterin gesagt, und dass er das nächste Mal in den Knast muss. Seit Luca 13 Jahre ist, hat er Probleme mit Drogen. In seiner Ausbildung war er deswegen schon in der Probezeit rausgeflogen. Jetzt lebt er von Hartz IV und zusammen mit seinen Kifferkumpels in einer schmuddeligen Wohnung. Weil er kein Geld mehr hatte, hatte er mit Haschisch gedealt und war dabei erwischt worden. Luca will sein Leben ändern, er will weg von den Drogen und weg von seinen Freunden. Er weiß aber nicht wie.

Gerda (79 J.) lebt allein in einer Zweizimmerwohnung. Sie kann sich zwar noch weitgehend selbst versorgen, doch sie merkt, dass ihr alles immer schwerer fällt. Ihre Nachbarin hat gesagt, dass sie wahrscheinlich bald in ein Heim muss. Gerda will das nicht.

Nora (14 J.) ist völlig verzweifelt. Tim (17 J.) hat mit ihr Schluss gemacht. Für Nora bricht eine Welt zusammen. Sie hatte sich ihr Leben mit Tim so schön ausgemalt. Nora will nicht mehr weiterleben.

Simon (53 J.) und **Maria (45 J.)** sind seit 20 Jahren verheiratet. Sie haben keine Kinder. Vor zwei Jahren wurde bei Simon ein Gehirntumor festgestellt. Zwei Operationen und mehrere Chemotherapien blieben erfolglos. Die Ärzte haben gesagt, dass sie nichts mehr tun können und dass Simon ungefähr noch eine Lebenserwartung von zwei bis vier Monaten habe. Simon wird aus dem Krankenhaus entlassen. Maria will ihn zu Hause pflegen. Doch bald merkt sie, dass sie das überfordert und dass sie nicht mehr kann. Sie ist verzweifelt und weiß nicht, was sie tun soll.

Elvin (18 J.) macht zurzeit eine Ausbildung als Fliesenleger. Um sich ein Auto zu kaufen, nimmt er einen Kredit auf, bei dem er monatlich 400 Euro zurückzahlen muss. Als er mit seiner Freundin zusammenzieht, kauft er in einem Möbelhaus neue Möbel auf Kredit ein. Dafür muss er 300 Euro im Monat zurückzahlen. Wenig später hat er mit seinem Auto einen Unfall. Er ist schuld und das Auto hat einen Totalschaden. Zu alledem verlässt ihn seine Freundin, so dass Elvin die Miete jetzt allein bezahlen muss. Seine laufenden Kosten (Versicherungen, Handy, Essen, Trinken ...) kann er nur bezahlen, wenn er sein Konto überzieht.
Eines Tages wird seine Bankkarte vom Geldautomaten eingezogen. Elvin bekommt kein Geld mehr. Er hat 22 000 Euro Schulden. Elvin ist völlig verzweifelt. Er weiß nicht, wie es weitergehen soll.

Anna (33 J.) macht sich große Sorgen. Ihr Mann **Timo (38 J.)** und sie unternehmen kaum noch etwas zusammen. Timo macht fast an jedem Wochenende Überstunden, und auch unter der Woche kommt er immer spät nach Hause. Ihre beiden Kinder Johanna (11 J.) und Jakob (8 J.) sieht er kaum noch. Die ganze Haus- und Erziehungsarbeit bleibt allein an Anna hängen. Als Anna Timo darauf anspricht, meint dieser, dass das in Beziehungen halt so ist, dass die Liebe und so mit der Zeit etwas nachlässt. Anna will das nicht so einfach hinnehmen.

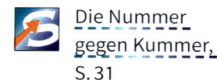

Die Nummer gegen Kummer, S. 31

Luisa (17 J.) ist am Ende. Eben hat sie das Ergebnis mitgeteilt bekommen: Sie ist schwanger! Das muss bei Giuseppe im Auto passiert sein. Und er hatte doch gesagt, dass er aufpasst! Was soll sie bloß tun? Sie geht zurzeit in die 10. Klasse und will anschließend auf dem beruflichen Gymnasium ihr Abitur machen. Giuseppe hat mit ihr vor einem Monat Schluss gemacht, wegen einer anderen. Luisa weiß nicht, wie alles weitergehen soll.

1. ❖ Beschreibt für jedes Fallbeispiel das Problem.
2. ❖ Sammelt Möglichkeiten, wie den Betroffenen jeweils geholfen werden könnte.
3. ❖ Auf dem Flyer werden Beratungsangebote der Diakonie vorgestellt. Welche Art von Hilfe könnten die Betroffenen jeweils brauchen?
4. ❖ An welche Beratungsstellen in eurer Stadt oder eurem Landkreis könnten sich die Menschen aus den Fallbeispielen jeweils wenden? Recherchiert zu allen Angeboten des Prospekts Adressen aus eurer Umgebung und gestaltet damit einen eigenen Prospekt mit Hilfsangeboten.

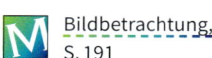

Bildbetrachtung, S. 191

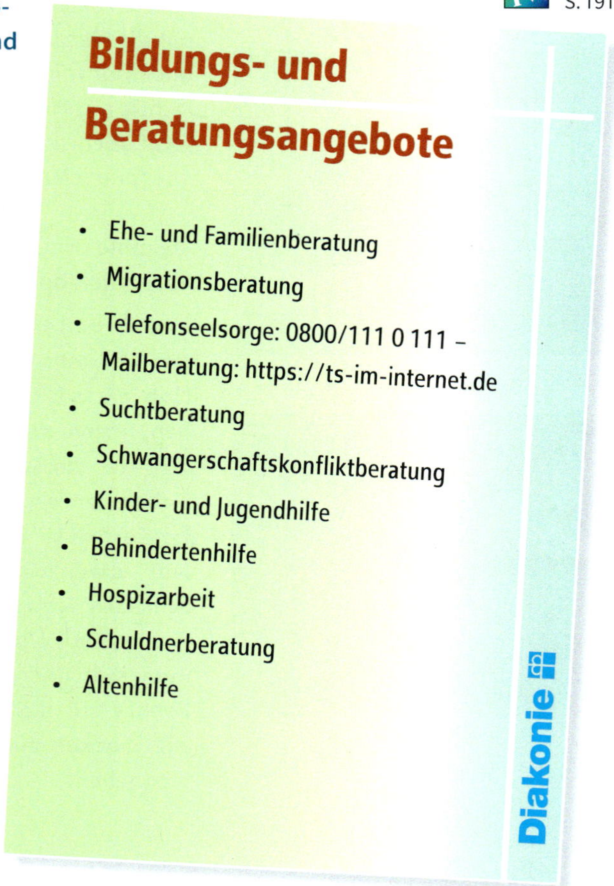

„Helfen ist geil!“

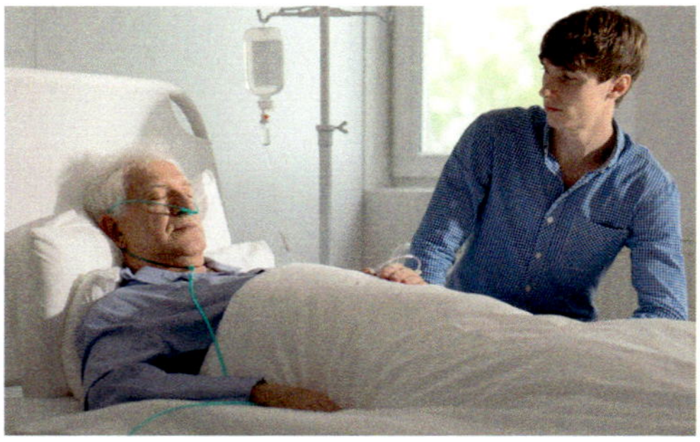

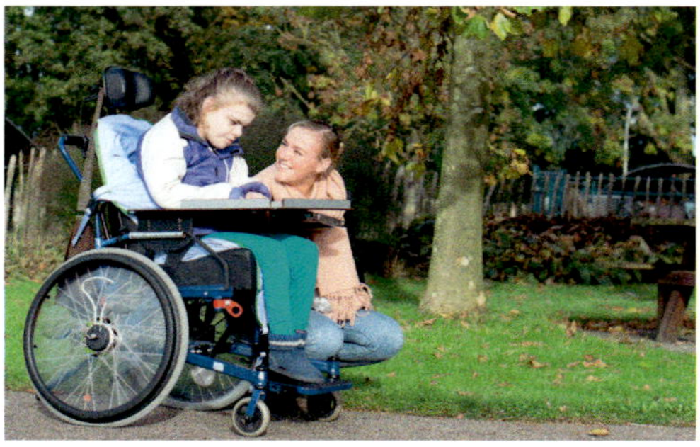

Nachdem die Klasse 8a aus ihrem Sozialpraktikum wieder zurück ist, werden die Erfahrungen ausgewertet. Hier sind einige Kommentare:

Klara (Uniklinik)

Ich war vor allem im Spielezimmer und in den Zimmern von Patienten der Kinderabteilung eingesetzt. Besonders habe ich mich um die Kinder gekümmert, bei denen die Eltern erst am späten Nachmittag oder gar nicht kamen. Meine Aufgabe war hauptsächlich, die Kinder ein bisschen abzulenken, indem ich mit ihnen spielte, ihnen etwas vorlas oder einfach nur mit ihnen redete. In einem Krankenhaus zu arbeiten ist nicht einfach. Immer die vielen kranken Menschen und vor allem auch die kranken Kinder um einen herum, und den meisten geht es ja sehr schlecht, das hat mir schon zu schaffen gemacht. Ich war froh, als das Praktikum rum war.

Frederick (Altenheim Neckarblick)

Was ich gelernt habe: Helfen ist geil! Es ist Hammer, wie dankbar die Menschen sind und wie sie sich freuen, wenn man ihnen auch nur mit Kleinigkeiten hilft. Manche von denen sind mir richtig ans Herz gewachsen und ich war nach dem Praktikum jetzt auch schon zweimal dort und hab die besucht. Nicht so gut fand ich die Abteilungsleiterin, die hat oft abgestresst.

Josefine (Haus Sonnenberg, Einrichtung für geistig und körperlich behinderte Menschen)

Das Arbeiten war einerseits sehr anstrengend, da der Umgang anders ist als mit gesunden Menschen. Man muss sich oft durchsetzen und den Lärm ertragen, wenn die Gruppe einen schlechten Tag hat. Aber auf der anderen Seite ist es schön zu sehen, wie sich jeder einzelne Bewohner entwickelt und welche Fortschritte sie machen. Das bewegendste Erlebnis war aber, als sich ein Bewohner von mir verabschieden wollte und sagte: „Ich werde dich niemals vergessen! Du warst eine tolle Praktikantin, mit der man sich gut unterhalten konnte.“ In diesem Moment konnte ich nicht verhindern, dass mir ein paar Tränen die Backen runter rollten. Ich wollte gar nicht weggehen.

Anna-Lena (Kindertagesstätte Lollipop)

Ich habe sehr viel gelernt, auch über mich, ich bin geduldiger geworden. Die Tage waren schon anstrengend. Es war oft laut, man hatte eigentlich nie seine Ruhe und abends war ich oft ziemlich fertig.
Auf der anderen Seite habe ich gemerkt, dass es mir viel Spaß macht, mit Kindern zu spielen und ihnen zu helfen. Es macht mich glücklich und stolz, jemandem ein Vorbild zu sein oder jemandem etwas beizubringen, das der vielleicht sein Leben lang mit sich tragen wird. Aber dadurch hat man auch eine große Verantwortung. Das Allerschönste war, wenn ich immer wieder in ein glückliches Kindergesicht schauen konnte, das ich zum Lachen gebracht habe. Da war dann auch ich glücklich.

Tom-Luca (Hospiz Haus Abendsonne)

Das Haus Abendsonne ist eine Villa mit ca. 10 kranken, überwiegend alten Menschen, die alle wissen, dass sie in absehbarer Zeit sterben werden. Meine Aufgaben waren vielseitig. Ich habe gebacken, gekocht, Frühstück zubereitet, Wäsche gebügelt und geputzt. Allerdings zählt mehr die Anwesenheit, dass man da ist und zuhört oder auch einfach mal gemeinsam schweigt. In der Villa herrscht eine unglaubliche Atmosphäre. Es ist ruhig, aber zugleich total lebhaft. Es wird gelacht, rumgealbert und gescherzt - auch wenn jeder Bewohner weiß, warum er hier hergekommen ist. Ich kann sagen, dass es keinen Tag gab, wo ich nach Hause gegangen bin und nicht zwei- oder dreimal herzhaft gelacht hatte. Aber es gab natürlich auch Tage, an denen ich an meine Grenzen gekommen bin. In den 12 Tagen sind 8 Menschen verstorben. An einem Tag ging man nach Hause, hat sich von ihnen ganz normal verabschiedet und wenn ich am nächsten Morgen wiederkam, brannte eine Kerze und ich wusste: Es ist wieder einer gegangen. Das ist schon hart.

1. ❖ Analysiert die einzelnen Beiträge. In welchen Einrichtungen waren die Schülerinnen und Schüler jeweils? Was waren gute, was weniger gute Erfahrungen?

2. ❖ Könntest du dir vorstellen, auch ein solches Praktikum zu absolvieren? Worauf würdest du dich dabei freuen? Was würde dir eher Sorgen bereiten?

3. ❖ In welchen Berufen bildet die Diakonie aus? Besprecht die Arbeitsfelder der einzelnen Ausbildungsberufe.

4. ❖ Stell dir vor, du müsstest dich für einen dieser Ausbildungsberufe entscheiden. Nenne drei Berufe mit einem Ranking von 1 bis 3. Begründe, was du an diesen drei Berufen interessant findest.

Ausbildung

Soziale Berufe sind bei Jugendlichen beliebt. An dritter Stelle der Berufswünsche stehen Berufe, die „Menschen helfen wollen". Die Diakonie bildet in zahlreichen Berufen selber aus. Dazu gehören unter anderem Ausbildungen im Bereich:

Altenpfleger | Erzieherin | Ergotherapeut | Gesundheits- und Krankenpflegerin | Gesundheits- und Kinderkrankenpfleger | Hauswirtschafterin | Hebamme | Heilerziehungspfleger | Logopäde | Kauffrau im Gesundheitswesen | Physiotherapeut und vieles mehr.

Hinweise zum Berufsalltag und den Ausbildungen sowie spannende Tests gibt es unter www.karriere.diakonie.de

Diakonie

Wissen und Können

Das weiß ich

- Vier Grundaufgaben der Kirche sind
  - Verkündigung des Wort Gottes, z.B. durch die Predigt,
  - Gottesdienste feiern,
  - Diakonie, d.h. Dienst an den Menschen,
  - Gemeinschaft fördern.

- Diakonie
  Diakonie ist eine der vier Grundaufgaben der Kirche. Das Wort Diakonie stammt aus dem Griechischen und meint ursprünglich das Dienen am Tisch.
  Die biblische Begründung für diesen Dienst am Nächsten findet man z.B. im Gleichnis vom barmherzigen Samariter oder in den sogenannten „Sechs Werken der Barmherzigkeit", wo Jesus sagt, dass alles, was man für die tut, die Hilfe brauchen, für Jesus selbst getan ist. Beide Stellen sind wichtige Grundlagen dafür, warum Christen sich für andere einsetzen.

- Das Diakonische Werk der Evangelischen Kirche („die Diakonie")
  Heute steht der Begriff Diakonie für die soziale Arbeit der Evangelischen Kirche in Deutschland.

  Ausgehend von den biblischen Zeugnissen engagiert sich die Diakonie in der Praxis dafür, dass ...
  - die Würde jedes Menschen geachtet wird, auch wenn er behindert, krank, arm oder fremd in Deutschland ist,
  - jeder Mensch das bekommt, was zum Leben notwendig ist, und soziale Gerechtigkeit herrscht,
  - alle Menschen in die Gesellschaft integriert werden,
  - auch in anderen Ländern Armut bekämpft und Frieden bewahrt wird.

  Es gibt in Deutschland ca. 30 000 diakonische Angebote und Dienste, wie beispielsweise Krankenhäuser, Kindertagesstätten, Heime für Jugendliche, Beratungsstellen, Altenheime, Telefon-Notrufdienste und viele mehr. Die diakonischen Einrichtungen erkennt man am Logo mit dem Symbol Kronenkreuz.

  Diakonie

  In Deutschland arbeiten etwa 500 000 Menschen in sozialen Einrichtungen und Diensten der Diakonie. Damit ist die Diakonie einer der größten Arbeitgeber in Deutschland und bildet in vielen Bereichen auch selbst aus.

Das kann ich

A) Aufgaben der Kirche

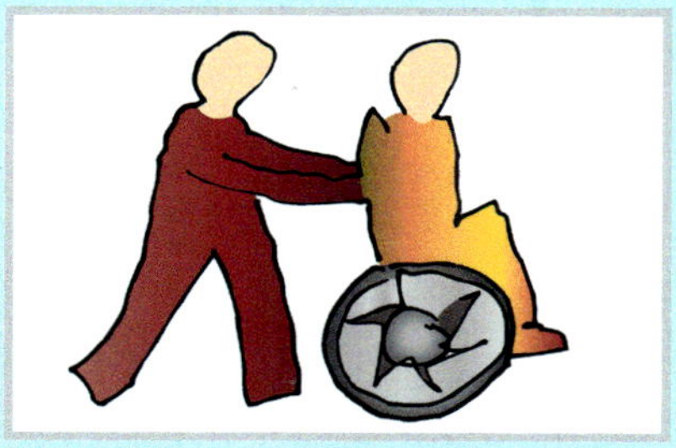

1. Benenne die vier Grundaufgaben der Kirche und ordne die folgenden Begriffe diesen vier Grundaufgaben zu:
   Kirchenfest, Suchtberatung, Bibelabend, Trauerfeier, Behindertenhilfe, Jungschar, Kindergottesdienst, Konfirmandenunterricht.

B) Sechs Werke der Barmherzigkeit

1. Jesus formuliert die sechs Werke der Barmherzigkeit mit sechs Sätzen über eigene Notlagen.
   Nenne drei dieser Sätze und erkläre, was Jesus mit diesen Sätzen sagen will.

C) Diakonische Beratungsstellen

- Telefonseelsorge: 0800/111 0 111 – Mailberatung: https://ts-im-internet.de
- ...
- ...
- ...

1. Nenne drei weitere diakonische Beratungsstellen und erkläre an einem Fallbeispiel, wem diese Stellen helfen können.

D) Soziale Berufe

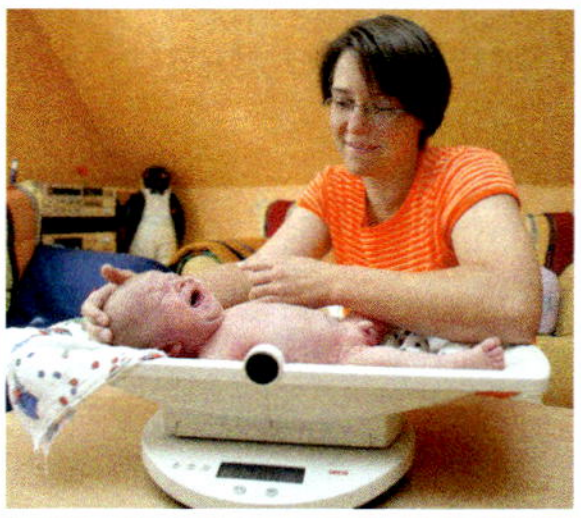

1. Welcher soziale Beruf ist auf dem Foto dargestellt? Nenne drei weitere soziale Berufe.
2. Wähle einen sozialen Beruf aus und beschreibe, was man in diesem Beruf an Positivem und an Belastendem erfahren könnte.

Schluss-Check

Überlegt gemeinsam:
- *Das war (mir) wichtig in diesem Kapitel: …*
- *Das sollte man sich merken: …*
- *Gibt es etwas, das noch geklärt werden muss?*

Jüdischer Glaube und jüdisches Leben

- Wie leben jüdische Jugendliche in Deutschland?
- Was sind Merkmale des jüdischen Glaubens?
- Warum ist Jerusalem für das Judentum, das Christentum und den Islam eine heilige Stadt?
- Wie feiern Juden Sabbat?

siebenarmiger Leuchter

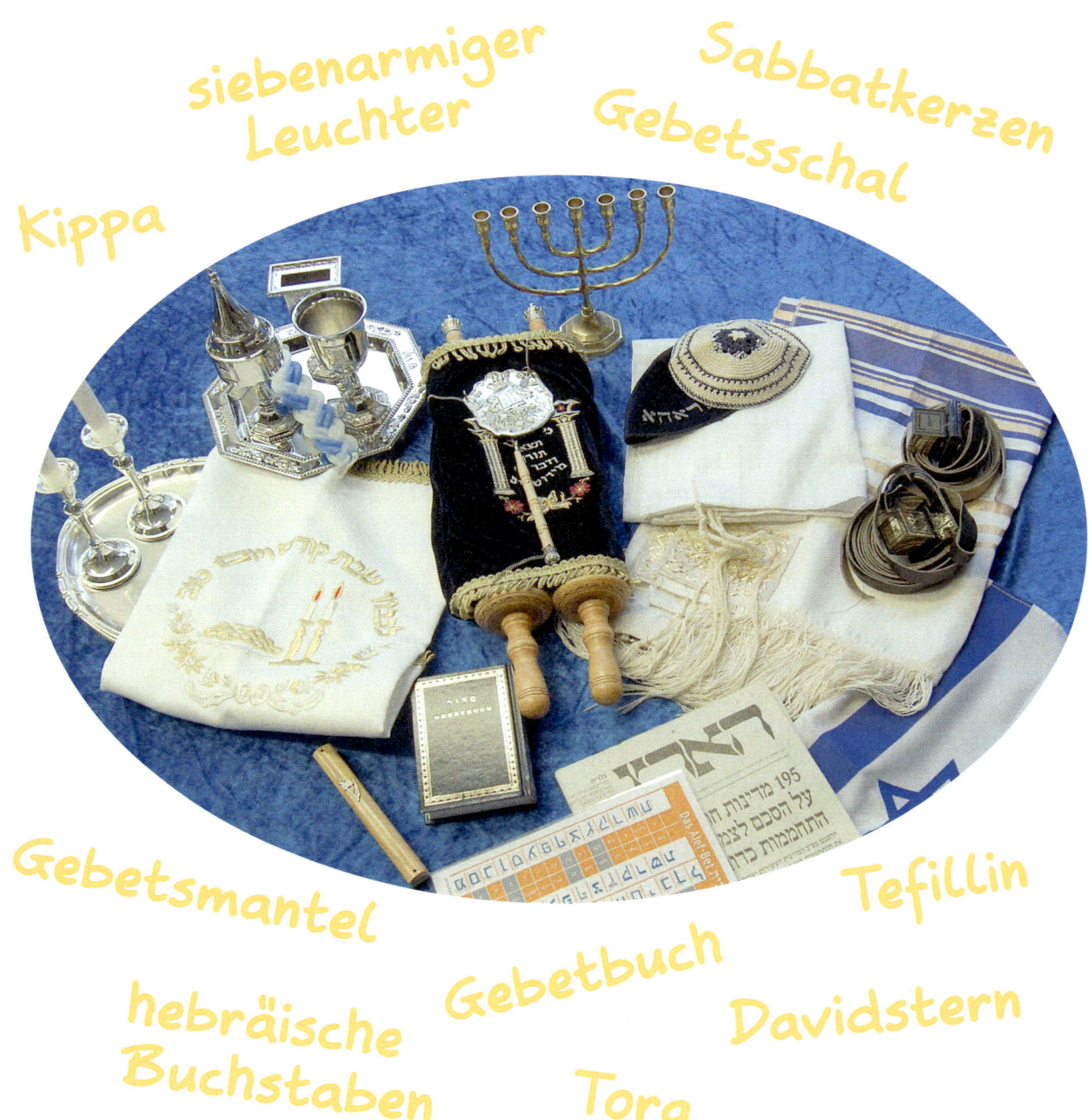

Sabbatkerzen

Gebetsschal

Kippa

Gebetsmantel

Tefillin

Gebetbuch

hebräische Buchstaben

Davidstern

Tora

1. ❖ Ordnet die Begriffe den Gegenständen auf dem Foto oben zu.

2. ❖ Erklärt, was die Symbole, Gegenstände und Begriffe mit dem Judentum zu tun haben.

3. ❖ Tragt zusammen, was ihr bisher alles über das Judentum wisst.

4. ❖ Sammelt Fragen, die euch zum Judentum interessieren.

Jüdische Jugendliche in Deutschland

Tagebuch von Leon

Alter: 16 Jahre
Wohnort: Mannheim
Religion: jüdisch
Klasse: 10

Montag, 19. September

Mathe-Arbeit verhauen, höchstens 4-5! Mist!
Abends Eishockey-Training bei den Jungadlern, Hammer!!!
Anschließend mit Sven und Paul noch beim Mägges.

Dienstag, 20. September

Nachmittags Schulband-AG, diesmal wieder Schlagzeug, ich glaube, das macht mir am meisten Spaß.
Wir haben eine neue Sängerin, Marie aus der Neunten!!!!!!!

Mittwoch, 21. September

Abends wieder Eishockey, anschließend noch mit Ben, Felix und Sven unterwegs, am Wasserturm und so. Ben hatte was Cooles zum Rauchen dabei und Sven ein Six-Pack. Daheim wieder mal Stress mit Daddy, weil ich angeblich nach Rauch und Alkohol rieche!!! Ahhhhhhh!

Donnerstag, 22. September

Nachmittags Reli-Unterricht im König-Friedrich-Gymnasium. Dort treffen sich alle jüdischen Schüler ab der 5. Klasse in Mannheim. Zu hart, was für Unterschiede es da gibt:
Ich bin zwar Jude, gehe aber nicht regelmäßig in die Synagoge, nur an wichtigen Feiertagen, bei meinen Freunden esse ich auch Schweinefleisch, trotzdem ist mir meine Religion irgendwie wichtig.
Am frommsten ist Samuel, dem und seiner Familie sind die ganzen Traditionen super wichtig. Die halten die Feiertage und die religiösen Gebote genau ein und essen natürlich auch immer koscher, d.h. nur das, was unseren Speisegeboten entspricht.
Am lockersten ist Sara, bei deren Familie spielt Religion überhaupt keine Rolle. Sie sagt ganz offen, dass sie zwar Jüdin ist, weil ihre Mutter Jüdin ist, aber später auf keinen Fall jüdisch leben will, weil ihr das alles zu kompliziert und zu anstrengend ist.

Freitag, 23. September

Abends „Back-At-School-Party" von der SMV. Marie ist voll süß! Hab sie nach Hause begleitet. Haben geknutscht!

Samstag, 24. September

Samuel war bei mir zum Mathe-Lernen. Samuel hat's mathemäßig voll drauf! Aber mit seinen Eltern ist alles kompliziert, weil die so fromm sind. Eigentlich treffen wir uns meistens bei Samuel. Aber heute am Sabbat, einem sehr wichtigen jüdischen Feiertag, wollen seine Eltern nicht, dass wir bei ihnen lernen. Weil

die jeden Sabbat sehr traditionell nach den Vorschriften feiern. Samuel hat mal erzählt, wie das dann abgeht:
Der Sabbat beginnt schon am Freitagabend mit dem Sonnenuntergang, wenn Samuels Mutter die zwei Sabbatkerzen anzündet und dazu den Lichtersegen spricht. Dann geht die ganze Familie zu einem kurzen Gottesdienst in die Synagoge, „um den Sabbat zu begrüßen", wie Samuels Vater immer sagt. Anschließend gehen dann alle wieder nach Hause und feiern den Sabbat mit einem guten Essen. Samuels Vater segnet dabei den Wein und das Brot und es wird auch immer viel gesungen.
Am Samstag gehen dann wieder alle in die Synagoge. Jetzt dauert der Gottesdienst länger, auch weil aus der Tora vorgelesen wird.
Während des ganzen Sabbats soll nichts gearbeitet werden, nicht einmal das Licht wird in der Familie von Samuel ein- und ausgeschaltet, dafür hat Samuels Vater extra Zeitschaltuhren angeschafft. Keiner soll Auto fahren und natürlich soll an einem solchen Ruhetag auch nicht für die Schule gelernt werden.
Wenn die Sonne am Samstag untergeht, setzt sich Samuels Familie wieder zusammen und verabschiedet den Sabbat. Auch das geschieht genau nach Vorschrift: Zunächst wird eine geflochtene Kerze mit mehreren Dochten angezündet, danach an wohlriechenden Gewürzen gerochen und ein wenig Wein getrunken. Der Rest des Weines wird auf einen Teller geschüttet, worin dann die Kerze gelöscht wird.
Und so feiert die Familie von Samuel anscheinend jeden Sabbat.

Sonntag, 25. September
War mit Marie im Kino. WIR SIND JETZT ZUSAMMEN!!!!!

1. Beschreibt, was Leon in dieser Woche alles erlebt hat.
2. Worin unterscheidet sich das Leben von Leon vom Leben eines christlichen Jugendlichen, wo gibt es Gemeinsamkeiten?
3. Wie bei Christen gibt es auch bei Juden große Unterschiede, wie man seine Religion lebt. Zeigt dies am Beispiel von Leon, Samuel und Sara.
4. Der Sabbat dauert von Sonnenuntergang freitags bis Sonnenuntergang samstags. Wie wird der Sabbat in dieser Zeit gefeiert? Ordnet die verschiedenen Tätigkeiten und Feierlichkeiten den Tagen Freitag und Samstag zu.
5. Mit welcher Handlung beginnt der Sabbat, mit welchen vier Handlungen endet er?
6. Bei der Feier des Sabbats beziehen sich die Juden auf 1. Mose 2,2-3 und 2. Mose 20,8-9. Zeichne zwei Sabbatkerzen nebeneinander in dein Heft und schreibe wichtige Begriffe aus diesen beiden Texten um die Kerzen herum.

Merkmale des jüdischen Glaubens

Woran glauben Muslime? S. 172

Marie: Was? Du bist Jude? Zu hart! Das merkt man dir ja gar nicht an.

Leon: Meinst du, dir merkt man es an, dass du Christin bist?

Marie: Nein, wahrscheinlich nicht. Eigentlich ist das kein gutes Zeichen. Aber erzähl mal, was du so glaubst. Ich weiß eigentlich fast nichts übers Judentum.

Abraham, S. 199

Leon: Man sagt, das Judentum ist eine der ältesten Religionen der Welt. Als Ursprung unserer Religion gilt, dass vor ungefähr 4000 Jahren Abraham unter der Führung Gottes mit seiner Familie nach Kanaan kam. Das ist heute Israel. Gott schloss mit Abraham einen „Bund", also eine Art Vertrag. Darin hat er sich verpflichtet, unser Gott zu sein. Und wir haben uns verpflichtet, seine Gebote zu befolgen. Seitdem gibt es das Judentum.

Marie: Ist das der gleiche Gott, an den auch wir Christen glauben?

Samuel: Ja, ihr glaubt an denselben Gott wie wir. Wir glauben, dass Gott unser Volk als sein Volk erwählt hat.

Marie: Klingt das nicht ein bisschen eingebildet?

Leon: Es steht halt so in der Bibel, aber wir dürfen uns darauf nichts einbilden. Erwählung heißt für Juden, verpflichtet zu sein, nach den Geboten Gottes zu leben.

Marie: Und was ist mit Jesus? An den glauben Juden doch nicht?

Altes Testament, S. 199

Leon: Jesus war Jude, das wissen ja viele Christen heute gar nicht. Wir glauben aber nicht, dass er der Sohn Gottes oder der Messias ist. Auf den Messias, den Gesandten Gottes, warten wir Juden noch immer. Wenn er gekommen ist, wird auf der Welt immer Frieden herrschen, und es wird keine Ungerechtigkeit mehr geben.

Marie: Und eure Bibel?

Leon: Unsere Bibel heißt Tanach und ist dasselbe wie euer Altes Testament. Besonders wichtig ist für uns dabei der erste Teil, die fünf Bücher Mose. Diese nennen wir *Tora*, d.h. Weisung, weil hier vor allem die Gebote und Weisungen stehen, nach denen wir leben sollen.

Marie: Die Zehn Gebote und so?

Leon: Ja, genau. Die Zehn Gebote, aber auch noch viele anderen Vorschriften.

Marie: Was Christen glauben, ist in unserem Glaubensbekenntnis zusammengefasst. Gibt es sowas auch im Judentum?

Leon: Unser wichtigstes Gebet ist das „Sch'ma Jisrael", d.h. „Höre, Israel". Es steht in der Tora, 5. Mose 6,4-9. Für uns ist das so etwas wie ein Glaubensbekenntnis. Eigentlich ist es kein richtiges Gebet, sondern mehr eine Erinnerung an die Grundlagen unseres Glaubens.

Marie: Wie wird man denn Jude? Auch mit einer Taufe?

Leon: Jude ist man automatisch, wenn man Kind einer jüdischen Mutter ist. Man kann auch übertreten, aber das ist sehr kompliziert. Bei uns werden die Jungen acht Tage nach der Geburt beschnitten. Das ist bei uns so wichtig wie die Taufe bei euch.

Marie: Beschnitten, was ist das denn?

Leon: Da wird durch einen kleinen operativen Eingriff die Vorhaut vom Penis entfernt.

Marie: Dann bist du also auch beschnitten?

Leon: Ja, das ist das Zeichen, dass ich in den Bund Gottes aufgenommen bin.

Bund Gottes, S. 199

Marie: Hmm.

Leon: Die Mädchen werden natürlich nicht beschnitten. Aber sie sind, wenn sie eine jüdische Mutter haben, natürlich auch jüdisch und bekommen wie wir Jungs am achten Tag nach der Geburt ihren Namen. Dieser Tag wird ebenso gefeiert wie der Beschneidungstag der Jungen.

Marie: Als Jude hat man es ja nicht so leicht. Juden sind doch häufig verfolgt worden?

Leon: Ja, das stimmt. In der Geschichte des Judentums gibt es viele schlimme Zeiten. Besonders ja auch in Deutschland. Und auch heute merkt man das ja noch, wenn es z.B. immer wieder zu Ausschreitungen gegen Juden oder jüdische Gebäude kommt. Oder wenn bei unserem Reli-Unterricht im König-Friedrich-Gymnasium immer mal wieder ein Polizeiauto davor steht, damit nichts passiert.

1. ❖ Lest den Dialog mit verteilten Rollen.

2. ❖ Welche Frage zum Judentum hättest du an Leon gestellt?

3. ❖ Fasse die Informationen von Leon in eigenen Worten zusammen.

4. ❖ Reli-Domino: Im Folgenden siehst du 10 Dominosteine. Die Texte auf der gelben Seite eines Steins beziehen sich jeweils auf einen grünen Text. Wähle einen Stein aus und lies den grünen Text. Überlege dann, welcher gelbe Text dazu passt. Lies dann den grünen Text dieses Steins und suche dazu wiederum den passenden gelben, usw. Bringe so alle Steine in eine sinnvolle Reihenfolge und notiere dann die Nummern der Steine. Vergleicht eure Ergebnisse in der Klasse.

Nr.	gelb	grün
1	*Wer von einer jüdischen Mutter geboren ist.*	*Judentum*
2	*Fünf Bücher Mose*	*Beschneidung*
3	*Stammvater des Judentums*	*Bund zwischen Gott und dem Volk Israel*
4	*Wichtigstes Gebet im Judentum*	*Wer ist Jude?*
5	*Bei Juden und Christen der gleiche*	*Tora*
6	*Altes Testament im Christentum*	*Jesus, der Sohn Gottes im Christentum*
7	*Eine der ältesten Religionen der Welt*	*Abraham*
8	*Art „Vertrag" zwischen Gott und dem Volk Israel*	*Gott*
9	*Bei Jungen Zeichen der Aufnahme in den Bund mit Gott*	*Heilige Schrift im Judentum*
10	*Jüdischer Mensch, aber nicht der Sohn Gottes*	*Sch'ma Israel (Höre, Israel)*

5. ❖ In Deutschland gab es eine Zeit, in der Millionen von Juden verfolgt und ermordet wurden. Tragt zusammen, was ihr darüber wisst.

Die Geschichte des Judentums

Die Stammväter

Abraham, sein Sohn Isaak und dessen Sohn Jakob gelten als die Stammväter des jüdischen Volkes.
Nach jüdischer Tradition schließt Gott vor ungefähr 4000 Jahren einen Bund mit Abraham. Abraham bricht aus der Stadt Haran (heute Türkei) mit seiner Familie auf in das Land Kanaan, das Gott ihm verheißen hat. Diesen Bund setzt Gott mit Abrahams Sohn Isaak und dessen Sohn Jakob fort. Jakob bekommt von Gott den Namen „Israel“, das heißt „Gottesstreiter“.

Auszug aus Ägypten

Während einer Hungersnot zieht Jakob mit seiner Familie nach Ägypten, wo ihre Nachfahren zu einem Volk heranwachsen und vom Pharao versklavt werden. Aus dieser Sklaverei befreit Gott sein Volk mit Mose als Anführer. Auf seiner Wanderung durch die Wüste erhält das Volk Israel am Berg Sinai von Gott die Zehn Gebote. Damit wird der Bund Gottes mit seinem Volk erneuert.
Nach 40 Jahren, um 1300 v. Chr., kommt das Volk Israel schließlich wieder nach Kanaan, in das von Gott versprochene Land, und wird dort sesshaft. Das Volk teilt sich in zwölf Stämme auf, die ihre Namen nach den zwölf Söhnen Jakobs haben.

Die Königszeit in Kanaan

Jerusalem, S. 201 LEX

In den Auseinandersetzungen mit den umliegenden Völkern schließen sich die zwölf Stämme enger zusammen. Unter der Führung der Könige Saul, David und Salomo erlebt das jüdische Reich eine Glanzzeit. David macht Jerusalem zur Hauptstadt. Salomo lässt dort für Gott einen prächtigen Tempel bauen.
Später kommt es zu inneren Streitigkeiten und das Land teilt sich in zwei Königreiche: das Nordreich Israel und das Südreich Juda.

Zerstörung, Gefangenschaft und Neuanfang

722 v. Chr. wird das Nordreich Israel durch die Assyrer zerstört, und 587 v. Chr. erobert der babylonische König Nebukadnezar das Südreich Juda. Er zerstört den Tempel Salomos in Jerusalem und verschleppt das Volk in die Gefangenschaft nach Babylonien, dem heutigen Irak.
538 v. Chr. besiegen die Perser Babylonien, und die Juden können heimkehren. In Jerusalem wird ein neuer Tempel errichtet (516 v. Chr.).

Unter römischer Herrschaft

63 v. Chr. wird Israel römische Provinz. 70 n. Chr. zerstören die Römer nach einem jüdischen Aufstand Jerusalem und den zweiten Tempel völlig. Die meisten Juden müssen ihr Land verlassen und zerstreuen sich über die ganze damals bekannte Welt. Ab jetzt haben die Juden kein eigenes Land mehr, sondern leben als religiöse Minderheiten in fremden Ländern unter Andersgläubigen. Umso mehr achten sie darauf, dass sie ihre Glaubenstraditionen und Gebote einhalten. Ihr früheres Land nannten die Römer Palästina.

Zerstreuung

In den folgenden Jahrhunderten leben Juden in fast allen Ländern der Erde. Dabei werden immer wieder Juden ausgegrenzt, misshandelt, verfolgt oder getötet. Oft müssen sie in eigenen Stadtteilen (Ghettos) wohnen und sich durch besondere Kleidung kenntlich machen. Es gab aber auch Zeiten friedlichen Zusammenlebens.

Massenmord in der Zeit des Nationalsozialismus

In den Jahren 1933 – 1945 kommt es im deutschen Machtbereich zu Verfolgung und Völkermord an Juden. Die Nazis ermorden systematisch sechs Millionen Juden, das entspricht zwei Dritteln der jüdischen Bevölkerung Europas.

Neugründung des Staates Israel

1948 wird auf Betreiben der Vereinten Nationen der Staat Israel gegründet. Jetzt endlich, nach fast 2000 Jahren können Juden in ihre einstige Heimat zurückkehren. Doch durch die Staatsgründung fühlt sich das palästinensische Volk verdrängt. Beide Völker beanspruchen das Gebiet für sich und es kommt zu mehreren Kriegen. Die Palästinenser verbünden sich mit ihren arabischen Nachbarstaaten. Israel greift seinerseits immer wieder mit harter Waffengewalt durch und besetzt palästinensische Gebiete, während palästinensische Gruppen Selbstmordattentate auf Israelis verüben. Auf beiden Seiten gibt es viele Todesopfer. Ein friedliches Zusammenleben beider Völker scheint auch heute noch in weiter Ferne zu liegen.

1. ❖ **Benennt wichtige Stationen in der Geschichte des Judentums.**

2. ❖ **Ordnet die folgenden Ereignisse in der richtigen Reihenfolge und schreibt sie unter der Überschrift „Wichtige Stationen in der Geschichte des Judentums" in euer Heft.**

   A. Gott befreit sein Volk aus der Sklaverei in Ägypten.
   B. Das Königreich Israel zerfällt in das Nordreich Israel und das Südreich Juda.
   C. In der Zeit von 1933 bis 1945 werden über 6 Millionen Juden von Deutschen ermordet.
   D. Saul, David und Salomo sind Könige in Israel.
   E. Das Volk Israel kommt ins Exil nach Babylonien.
   F. Abraham und Sara verlassen ihre Heimat und ziehen in das von Gott verheißene Land Kanaan.
   G. 1948 wird der Staat Israel gegründet.
   H. Josef, ein Sohn Jakobs, holt seine Familie nach Ägypten.
   I. Bis heute kommt es immer wieder zu gewalttätigen Auseinandersetzungen zwischen Palästinensern und Israelis.
   J. Im Mittelalter kommt es in vielen Ländern zu schlimmen Judenverfolgungen.
   K. Nach der Heimkehr aus der babylonischen Gefangenschaft wird in Jerusalem der Tempel wieder aufgebaut.
   L. Mose führt das Volk Israel nach Kanaan.
   M. Jerusalem und der Tempel werden von den Römern völlig zerstört.
   N. Fast 2000 Jahre lang lebt das Volk Israel zerstreut in der ganzen Welt.

3. ❖ **Sowohl Israelis als auch Palästinenser beanspruchen das Land für sich. Sammelt für jede Position Argumente.**

Eine Reise nach Israel

Tagebuch von Marie

Samstag, 01. August
Bin voll aufgeregt. Endlich sitzen wir im Flieger! Leon und ich sind jetzt seit vier Jahren zusammen und nun fliegen wir zum ersten Mal gemeinsam für eine Woche nach Israel zu seinen Verwandten. Puh, puh, puh!

Sonntag, 02. August
Leons Tante hat uns gestern vom Flughafen in Tel Aviv abgeholt. Nachmittags sind wir sogar noch an den Strand. Eigentlich unterscheidet sich das Leben in der Stadt nicht groß vom Leben zuhause.
Heute waren wir in Jerusalem an der Klagemauer. Der Hammer! Die Juden nennen sie auch Westmauer. Die Klagemauer ist ein Überrest des zweiten zerstörten Tempels und der heiligste Ort im Judentum.
Täglich kommen viele Gläubige an diesen Ort, um zu beten. Auch als Christ kann man da hin. Allerdings konnten Leon und ich nicht zusammen hingehen, weil es getrennte Teile für Männer und Frauen gibt. Viele Menschen stecken kleine, handgeschriebene Zettel mit Wünschen und Gebeten in die Ritzen der Mauer. Das hab ich auch gemacht. Meine Bitte ist nun bei Gott – ein schöner Gedanke.

Montag, 03. August
Vormittags haben wir die Grabeskirche in der Jerusalemer Altstadt besucht. Die Grabeskirche zählt zu den größten Heiligtümern des Christentums. Diese Kirche heißt so, weil sie sich an der Stelle befinden soll, wo Jesus gekreuzigt und begraben worden ist.
Jerusalem ist voll krass! Neben der Klagemauer und der Grabeskirche gibt es hier auf dem Tempelberg auch noch ganz bedeutende islamische Heiligtümer: den Felsendom und die Al-Aqsa-Moschee. Die Al-Aqsa-Moschee ist die drittwichtigste Moschee des Islams.
Es ist unglaublich, wie hier auf ganz engem Raum die drei Weltreligionen ihre heiligsten Stätten haben.

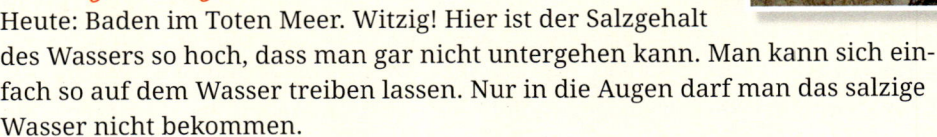

Dienstag, 04. August
Heute: Baden im Toten Meer. Witzig! Hier ist der Salzgehalt des Wassers so hoch, dass man gar nicht untergehen kann. Man kann sich einfach so auf dem Wasser treiben lassen. Nur in die Augen darf man das salzige Wasser nicht bekommen.

Mittwoch, 05. August
Heute waren wir in Bethlehem in der Geburtskirche, also jetzt wieder in einer wichtigen christlichen Kirche. Die Kirche heißt Geburtskirche, weil sie über der vermuteten Geburtsstätte von Jesus errichtet wurde. Drinnen war es

komisch. Obwohl draußen 40 °C im Schatten waren, haben drinnen die Besucher ganz ernsthaft „Stille Nacht, heilige Nacht“ gesungen. Im August!!! Ist das noch normal?

Donnerstag, 06. August

Heute habe ich Leons Onkel Jakob kennengelernt, oder besser gesagt: gesehen. Leon sagt, Onkel Jakob sei jemand, der seine heilige Schrift ganz wörtlich nimmt. Und so sah Onkel Jakob auch aus: Schwarzer Anzug, schwarzer Hut und Schläfenlocken. In dem Jerusalemer Viertel, in dem er wohnt, sehen alle so aus. Sogar die Kinder – weißes Hemd, schwarze Hose, Kopfbedeckung und Schläfenlocken!!! Die Hand wollte Onkel Jakob mir nicht geben, auch nicht mich ansehen oder mit mir sprechen. Mit Frauen wollen die anscheinend nicht in Berührung kommen. Sehr strange! Wir sind jedenfalls bald wieder gegangen.

Freitag, 07. August

Und noch eine besondere Begegnung: Gideon, der andere Onkel von Leon, lebt in einer Siedlung im Westjordanland, das ist südlich von Bethlehem, also in palästinensischem Gebiet.
Onkel Gideon hat die ganze Zeit auf die israelische Regierung geschimpft, weil die dieses Gebiet wieder „den Ungläubigen“ zurückgeben will. Das macht Onkel Gideon auf keinen Fall, „keinen Fußbreit“ gibt er freiwillig wieder her. Notfalls verteidigt er seine Siedlung mit Waffen. Seit in der letzten Woche ein Palästinenser zwei Siedler in ihrem Auto erschossen hat, geht Onkel Gideon sowieso nicht mehr ohne Waffe aus dem Haus ...
Das ist alles zu hart – wie im Film.

Samstag, 08. August

Wieder im Flieger, diesmal auf dem Rückflug. Ich steh noch immer unter dem Eindruck der vielen Extreme, die in Israel auf engstem Raum aufeinanderprallen. Und so komisch es klingt, ich freu mich jetzt doch wieder auf unser gutes Mannheim.
Allerdings ist das Judentum eine so spannende Religion, dass ich jetzt fest vorhabe, Leon öfters mal in seine Gemeinde hier in Mannheim zu begleiten.

1. ❖ **Gebt die wichtigsten Reiseeindrücke von Marie in eigenen Worten wieder.**
2. ❖ **Erstellt einen Wochenplan und tragt bei jedem Tag in Stichworten ein, was Marie erlebt hat.**
3. ❖ **Begründe, warum Jerusalem sowohl für das Judentum und das Christentum als auch für den Islam eine wichtige Stadt ist.**
4. ❖ **„In Israel prallen auf engstem Raum viele Extreme aufeinander.“ Was meint Marie damit?**

Wissen und Können

Das weiß ich

- Das Judentum ist eine der ältesten Religionen der Welt. Aus dem Judentum entwickelten sich später das Christentum und der Islam.
- Das jüdische Volk versteht sich als von Gott auserwählt. Der Stammvater ist nach jüdischem Glauben Abraham, dem Gott das Gelobte Land versprach und in das sie Mose unter Gottes Führung aus der Knechtschaft in Ägypten wieder hinführte.
- Die Heilige Schrift des Judentums ist der Tanach. Der Tanach ist identisch mit dem Alten Testament der christlichen Bibel. Der wichtigste Teil für die Juden darin ist der erste Teil, die Tora, das sind die fünf Bücher Mose.
- Ihren wichtigsten Festtag feiern viele Juden in jeder Woche einmal. Das ist der Sabbat. Für diesen Tag gelten bestimmte Regeln. Jüdische Geschäfte sind samstags geschlossen. Strenggläubige Juden dürfen am Sabbat nicht arbeiten, Auto fahren oder elektrische Geräte benutzen.
- In ihrer langen Geschichte sind die Juden immer wieder verfolgt und vertrieben worden. Seit der Zerstörung des Tempels in Jerusalem durch die Römer im Jahr 70 n. Chr. lebten sie zerstreut über die ganze Welt. Immer wieder wurden sie aus den Orten, wo sie wohnten, gewaltsam vertrieben. Es gab aber auch Zeiten friedlichen Zusammenlebens. In der Zeit des Nationalsozialismus wurden die Juden in Deutschland und in den von den Deutschen besetzten Ländern verfolgt und über sechs Millionen von ihnen ermordet.
- Nach dem Zweiten Weltkrieg wurde in Palästina, der ursprünglichen Heimat der Juden, der Staat Israel als jüdischer Staat neu gegründet. Bis heute kommt es immer wieder zu Konflikten mit den dort lebenden Palästinensern, die den Staat Israel nicht akzeptieren wollen. Diesen Konflikt nennt man auch den Nahost-Konflikt.
- Wie in anderen Religionen, gibt es auch im Judentum verschiedene Glaubensrichtungen und Prägungen.

Das kann ich

A) Sabbat

1. Am siebten Tag hatte Gott sein Werk vollendet und ruhte von seiner Arbeit aus. Darum segnete er den siebten Tag und sagte: „Dies ist ein ganz besonderer, heiliger Tag! Er gehört mir“ (1. Mose 2,2-3).

Beschreibe, wie fromme Juden diesen „besonderen, heiligen Tag“ feiern.

B) Merkmale des Judentums

1. Welche Kärtchen gehören zusammen?

1 Abraham, Isaak und Jakob	2 Jüdische Bibel	3 Tora	4 Wichtigstes Gebet im Judentum	5 Wer ist Jude?	6 Beschneidung	7 Bund Gottes mit dem Volk Israel
A Sch'ma Israel	B Zeichen für den Bund Gottes	C Fünf Bücher Mose	D Grundlage des Judentums	E Tanach	F Stammväter des Judentums	G Das Kind einer jüdischen Mutter

C) Geschichte des Judentums

1. Nenne vier wichtige Stationen in der Geschichte des Judentums.

D) Jerusalem

1. Auf dem Foto siehst du den heiligsten Ort im Judentum. Was weißt du darüber?

E) Verschiedene Glaubensrichtungen

1. Schildere einige Richtungen innerhalb des Judentums.

Schluss-Check

Überlegt gemeinsam:
- *Das war (mir) wichtig in diesem Kapitel: …*
- *Das sollte man sich merken: …*
- *Gibt es etwas, das noch geklärt werden muss?*

SPEICHERN

Mehr als Kopftuch und Ramadan

- *Wer war Mohammed?*
- *Was glauben Muslime?*
- *Hat der Islam Säulen?*
- *Wie kann es mit Muslimen zu Konflikten kommen?*
- *Was ist ein Islamist?*

1. ❖ Beschreibt die Situation auf dem Foto links.
2. ❖ Erklärt, was die Symbole, Gegenstände und Begriffe auf dieser Seite mit dem Islam zu tun haben.
3. ❖ Tragt zusammen, was ihr bisher alles über den Islam wisst.
4. ❖ Sammelt Fragen, die euch zum Islam interessieren.
5. ❖ Entdeckt in eurem Umfeld Spuren des Islam.

الله
Allah

Wonach könntet ihr suchen?	Wo könntet ihr suchen?
– Moschee, Minarett	– Wo ich wohne
– Arabische Schriftzeichen	– In der Schule
– Frauen mit Kopftuch	– Unter Freunden oder Nachbarn
– Fremdwörter oder fremde Namen	– Im Fernsehen
– Fußballspieler	– Im Internet
– …	– …

Muslime in Deutschland

Ümüt (33 J.) ist hier in Deutschland geboren, seit vier Jahren ist er auch deutscher Staatsbürger. Sein Vater gehörte zu den türkischen Gastarbeitern, die seit den 1960er-Jahren nach Deutschland gekommen sind. In ihrer Wohnung in Köln wird nur Deutsch gesprochen, trotzdem sehen manche in ihm immer noch einen Ausländer. Eigentlich ist Ümüt gelernter Industriemechaniker, aber er verlor während der letzten Wirtschaftskrise seinen Job. Seitdem hält er sich mit Gelegenheitsarbeiten über Wasser. Die Religion ist ihm wichtig.

Emine (18 J.) kommt aus der Türkei. Nachdem ihre Eltern sie einem entfernten Verwandten als Frau versprochen haben, ist sie vor zwei Jahren zu ihrer Tante nach Berlin gezogen. Sie will keinen Mann heiraten, den sie nicht liebt. Emine macht derzeit eine Ausbildung als Gesundheits- und Krankenpflegerin. Nebenbei bedient sie in einem Café. Religion ist ihr nicht so wichtig.

Baschar (28 J.) ist einer der vielen Menschen, die während des Bürgerkriegs aus Syrien geflohen sind. Ob sein Antrag auf Asyl anerkannt wird, weiß er noch nicht. Er kam allein, seine Eltern und seine drei Geschwister sind noch in Syrien. Im Übergangsheim in Bremen ist er zwar sicher, aber er macht sich Sorgen um seine Zukunft. Sein Abschluss als Apotheker wird hier wohl nicht anerkannt. Baschar ist nicht gläubig. „Ich habe zu viel Leid gesehen“, sagt er ein wenig entschuldigend.

Nasrin (44 J.) ist im Iran geboren und mit einem Jahr nach Deutschland gekommen. Sie ist eine deutsche Muslima iranischer Abstammung. Nasrin arbeitet in Essen als erfolgreiche Anwältin. Ihr Mann ist beruflich oft unterwegs, so dass die Erziehung ihrer beiden Kinder weitgehend an ihr hängt. Die selbstbewusste Frau trägt ein Kopftuch. Religion ist ihr wichtig. Sie besucht regelmäßig die Moschee.

Aylin (14 J.) kam vor vier Jahren mit ihrer Familie aus der Türkei nach Stuttgart. Aylin geht in die 8. Klasse und ist eine gute Schülerin. Nach der Schule hilft sie im Haushalt und kümmert sich um ihre beiden jüngeren Geschwister. Aylin trägt ein Kopftuch und ist sehr religiös erzogen. In ihrer Familie werden die religiösen Vorschriften genau eingehalten. Aylin findet das gut, weil es ihre Familie zusammenhält. Dafür verzichtet sie auch auf manches, wenn z.B. ihre Freundinnen ins Schwimmbad gehen oder sich mit Jungs treffen. Für Aylin ist das in Ordnung. Ihre Freundinnen haben dafür oft kein Verständnis.

Jüdische Jugendliche in Deutschland, S. 156f.

1. ❖ Beschreibt kurz die Lebensumstände der einzelnen Muslime.
2. ❖ Vergleicht die einzelnen Beschreibungen nach folgenden Kriterien:
   Alter | Geburtsland | Staatsangehörigkeit | seit wie vielen Jahren in Deutschland | gelernter Beruf | ausgeübte Tätigkeit.
3. ❖ Wie wichtig ist den Einzelnen ihre Religion? Vergebt jeweils zwischen 0 und 5 Punkten: 0 = ist völlig unwichtig, 5 = ist sehr wichtig.

4. ❖ Beurteilt, wie gut die Einzelnen bei uns integriert sind. Verteilt jeweils 1–5 Punkte: 0 = überhaupt nicht integriert, 5 = völlig integriert.

5. ❖ Stellt Kriterien für eine gelungene Integration zusammen.

6. ❖ Stellt euch vor, die fünf beschreiben den Islam. Worin wären sie sich wohl einig, wo eher nicht?

Manchmal gibt es Konflikte

Klassenfahrt ohne Muslime

Die Schülerinnen und Schüler der Klasse 8a verstehen sich sehr gut. Sie bilden seit Jahren eine eingeschworene Klassengemeinschaft. Gemeinsam mit ihrer Klassenlehrerin haben sie schon viele außerschulische Aktionen unternommen. Nun plant die Klasse eine Klassenfahrt nach Berlin. Alle freuen sich auf das gemeinsame Erlebnis. Unter anderem sind folgende Programmpunkte vorgesehen: Besichtigung des Reichstags | Erkundung der Gedächtniskirche | Holocaust-Mahnmal | Besuch im Olympiabad | Brandenburger Tor | Besuch der D-Light-Schülerdisco | Gemeinsamer Grillabend

In der Klasse sind 25 Schüler, darunter sechs muslimische Mädchen und zwei muslimische Jungen. Als die Klassenlehrerin die Anmeldungen durchsieht, bemerkt sie, dass fünf der muslimischen Mädchen nicht mitgehen.
Die Klassenlehrerin findet dies sehr schade und bespricht das Problem in der Klasse.

7. ❖ Diskutiert folgende Fragestellungen:
   a) Was könnten die Gründe sein, warum die muslimischen Mädchen nicht mit auf die Klassenfahrt gehen?
   b) Wie beurteilt ihr das Verhalten der Mädchen, bzw. deren Eltern?
   c) Soll die Klasse trotzdem nach Berlin fahren?
   d) Wie könnte ein Kompromiss aussehen?

Regeln für einen Dialog zwischen Angehörigen unterschiedlicher Religionen

1. Jeder hört dem anderen gut zu, fällt ihm nicht ins Wort und lässt ihn ausreden.
2. Jeder setzt sich dafür ein, dass alle Glaubensaussagen offen ausgesprochen werden können.
3. Jeder bemüht sich, Gemeinsamkeiten im Glauben zu erkennen.
4. Jeder hat das Recht, die Lehren seiner Religion als wahr und gut anzusehen.
5. Außerhalb der religiösen Unterschiede werden gemeinsame Ziele wie friedliches Zusammenleben, Engagement für die Schule oder den Sport gesucht und verfolgt.

8. ❖ Diskutiert die Regeln: Sind sie hilfreich? Reichen sie aus?

Die Entstehung des Islam

Der Prophet Mohammed

Mohammed wurde um 570 n. Chr. in Mekka geboren. Nach dem frühen Tod seiner Eltern wuchs der Junge bei seinem Großvater und später bei seinem Onkel auf. Mit 25 Jahren heiratete er die reiche Kaufmannswitwe Khadija und hatte vier Töchter. Mohammed wurde ebenfalls Kaufmann. Auf seinen Reisen lernte er das Judentum und das Christentum kennen.

Als „Gottsucher“ verbrachte er jedes Jahr einige Tage in einer Höhle in der Wüste. Eines Tages kam er ganz verwirrt nach Hause und erzählte seiner Frau, der Erzengel Gabriel sei ihm in der Höhle des Berges Hira erschienen und habe ihn zum Propheten Allahs erklärt. Khadija ermutigte ihren Mann und sagte: „Freue dich und sei guten Mutes. Wahrlich, du wirst der Prophet dieses Volkes sein.“ Khadija wurde durch dieses Bekenntnis zur ersten Muslima.

Mohammed begann zu predigen, aber die Bewohner Mekkas hörten nicht auf ihn und sahen in ihm auch nicht den Propheten Allahs. Deshalb wanderte Mohammed 622 n. Chr. mit seinen Anhängern nach Medina aus. Mit diesem Auszug („Hidschra“) beginnt die islamische Zeitrechnung.
Acht Jahre später kehrte Mohammed mit seinen Anhängern zurück und eroberte Mekka. Er bestimmte Mekka zur heiligsten Stadt des Islam. Das alte heidnische Heiligtum, die Kaaba, bestimmte er zum wichtigsten Wallfahrtsort für Muslime. Nur noch Muslime durften Mekka betreten. Seit dieser Zeit werden alle Gebete in Richtung Mekka gesprochen. 632 n. Chr. stirbt Mohammed auf einer Wallfahrt.
Nach dem Tode Mohammeds begann ein Streit um seine Nachfolge. Weil der Konflikt nicht gelöst werden konnte, teilten sich die Muslime in zwei religiöse Richtungen: die Sunniten, dazu gehören heute etwa 90 Prozent der Muslime, und die Schiiten, die es vor allem im Iran, im südlichen Irak und im Libanon gibt.

1. ❖ Beschreibe die wichtigsten Stationen in Mohammeds Leben.

2. ❖ 622 n. Chr. beginnt die islamische Zeitrechnung. Welches Ereignis liegt diesem Datum zugrunde? In welchem Jahr nach der islamischen Zeitrechnung befinden wir uns heute?

3. ❖ Ordne die Jahreszahlen den Ereignissen richtig zu und erstelle eine Zeittafel zum Leben Mohammeds.

570 576 622 632 595 630 610

- Geburt + Tod des Vaters
- Tod der Mutter, Mohammed wird vom Großvater, später vom Onkel erzogen
- Heirat mit Khadija
- Erste Offenbarung von Allah
- Auswanderung (Hidschra) nach Medina
- Rückkehr und Eroberung Mekkas
- Tod Mohammeds

Woran glauben Muslime?

Um sich richtig über den Islam informieren zu können, lädt die Religionsklasse 7/8 ihre türkische Mitschülerin Aylin ein. Sie stellen ihr viele Fragen:

Woran glaubt ihr im Islam denn eigentlich?

Aylin: Wir sind Muslime. So nennen sich die Anhänger des Islam. „Islam“ ist ein arabisches Wort und bedeutet „Hingabe an Gott“. Muslime sind demnach Menschen, die sich Gott hingeben. Allah ist das arabische Wort für Gott. Es setzt sich zusammen aus al und lah. Al bedeutet „der/die/das“ und lah bedeutet „Gott“. Allah heißt also nichts anderes als „der Gott“. Es ist derselbe Gott, an den auch die Juden und Christen glauben, denn diese drei Religionen glauben, dass es nur einen Gott gibt. Die Christen nennen ihren Gott bei uns auch Allah. Wir glauben, dass Allah Propheten ausgeschickt hat, darunter auch Mose und Jesus, um uns seine Gesetze zu lehren. Der letzte und wichtigste Prophet war Mohammed.

Merkmale des jüdischen Glaubens, S. 158

Glaubt ihr wirklich an den gleichen Gott wie wir Christen?

Aylin: Einen Unterschied gibt es schon: Wir glauben, dass Gott einzig ist. Und wenn im christlichen Glauben von Vater, Sohn und Heiligem Geist die Rede ist, dann sind das für uns drei Götter und nicht einer.

Habt ihr auch eine Bibel?

Aylin: Unser heiliges Buch ist der Koran. Wir glauben, dass der Koran die Worte Allahs enthält. Ein Engel hat sie Mohammed offenbart. Weil Mohammed nicht schreiben konnte, lernte er die Worte auswendig. Erst später wurden sie aufgeschrieben. Die Worte sind arabisch und wir lernen Arabisch, um sie lesen zu können.

Was steht denn im Koran?

Aylin: Jedes Wort im Koran kommt unserer Überzeugung nach direkt von Gott. Im Koran stehen die Offenbarungen, die Mohammed gehabt hat. Diese sind in 114 Suren, d.h. Abschnitte, zusammengefasst. Die Suren sind der Länge nach geordnet, mit Ausnahme der „Fatiha“, die die Suren eröffnet. Sie ist für uns genauso wichtig wie für euch das Vaterunser. Jeder Muslim kann einige Suren auswendig. Der Inhalt dieser Suren ist sehr unterschiedlich. Sie schildern Gottes Eigenschaften, berichten von den Propheten, von alten Völkern, über Naturerscheinungen, über die Schöpfung insgesamt. Ein wichtiger Bestandteil im Koran sind Regeln und Hinweise für das Zusammenleben der Muslime.

Vaterunser, S. 203

Was denkt ihr denn über unsere Bibel und über Jesus?

Aylin: Wir achten und respektieren die Bibel als eine besondere Schrift. Wir glauben, dass die jüdische Tora, die Psalmen und die Evangelien des Neuen Testaments Gottes Wort sind. Wir ehren Jesus als Propheten. Jedoch glauben wir nicht, dass er Gottes Sohn ist.

Das Symbol für das Christentum ist das Kreuz. Was ist denn das Symbol für den Islam?

Aylin: Das Symbol des Islam ist die Hilal, das bedeutet Mondsichel. Die schmale Neumondsichel ist wichtig im Islam, denn das islamische Jahr richtet sich nach dem Mondkalender. Der Ramadan zum Beispiel beginnt erst, wenn die Mondsichel erscheint.

Manchmal sieht man Muslime mit einer Gebetskette. Was bedeutet denn das?

Aylin: Mohammed hat gesagt: „Gott hat 99 Namen, einen weniger als 100. Wer sie aufzählt, geht ins Paradies." Die 99 Namen lassen sich fast alle im Koran finden. Unsere Gebetskette hat 33 Perlen, bei drei Durchgängen werden die 99 Gottesnamen angerufen oder über einzelne Namen meditiert. Es sind 99 Namen und nicht 100, weil der hundertste Name den Menschen unbekannt ist. Letztendlich bleibt Allah immer ein Geheimnis.

1. ❖ a) Ordne den folgenden Zahlenkarten die richtige Buchstabenkarte zu.
b) Schreibe die zusammengehörenden Begriffe unter der Überschrift „Merkmale des Islam" in dein Heft.

1	2	3	4	5	6
Muslime	**Islam**	**Allah**	**Mohammed**	**Koran**	**Suren**

A	B	C	D	E	F
Gott	**Heiliges Buch**	**Abschnitte des Koran**	**Hingabe an Gott**	**Anhänger des Islam**	**Wichtigster Prophet**

Der Koran – die heilige Schrift der Muslime

.nedruw nebeirhcsegfua doT sdemmahoM hcan eid dnu
,tleihre ttoG nov demmahoM eid
,negnusieW ella tlähtne naroK reD
.neruS 411 sua thetseb naroK reD
.nebeirhcseg hcsibarA fua tsi rE
.emilsuM red hcuB egilieh sad tsi naroK reD

2. ❖ Kannst du diesen Text lesen? Versuche es mit einem Partner.

3. ❖ Schreibe den Text so auf, dass man ihn gut lesen kann.

4. ❖ Vergleiche den Koran mit der Bibel. Was fällt dir auf?

Die fünf Säulen des Islam

Muslime haben fünf Pflichten. Sie zu befolgen, ist für jeden gläubigen Muslim eine Selbstverständlichkeit. Diese fünf Pflichten nennt man auch die „fünf Säulen des Islam“.

1. Glaubensbekenntnis

Das ist die wichtigste Pflicht. Mehrmals am Tag sollen Muslime ihr Glaubensbekenntnis sprechen: La ilaha illa'llah – Muhammad rasulu 'llah. „Es gibt keinen Gott außer Gott. Mohammed ist sein Prophet.“

2. Gebet

Fünfmal am Tag sollte ein Muslim zu festgelegten Zeiten beten. Für das Gebet wird ein Teppich in Richtung Mekka ausgerollt. Während des Gebets werden verschiedene Gebetshaltungen eingenommen.

3. Fasten

Im Monat Ramadan sollen Muslime tagsüber nichts essen und trinken.

4. Armensteuer

Muslime sollen den Armen etwas abgeben.

5. Pilgerfahrt

Einmal im Leben soll jeder Muslim nach Mekka reisen und dort die große Moschee und andere heilige Orte besuchen.

1. ❖ **Findet Gemeinsamkeiten zwischen den fünf Säulen des Islam und dem christlichen Glauben.**

2. ❖ **Übertragt das Säulen-Schaubild in euer Heft und ordnet die folgenden Aussagen den einzelnen Säulen zu.**

A. Ziel ist die Kaaba, die sich im Innenhof der Großen Moschee befindet.
B. Es beginnt täglich mit dem Hellwerden und endet mit der Dunkelheit.
C. Der wohlhabende Muslim gibt 2,5 % seines Einkommens.
D. Vorher wäscht sich der Muslim in einer genau vorgeschriebenen Reihenfolge.
E. Indem man auf Dinge verzichtet, findet man Ruhe und Zeit, um an Allah zu denken und zu beten.

F. Alle Muslime zahlen eine Pflichtabgabe, die für die ärmeren Gemeindeglieder bestimmt ist.
G. Wichtig ist die Richtung zur heiligen Stadt Mekka.
H. Dabei sprechen sie Gebete und grüßen oder berühren den heiligen schwarzen Stein.
I. Wer nicht selber arm und bedürftig ist, soll einmal im Jahr etwas geben.
J. Wer dies öffentlich und mit ernster Absicht ausspricht, bekennt sich zum Islam und ist Muslim.
K. Am Ende wird das Zuckerfest gefeiert.
L. Kinder, Schwangere und Reisende sind davon ausgenommen.
M. Jeder Muslim soll wenigstens einmal im Leben in Mekka gewesen sein.
N. Die Zeiten sind über den ganzen Tag verteilt.
O. „Es gibt keinen Gott außer Gott. Mohammed ist sein Prophet."

Islam ist nicht Islamismus

Islam darf man nicht mit Islamismus verwechseln. Islam ist die Religion der Muslime. Islamisten dagegen sind nur eine kleine, extremistische Gruppe, zu der gerade mal ein Prozent der vier Millionen Muslime in Deutschland gehören. Islamisten leben streng nach den Vorschriften des Koran, die sie meist wörtlich verstehen. Sie sind religiöse Fundamentalisten, die sich gegen alle Andersdenkenden abgrenzen. Manche leben nach ihren extremen Glaubensansichten nur in ihrem persönlichen Umfeld. Andere wollen den Staat nach ihren islamistischen Vorstellungen umgestalten. Grundrechte wie Minderheitenschutz oder Meinungsfreiheit bedeuten ihnen wenig. Manche Islamisten schrecken auch vor Gewalt nicht zurück. Terrornetzwerke wie Al Qaida (Saudi-Arabien), aber auch Boko Haram (Nigeria) und der sogenannte Islamische Staat (Syrien/Irak) verbreiten durch ihre Anschläge Angst und Schrecken. In Deutschland beobachtet man mit Sorge den Salafismus, der gerade unter Jugendlichen für sich wirbt. Mit seinen klaren Regeln gibt er vor allem jungen Männern am Rande der Gesellschaft ein neues Selbstwertgefühl.

3. ❖ **Tragt zusammen, was ihr über Islamisten wisst.**

4. ❖ **Islamistische Anschläge haben nichts mit Religion zu tun. Erklärt diesen Satz.**

5. ❖ **Diskutiert die Frage, warum vor allem junge Männer von Islamisten angesprochen werden. Was könnten Menschen vermissen, die sich für solche Gruppierungen interessieren? Wie könnte man dem vorbeugen?**

Wissen und Können

Das weiß ich

- Islam heißt übersetzt „sich Gott hingeben“. Die Anhänger des Islam nennen sich Muslime.
- Mohammed (ca. 570 – 632 n. Chr.) gilt als Stifter des Islam. Er sah sich durch den Erzengel Gabriel zum Propheten berufen. Im Alter von 40 Jahren war ihm dieser am Berg Hira erschienen. Daraufhin begann Mohammed mit seinen Predigten. Mohammed konnte weder lesen noch schreiben. Er lernte auswendig, was ihm Gott durch die Engel sagte. Später wurden seine Offenbarungen aufgeschrieben und der Koran, das heilige Buch des Islam, entstand.
- Die Zeitrechnung des Islam beginnt 622 n. Chr., als Mohammed mit seinen Anhängern von seiner Heimatstadt Mekka nach Medina zog.
- Der Koran besteht aus 114 Abschnitten, die man Suren nennt. Erstmals wurden sie nach dem Tod Mohammeds in arabischer Sprache aufgeschrieben und sind bis heute unverändert überliefert.
- Der islamische Glaube wird von fünf Säulen getragen. Diese fünf Säulen stehen für die fünf Pflichten, die jeder gläubige Muslim erfüllen muss: 1. Glaubensbekenntnis, 2. Gebet, 3. Fasten, 4. Armensteuer, 5. Pilgerfahrt.
- Es gibt verschiedene Glaubensrichtungen im Islam. Die größte Gruppe sind die Sunniten, eine kleinere Gruppe sind die Schiiten. Die Unterscheidung der Muslime in Sunniten und Schiiten erfolgte bereits unmittelbar nach dem Tod Mohammeds, weil die Schiiten dessen Nachfolger nicht anerkannten.
- Heute gibt es mehrere fundamentalistische Gruppierungen, die oft mit Gewalt dafür kämpfen, dass die Vorgaben des Koran möglichst wortgetreu und für alle verbindlich umgesetzt werden.

Das kann ich

A) Begriffe zum Islam

B	Z	U	T	K	A	L	L	A	H	P
R	I	E	M	A	N	K	F	G	A	I
M	E	K	K	A	L	O	B	T	V	L
O	U	T	R	B	M	P	M	A	L	G
H	I	T	M	A	U	F	G	A	B	E
A	R	M	E	N	S	T	E	U	E	R
M	A	A	D	A	L	U	R	C	H	F
M	M	U	I	S	I	C	A	H	A	A
E	A	S	N	A	M	H	B	U	H	H
D	D	O	A	T	E	M	E	S	U	R
F	A	S	T	E	N	G	E	B	E	T
A	N	G	S	K	O	R	A	N	I	E

1. In dem Buchstabengitter sind 13 Begriffe zum Islam versteckt. Findest du alle?
2. Suche dir drei Begriffe aus und erkläre, was sie jeweils mit dem Islam zu tun haben.

B) Mohammed

A	Rückkehr nach Mekka
B	Übersiedlung nach Medina
C	Tod der Mutter, Mohammed wächst bei Großvater und Onkel auf
D	Reisen als Kaufmann in Arabien
E	Berufungserlebnis und erste Offenbarungen durch den Engel Gabriel
F	Geburt Mohammeds in der Stadt Mekka
G	Tod Mohammeds
H	Heirat der wohlhabenden Kaufmannswitwe Khadija

1. Bringe die folgenden Lebensstationen von Mohammed in die richtige Reihenfolge.

C) Fünf Säulen des Islam

1. Nenne die fünf Säulen des Islam.
2. Ordnet die folgenden Sätze jeweils der richtigen Säule zu:
   A. Wird in verschiedenen Körperhaltungen verrichtet.
   B. Der Monat heißt Ramadan.
   C. Arme und Bedürftige werden unterstützt.
   D. Dabei sollte man siebenmal die Kaaba umlaufen.
   E. Wichtigste Pflicht eines Muslims.

D) Dialog

1. Anja zu ihrer Freundin Aylin: „Ich bin seit 14 Tagen mit Yannik zusammen."
   Aylin seufzt: „Du hast es gut. Für mich ist das nicht so einfach."
   Formuliert einen Dialog entsprechend den Regeln auf Seite 169.

E) Islam und Christentum

	Islam	Christentum
Anhänger		
Heiliges Buch		
Gebets- und Versammlungshaus		
Beginn der Zeitrechnung		
Wichtige Gebote		
Symbol		

1. Vergleiche die Merkmale des Islam und die des Christentums anhand der Begriffe aus der ersten Spalte.

Schluss-Check

Überlegt gemeinsam:
- *Das war (mir) wichtig in diesem Kapitel: …*
- *Das sollte man sich merken: …*
- *Gibt es etwas, das noch geklärt werden muss?*

SPEICHERN

Mehr als man sieht

- *Was ist ein Symbol?*
- *Welche christlichen Symbole kennst du?*
- *Was ist die Lutherrose?*
- *Gibt es Religiöses nur in der Kirche?*

1. ❖ Stell dir vor, ein Außerirdischer kommt auf die Erde und bemerkt die auf den Fotos dargestellten Zeichen. Beschreibe, was er jeweils sieht.

2. ❖ Finde heraus und erkläre, was diese Symbole in Wirklichkeit bedeuten. Ordne die einzelnen Symbole den folgenden drei Gruppen zu:
   a) weltliche Symbole,
   b) religiöse Symbole,
   c) christliche Symbole.

3. ❖ Kennt ihr noch andere Symbole? Sammelt Beispiele.

Symbol
Ein Symbol hat immer eine tiefere Bedeutung. Nur wer diese tiefere Bedeutung kennt, weiß, wofür das Symbol steht. Wer diese tiefere Bedeutung nicht kennt, für den ist es nur das, was er mit seinen Augen sieht.

Christliche Symbole findet man überall

Das **Kreuz** ist das wichtigste Symbol der Christen. Es erinnert daran, dass Jesus Christus für unsere Sünden am Kreuz gestorben ist und durch seine Auferstehung den Tod überwunden hat (*1. Korinther 15,3-8*). Insofern ist das Kreuz auch ein Symbol der Hoffnung, weil auch wir auf ein Leben nach dem Tod hoffen können. Der Längsbalken weist auf die Verbindung von Gott und den Menschen hin. Der Querbalken zeigt die Verbindung der Menschen untereinander.

Der **Fisch** ist eines der ältesten Symbole des Christentums und war zugleich ein geheimes Erkennungszeichen der ersten Christen. Das Wort „Fisch“ heißt auf Griechisch ICHTHYS. Dies sind auch die Anfangsbuchstaben des griechischen Satzes, der eigentlich ein ganzes Glaubensbekenntnis ist: „Jesus Christus, Gottes Sohn, Retter“.

Die **Taube** ist das Symbol für den Heiligen Geist Gottes (Pfingsten). Als Jesus von Johannes dem Täufer im Jordan getauft wurde, öffnete sich der Himmel und der Geist Gottes kam wie eine Taube auf ihn herab (*Markus 1,9-11*).
Die Taube ist aber auch ein Symbol des Friedens. Noah sandte auf seiner Arche eine Taube aus. Als sie mit einem grünen Olivenzweig im Schnabel zurückkehrte, wusste Noah, dass die Sintflut zurückgegangen war und es wieder Land gab. Gott hatte wieder seinen Frieden mit den Menschen geschlossen (*1. Mose 8,10-11*).

Das **Lamm** war das traditionelle Opfertier. Wer gesündigt hatte, konnte ein Lamm opfern und war wieder „reingewaschen“. Johannes der Täufer bezeichnet Jesus als Lamm Gottes, das sich für die Menschen opfert und alle unsere Schuld hinwegnimmt (*Johannes 1,29*). Seitdem ist das Lamm ein Symbol für Jesus Christus. Das Osterlamm mit der Siegesfahne zeigt den Sieg Jesu über den Tod.

Wie die Taube ist auch der **Regenbogen** ein Symbol des Friedens sowie der Versöhnung und Verbundenheit mit Gott. Nach der Sintflut verspricht Gott Noah, die Menschen für alle Zeiten zu schützen und für sie zu sorgen. Dieses Versprechen besiegelt Gott mit dem Zeichen des Regenbogens (*1. Mose 9,12-16*).

Sternsinger malen dieses Symbol an Haustüren. Es ist die Abkürzung für den Satz „Christus segne das Haus“, lateinisch: „Christus mansionem benedicat“.

1. ❖ **Beschreibt die Symbole auf den Fotos. Auf was könnten sie jeweils hindeuten?**

2. ❖ **Ordnet die Erklärungen den passenden Symbolen zu.**

3. ❖ **Welches Symbol ist jeweils gemeint?**
   a) Symbol für Frieden und die Verbundenheit mit Gott
   b) Diese Buchstaben sieht man an Haustüren
   c) Symbol für Christus, der sich für unsere Sünden geopfert hat
   d) Geheimes Erkennungszeichen der ersten Christen
   e) Hauptsymbol für das Christentum
   f) Symbol für den Heiligen Geist und für Frieden.

4. ❖ **Erstelle in deinem Heft eine Tabelle mit zwei Spalten und sechs Zeilen. Schreibe in die zweite Spalte die Sätze aus Aufgabe 3 und zeichne in der ersten Spalte das jeweilige Symbol dazu.**

5. ❖ **Die Evangelische Kirchengemeinde in Oftersheim hat eine neue kirchliche Kindertagesstätte gebaut. Nun gibt es Streit, wie diese Kita heißen soll. Es gibt zwei Vorschläge: „Kita Pippi Langstrumpf“ oder „Kita Regenbogen“. Diskutiert die beiden Vorschläge. Was spricht für Pippi Langstrumpf, was für Regenbogen? Stimmt in eurer Klasse über den Namen ab.**

6. ❖ **Anett wird konfirmiert. Ihre Oma will ihr zu diesem Anlass eine goldene Halskette schenken. Sie fragt Anett, ob sie als Anhänger lieber ein Kreuz oder ihren Anfangsbuchstaben A haben will. Diskutiert, was Anett wählen soll.**

7. ❖ **Vincent (18 J.) hat sich einen gebrauchten alten Golf gekauft. Als er diesen seinen Freunden vorführt, meinen die: „Ist ja nicht schlecht, der Bock. Aber mach doch den blöden Fischaufkleber hinten weg. Der Vorbesitzer war bestimmt ein Angler.“ Diskutiert, ob Vincent das tun soll.**

Symbole in der Kirche

1. ❖ Beschreibt den Innenraum der Kirche.
2. ❖ Welche Symbole entdeckt ihr? Was könnten diese Symbole bedeuten?
3. ❖ Ordnet die folgenden Erklärungen den einzelnen Symbolen zu.

A Die griechischen Buchstaben **X** = „Chi" (Ch) und **P** = „Rho" (R) sind die Anfangsbuchstaben von Christus. ☧ ist somit ein Symbol für Christus und war für die ersten Christen ein geheimes Erkennungszeichen.

B Die Taufe ist eine symbolische Handlung. Sie bedeutet, dass Menschen in die christliche Gemeinschaft aufgenommen werden. Bei der Taufe wird der Kopf des Täuflings drei Mal mit Wasser übergossen. Drei Mal ist das Zeichen der Dreieinigkeit: Vater, Sohn und Heiliger Geist. Das bedeutet: Gott reinigt uns von unserer Schuld, er schenkt uns ein neues Leben mit Jesus. Wir gehören jetzt zu ihm und zur Familie aller Christen.

Taufe, S. 203 LEX
Heiliger Geist, S. 200 LEX

C IHS sind die Anfangsbuchstaben von „Jesus, der Retter der Menschen“ (Lateinisch: „Iesus hominum salvator“). Auch IHS ist deshalb ein Symbol für Jesus.

D Brennende Kerzen bringen Licht in die Dunkelheit. Jesus sagt von sich: „Ich bin das Licht der Welt. Wer mit mir geht, wird nicht im Dunkeln sein.“ Das Licht erinnert uns daran: Jesus ist uns nahe. Er ist das Licht, das die Finsternis vertreibt. Also ist auch das Licht ein Symbol für Jesus Christus.

E Das Dreieck mit einem Auge ist ein weitverbreitetes Gottessymbol. Die drei Seiten des Dreiecks stehen für die Dreieinigkeit: Gott, Jesus Christus und der Heilige Geist. Das Auge in der Mitte symbolisiert das Auge Gottes, das alles sieht.

F Alpha (A) und Omega (O) sind der erste und letzte Buchstabe des griechischen Alphabets. Jesus sagt: „Ich bin das Alpha und das Omega, der Erste und der Letzte, der Anfang und das Ende.“ Das Alpha und Omega ist ein Symbol für Gott oder Jesus, als Anfang und Ende, Schöpfer und Vollender unseres Lebens und des ganzen Kosmos.

G Jesus feierte am Vorabend seines Todes gemeinsam mit seinen Jüngern das Passamahl. Dabei reichte Jesus den Jüngern das Brot und den Wein und sagte: „Nehmt, das ist mein Leib – das ist mein Blut. Immer wenn ihr dies gemeinsam esst und trinkt, dann tut das zu meinem Andenken.“
Beim Abendmahl passiert genau dies. Wir essen Brot und trinken Wein und fühlen uns dabei in der Gemeinschaft mit Jesus. Wir denken daran, dass Jesus für unsere Sünden gestorben ist, und dass mit seiner Auferstehung der Tod auch über uns keine Macht mehr hat.

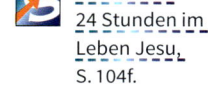

Die letzten 24 Stunden im Leben Jesu, S. 104f.

4. ❖ Welches Symbol ist jeweils gemeint?

a) Symbol für Jesus, steht für „Iesus hominum salvator“
b) Symbol für das Blut Jesu
c) Mit dieser symbolischen Handlung wird man in christliche Gemeinschaft aufgenommen
d) Hauptsymbol für das Christentum
e) Symbolische Handlung für die Gemeinschaft mit Jesus und die Sündenvergebung
f) Symbol für Christus, an den Anfangsbuchstaben zu erkennen
g) Symbol für Gott, den Anfang und das Ende von Allem
h) Symbol für den Leib Jesu
i) Gottessymbol, das auch auf die Dreieinigkeit hinweist
j) Symbol für Jesus Christus, der Licht in die Finsternis bringt

5. ❖ Erstelle in deinem Heft eine Tabelle mit zwei Spalten und zehn Zeilen. Schreibe in die zweite Spalte die Sätze aus Aufgabe 4 und zeichne in der ersten Spalte das jeweilige Symbol dazu. Zeichne für Symbolhandlungen die entsprechenden Symbole.

Symbolische Orte und Farben

Das Labyrinth von Chartres

Labyrinthe sind keine Irrgärten. Sie haben einen einzigen, verschlungenen Weg, der vom Startpunkt zum Ziel führt.
Das Labyrinth von Chartres befindet sich im Fußboden der Kathedrale von Chartres in Frankreich. Es ist ca. 800 Jahre alt. Es misst über 12 Meter im Durchmesser und der Weg zum Zentrum ist 261,50 Meter lang.

1. Betrachte in Ruhe das Labyrinth.
- ❖ **a) Was fällt dir auf?**
- ❖ **b) Fahre mit dem Finger langsam den Weg vom Eingang zur Mitte.**
- ❖ **c) Welche Besonderheiten weist dieser Weg auf?**
- ❖ **d) Wie viele Kreise gibt es?**
- ❖ **e) Wie oft ändert sich die Richtung des Weges?**

2. ❖ a) Schau jetzt noch einmal genauer hin. Nicht nur auf das Labyrinth, sondern auch auf dein Leben. Was, glaubst du, könnte das Labyrinth mit deinem Leben zu tun haben? Wofür könnte das Labyrinth ein Symbol sein?

b) Was könnten die Wendepunkte und Umwege bedeuten? Welche Ziele hast du? Worauf gehst du zu? Was ist deine Mitte? Wo könnte es auf deinem Lebensweg Wendepunkte und Umwege geben?

c) Fahre jetzt nochmals mit dem Finger langsam den Weg nach und denke über dein Leben und diese Fragen nach.

3. Man könnte das Labyrinth auch mit der Entwicklung des persönlichen Glaubens an Gott vergleichen. Was könnten dabei Wendepunkte und Umwege bedeuten? Was könnte das Ziel sein?

Die Lutherrose

Nachdem Martin Luther ein berühmter Mann geworden war, wählte er sich ein Familienwappen, in das er Dinge einzeichnen ließ, die ihm in seinem Leben wichtig waren. Sein Familienwappen nennt man auch „Lutherrose". Man findet es auf vielen Lutherbibeln.

Lutherbibel, S. 130

4. Beschreibt die Lutherrose. Was erkennt ihr darauf?

5. Versucht die symbolischen Bedeutungen der einzelnen Teile und der Farben zu erklären. Folgende Hinweise können euch dabei helfen:

Kreuz: Symbol für Jesus, der für uns gestorben ist.
Rose: Symbol für die Liebe.
Herz: Symbol für unser Fühlen und Denken.
Ring: Symbol für die Unendlichkeit.
Rot ist die Farbe der Liebe.
Weiß steht für Gott und für Engel.
Gold ist die Farbe der Könige und auch die Farbe Gottes.
Grün ist die Farbe der Hoffnung.
Blau ist die Farbe des Himmels. Der Himmel steht für das Reich Gottes.

6. Zu welchen Teilen der Lutherrose könnten folgende Erkenntnisse Luthers passen:

a) Jesus ist für uns gestorben.
b) Der Glaube an Jesus Christus steht im Zentrum meines Fühlens und Denkens.
c) Gott begleitet mich in meinem Leben und seine Engel beschützen mich.
d) Gott ist überall nahe. Ich habe die Hoffnung, nach dem Tod bei ihm im Himmel zu sein.
e) Gottes Liebe umgibt uns immer. Sie hat keinen Anfang und kein Ende.

Religiöse Spuren im Alltag

1. ❖ In der Werbung werden häufig religiöse Motive benutzt. Was könnt ihr auf den Fotos entdecken? Kennt ihr noch weitere Beispiele?
2. ❖ Auch in Songs, in Filmen oder in Computerspielen findet man immer wieder Beispiele, die mit Gott oder Religion zu tun haben. Was fällt euch dazu ein?
3. ❖ In unsere Alltagssprache sind viele Redewendungen aus der Bibel oder aus dem religiösen Bereich eingeflossen. Oft bemerken wir das überhaupt nicht mehr. Lies die folgende Reportage. Wo entdeckst du Redewendungen, die einen religiösen Bezug haben? Erkläre jeweils die Bedeutung.

Live aus dem Olympiastadion

Meine sehr verehrten Damen und Herren zu Hause an den Radiogeräten. Wir melden uns live aus dem Berliner Olympiastadion zum diesjährigen DFB-Pokal-Endspiel. Vor wenigen Minuten haben die Spieler des FC Bayern München und Borussia Dortmund den heiligen Rasen des Berliner Fußballtempels betreten. Mats Hummels wurde von einigen Dortmunder Ultra-Gruppierungen mit „Judas! Judas!"-Sprechchören begrüßt, anscheinend haben ihm immer noch nicht alle den Wechsel von Dortmund nach München verziehen. Aber ansonsten war die Atmosphäre in der Stadt bis jetzt entspannt – Gottseidank. Schon den ganzen Tag sah man die Fans beider Lager in ihren Kutten und Fanklamotten friedlich durch die Straßen von Berlin pilgern – ein schönes Bild! Doch nun ist es gleich so weit. Gerade singen die Fans gemeinsam den Choral aller Fußballfans: „You'll never walk alone". Hören Sie kurz rein.

__32. Minute.__ Shinji Kagawa, der kleine Japaner, genial freigespielt von Mario Götze, läuft allein auf Manuel Neuer zu. Neuer kommt heraus, macht sich ganz groß, ein Duell zwischen David und Goliath, und der kleine Shinji spielt Neuer den Ball durch die Beine: 1:0 für den BVB. Jupp Heynckes, der Bayern-Trainer, steht bewegungslos, wie zur Salzsäule erstarrt, an der Seitenlinie.

__38. Minute.__ Mario Götze macht bis jetzt ein super Spiel, wahrscheinlich das beste, seit er wieder in Dortmund ist. Nicht alle waren ja über die Rückholaktion des verlorenen Sohnes aus München begeistert. Aber spätestens mit diesem Spiel heute wird er auch die letzten seiner Kritiker überzeugt haben.

Halbzeit in Berlin. Die Bayern blieben bis jetzt unter ihren Möglichkeiten, hatten keinen einzigen Torschuss zu verzeichnen. Das 1:0 für Dortmund ist verdient.

Vor wenigen Minuten wurde die zweite Halbzeit angepfiffen. Die Bayern spielen wie ausgewechselt. Sie stehen hoch in der Dortmunder Hälfte und spielen jetzt ein aggressives Forechecking. Das 1:1 liegt in der Luft. Die Kabinenpredigt ihres Trainers scheint gewirkt zu haben.

__60. Minute.__ Bayern macht weiter das Spiel. Die Dortmunder können sich beim Fußballgott bedanken, dass es immer noch 1:0 steht. Eigentlich müssten die Bayern schon 5:1 führen, so viele hundertprozentige Chancen wie sie hatten. Aber das erlösende Tor will einfach nicht fallen. Und eben wechselt Bayern zum ersten Mal aus. Xabi Alonso, der Münchner Methusalem, verlässt den Platz, für ihn kommt Martinez.

__72. Minute.__ Ein böses Foul von Martinez an Marco Reus. Der Dortmunder Mittelstürmer wälzt sich auf dem Boden, Betreuer sind auf dem Platz. Oje, oje, oje, das sieht schlecht aus. Es wäre ein Wunder, wenn er weiterspielen könnte. Eben überbringt ein Betreuer dem Dortmunder Trainer die Hiobsbotschaft und dieser ruft sofort Alexander Isak zu sich. Der 17-jährige Schwede, der Benjamin in der Dortmunder Mannschaft, wird neu ins Spiel kommen.

__77. Minute.__ Das Spiel ist unterbrochen. Ein Flitzer im Adamskostüm war auf das Spielfeld gestürmt, wird aber sofort von den herbeieilenden Ordnern überwältigt und vom Platz geführt.

__80. Minute.__ Der Dortmunder Trainer gestikuliert wild, er rudert mit den Armen, zeigt immer wieder komplizierte Laufwege. Aber ob die Dortmunder Spieler das alles so umsetzen können, da habe ich so meine Zweifel. Der Geist ist willig, aber das Fleisch scheint schwach zu sein.

__94. Minute__. Die vier Minuten Nachspielzeit sind zu Ende und eben pfeift Felix Brych das Spiel ab. Es ist vollbracht! Die Borussen liegen sich in den Armen. Der DFB- Pokalsieger heißt Borussia Dortmund.

Wissen und Können

Das weiß ich

- Ein Symbol ist ein Zeichen mit einer tieferen Bedeutung. Nur wer diese tiefere Bedeutung kennt, weiß, wofür das Symbol steht. So ist die Rose zum Beispiel ein Symbol für die Liebe oder das Kreuz ein Symbol für das Christentum. Wer diese tiefere Bedeutung nicht kennt, für den ist es nur das, was er mit seinen Augen sieht: eine rote Blume oder zwei im rechten Winkel übereinanderliegende Holzbalken.
- Symbole sagen mehr als Worte. Da es in der Religion und im Glauben immer wieder Dinge gibt, die nur schwer in Worte zu fassen sind, findet man in den Religionen und auch im Christentum viele solcher Symbole. Symbole können Gegenstände sein, wie zum Beispiel Brot und Wein, oder auch Handlungen, wie zum Beispiel der Segen oder die Taufe.
- Kirchen sind Orte des Glaubens. Daher kann man gerade in Kirchen, innen und außen, ganz unterschiedliche Symbole entdecken, die alle auf den christlichen Glauben hinweisen. Allerdings sind diese heute nicht immer leicht zu verstehen, weil das Wissen über sie langsam verloren geht.
- Auf vielen Luther-Bibeln findet man ein ganz bestimmtes Zeichen: die Lutherrose. Dieses Zeichen, das ursprünglich sein Familienwappen war, wurde von Luther selbst ausgewählt. In der Lutherrose sind symbolisch die wichtigsten Merkmale von Luthers Theologie umgesetzt.
- Überall in unserem Alltag kann man religiöse Spuren entdecken, z. B. in der Werbung, in Filmen, in Songs oder in Computerspielen. Auch viele bekannte Sprichwörter, Weisheiten und Redewendungen, die wir noch heute benutzen, stammen aus der Bibel. Allerdings kann dies nur jemand erkennen, der sich in seiner Religion und in der Bibel ein bisschen auskennt.

Das kann ich

A) Symbol

Zwei Freunde im alten Griechenland nehmen Abschied voneinander. Sie wissen, sie werden sich lange nicht sehen. Sie nehmen eine kleine Tonscheibe und brechen sie in zwei Stücke. Jeder nimmt eine Hälfte, bohrt ein kleines Loch hindurch und hängt sich das Tonstückchen an einem Lederbändchen um den Hals. Sie wissen: Auf der ganzen Welt gibt es nur das eine Gegenstück zu jeder Hälfte. Während ihrer Trennung nehmen beide oft ihre Hälfte in die Hand und denken an den anderen.
Einmal sagt ein Mann zu einem der beiden Freunde: „Was trägst du denn für eine billige Tonscherbe um deinen Hals? Kannst du dir nichts Besseres leisten?“

1. Erkläre mit Hilfe dieser Geschichte, was ein Symbol ist.

B) Verschiedene Symbole

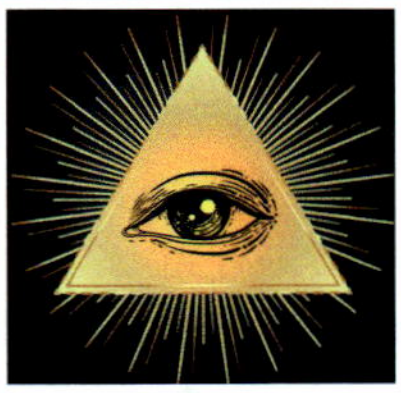

1. Wähle zwei Symbole aus und erkläre sie jeweils.

C) Christliche Symbole

Es gibt jeweils mehrere Symbole für
a) Gott
b) Jesus
c) den Heiligen Geist
d) das Christentum

1. Zeichne für zwei dieser vier Bereiche ein Symbol und erkläre seine Bedeutung.

D) Lutherrose

1. Erkläre die Lutherrose.

E) Religion im Alltag

1. Immer wieder greift man in der Werbung auf religiöse Motive zurück. Erkläre das am nebenstehenden Beispiel.

Schluss-Check

Überlegt gemeinsam:
- *Das war (mir) wichtig in diesem Kapitel: …*
- *Das sollte man sich merken: …*
- *Gibt es etwas, das noch geklärt werden muss?*

SPEICHERN

Methoden-Kiste

Bei der Arbeit mit eurem Reli-Buch stoßt ihr immer wieder auf Methoden, die nicht näher erklärt werden. Diese Methoden-Kiste fasst die wichtigsten zusammen und erläutert sie genauer. So könnt ihr auch über die gegebenen Hinweise im Buch hinaus selbstständig immer wieder in die Methoden-Kiste greifen und auch andere Themen mit ihnen bearbeiten.
Die hier vorgestellten Methoden bilden nur eine Auswahl. Genial ist es, wenn ihr selbst immer wieder überlegt, wie ihr euch die Themen kreativ aneignen könnt, sodass es besser „hängen bleibt" und auch noch Spaß macht!

ABC-Methode

Die ABC-Methode hilft dir, zu einem Thema viele Begriffe zu finden und das Thema so besser zu verstehen.
Schreibe alle Buchstaben des Alphabets untereinander. Versuche nun zu möglichst vielen Buchstaben einen passenden Begriff oder einen kleinen Satz zu finden, der zu dem vorgegebenen Thema passt.
Vergleicht anschließend eure Ergebnisse.

Beispiel: Thema Freundinnen und Freunde

A llerbeste Freundin
B loß kein Streit
C lique
D

K
Al L einsein ist nicht so schön
soll Gehei M nisse nicht weitererzählen
Inter N etfreunde
O

Assoziationen sammeln

Eine Assoziation ist eine gedankliche Verknüpfung. Woran denkt man, wenn man z.B. das Wort Lebensweg / Liebe / Prophet … hört?
Zunächst wird ein Begriff vorgegeben. Danach kann jeder sagen, was ihm zu diesem Begriff durch den Kopf geht.
Durch das Zusammentragen dieser Assoziationen bekommt man einen ersten Eindruck, was sich alles hinter dem erfragten Begriff verbergen kann.

Bildbetrachtung

Wenn du Bilder, vor allem schöne Kunstbilder, besser verstehen willst, musst du sie genau betrachten und dich näher mit ihnen beschäftigen.
Folgende Schritte und Fragen können dir dabei helfen:

1. Schritt: Sieh dir das Bild in Ruhe an. Nimm dir Zeit dafür und rede nicht dabei.

2. Schritt: Beschreibe, was du auf dem Bild alles entdeckst. Formuliere für jede Entdeckung einen Satz: „Ich sehe …".

3. Schritt: Untersuche das Bild nun genauer:
- Welche Personen siehst du?
- In welcher Beziehung stehen sie zueinander?
- Beschreibe Aussehen, Kleidung, Körpersprache, Gesichtsausdruck, Handlungen …
- Welche Gegenstände sind auf dem Bild? Sind Tiere und Pflanzen zu finden?
- Was erscheint dir auf dem Bild komisch?

4. Schritt: Untersuche, wie das Bild gestaltet wurde.
- Mit welchen Mitteln hat der Künstler gearbeitet?
- Wie ist das Bild aufgebaut?
- Wo befindet sich das Zentrum?
- Was steht im Vordergrund, was im Hintergrund?
- Sind die Proportionen der dargestellten Personen oder Gegenstände realistisch oder „verschoben"?
- Welche Farben werden vorwiegend verwendet? Woher kommt das Licht?
- Wie sind Hell und Dunkel, Licht und Schatten verteilt?

5. Schritt: Es geht nun um deine persönliche Meinung zu dem Bild.
- Wie wirkt das Bild auf dich?
- Was gefällt dir gut an dem Bild, was nicht so gut? Warum?
- Was würdest du gerne verändern?
- Suche einen Namen für das Bild.

Bilddialog

Ein Bilddialog vertieft eine Bildbetrachtung, indem man Personen auf einem Bild zum Sprechen bringt.

1. Suche dir zwei Personen auf einem Bild aus, die etwas zueinander sagen könnten.
2. Betrachte diese Personen genauer: Was sagt ihre Körperhaltung, ihre Blickrichtung aus? In welcher Beziehung könnten sie zu anderen Personen stehen?
3. Verfasse einen kurzen Dialog, den diese beiden Personen sprechen könnten und in den deine Einschätzung der Personen einfließt.
4. Lest eure Dialoge in der Klasse mit verteilten Rollen vor.

Bildmeditation

Bei dieser Methode geht es um ein „inneres Gespräch“ zwischen dir und dem Bild, bei dem du herausfinden kannst, ob das Bild dir etwas zu sagen hat.

- Betrachte das Bild in Ruhe. Nimm dir ca. drei Minuten Zeit zum Nachdenken und zur Besinnung. Dabei kann leise Meditationsmusik deinen Gedankenfluss unterstützen.
- Betrachte das Bild genau. Achte darauf, was in dir vorgeht.
- Welche Empfindungen löst das Bild in dir aus? Welche Ereignisse oder Geschichten verbindest du mit diesem Bild?
- Was könnte das Bild mit dir zu tun haben?
- Was könnte das Bild mit Gott zu tun haben?
- Lege das Bild jetzt weg und versuche es aus dem Gedächtnis nachzumalen. Schaue das Original nicht mehr an.
- Vergleiche dein Bild mit dem Original. Was fällt dir auf?

Blitzlicht

Bei dieser Methode werden Stimmungen oder Meinungen zu einem bestimmten Thema in einer Momentaufnahme („Blitzlicht“) festgehalten. Reihum erhält jeder Schüler, aber auch die Lehrkraft, die Möglichkeit, kurz, d.h. in nur einem Satz oder Wort, die eigene Stimmung oder Meinung wiederzugeben. Die einzelnen Äußerungen dürfen nicht von anderen kommentiert werden.

Brainstorming

Brainstorming heißt wörtlich übersetzt „Gehirnstürmen“ und ist eine sehr bekannte Kreativitätsmethode. Dabei werden kommentarlos und ohne Wertung spontane Einfälle zu einer Fragestellung oder zu einem Problem gesammelt und aufgeschrieben. Jede Idee zählt dabei gleich viel.

1. Das Problem oder die Frage, zu der Einfälle gesammelt werden sollen, wird klar benannt.
2. Es wird eine zeitliche Begrenzung festgelegt (5 – 10 Minuten).
3. Jeder kann alle Gedanken, Ideen oder Vorschläge zu dem Thema äußern, die ihm spontan einfallen.
   Ein Moderator hält die Ideen an der Tafel oder an einer Wandzeitung fest.
4. Es darf keine Bewertung oder Kritik zu vorgetragenen Ideen geäußert werden.
5. Nach Ende der vorgegebenen Zeit können die Ideen gesichtet, geordnet, diskutiert und weiter bearbeitet werden.

Diskussion

Wenn ihr strittige Fragen und Meinungen in einem Gespräch klären wollt, sollte jeder von euch folgende Regeln einhalten:

1. Höre deinen Mitschülern gut zu.
2. Falle ihnen nicht ins Wort. Lasse sie ausreden.
3. Gehe auf die Gedanken deiner Mitschülerinnen und Mitschüler ein. Greife etwas auf, das sie gesagt haben.
4. Drücke dich selbst knapp und so klar wie möglich aus.

Gefühlskurve

In einer Gefühlskurve kann man darstellen, wie sich die Gefühle von Menschen verändern. Man kann die Höhen und Tiefen der Gefühlswelt einer Person im Blick auf bestimmte Ereignisse deutlich machen.

1. Lies die Geschichte oder den Text genau durch. Beschreibe in Stichworten die Gefühle einer oder mehrerer Personen.
2. Erstelle ein Koordinatensystem. An der senkrechten Achse können die Gefühle auf einer Skala von 0 bis 10 dargestellt werden (10 steht für „himmelhochjauchzend“, 0 für den „absoluten Nullpunkt“, 5 ist normale Gefühlslage). An der waagrechten Achse sieht man den Verlauf bzw. die einzelnen Abschnitte der Geschichte.
3. Wähle für jede Person eine Farbe aus und zeichne eine Gefühlskurve, an der man erkennen kann, wie sich die Gefühle dieser Person im Lauf der Geschichte verändern.
4. Wenn du willst, kannst du die Linie auch noch mit den entsprechenden Gefühlen beschriften.
5. Vergleicht eure Ergebnisse in der Klasse und diskutiert, warum sich die Gefühle verändert haben.

Internet-Recherche

Um Informationen aus dem Internet zu einem bestimmten Thema zu bekommen, geht man am besten so vor:

Gebt einen Suchbegriff in eine Suchmaschine (google, duckduckgo u.a.) ein, z.B. den Begriff „ Amos“. Jetzt erhaltet ihr eine Trefferliste zu diesem Stichwort.
Oft erhält man mehr Informationen, als man benötigt. Dann muss man die Suche eingrenzen, z.B. „Prophet Amos“.
Bei der Auswahl der Ergebnisse könnt ihr zwischen mehreren Medienarten auswählen: Text, Bild, Video usw.

Da jeder Informationen ins Internet stellen kann, können diese Informationen auch fehlerhaft oder unvollständig sein. Vergleicht daher die verschiedenen Informationsquellen und entscheidet erst dann, welche Informationen ihr verwenden wollt. Seiten, die von einem Lexikon, einem Verlag oder einer bekannten Organisation wie den Kirchen bereitgestellt werden, kann man eher vertrauen als Seiten von Privatpersonen. Fasst dann eure Ergebnisse in eigenen Worten zusammen. Gebt zu jedem Text und zu jedem Bild immer die Quelle und euer Lesedatum an, z.B. http://www.ekd.de/Amos, 20.10.2018.

Ja-Nein-Linie

Eine Ja-/Nein-Frage kann man nicht nur mit Worten beantworten. Man kann auch Stellung dazu beziehen, indem man sich im Raum aufstellt.
Zu Beginn wird festgelegt, zum Beispiel mit Klebeband oder Seil, welche Seite des Klassenzimmers „Ja“, also Zustimmung bedeutet. Die gegenüberliegende Seite bedeutet „Nein“ und damit Ablehnung. Die Mittellinie bedeutet Unentschieden oder Enthaltung. Je näher man sich dieser Linie stellt, desto schwächer ist das Ja oder das Nein.

Nun werden Fragen gestellt, die mit Ja oder Nein beantwortet werden können, zum Beispiel: Hat Jesus Wunder getan? Soll man seinen Sitznachbarn bei einer Klassenarbeit abschreiben lassen? Bei jeder Frage verteilt ihr euch neu im Raum und nehmt euren „Standpunkt“ ein. Wenn ihr zustimmt, platziert ihr euch auf der Ja-Seite. Die „Nein“-Sager sind entsprechend auf der gegenüberliegenden Seite, die „Unentschiedenen“ in der Mitte. So wird das Meinungsbild in der Klasse schnell offensichtlich. Wer will, kann seine Position begründen.

Karikaturen interpretieren

Karikaturen sind Zeichnungen, die einen Sachverhalt zugespitzt und übertrieben darstellen. Damit man eine Karikatur versteht, muss diese interpretiert und „übersetzt“ werden:

Beschreibe die Karikatur möglichst genau.

Deute die Aussage der Karikatur:
- Um welches Thema geht es?
- Werden Symbole verwendet? Was bedeuten diese?
- Auf welches Problem will der Zeichner hinweisen?
- Welche Meinung hat der Zeichner?

Beurteile die Aussage der Karikatur:
- Was ist deine Meinung zu dem dargestellten Thema?
- Was ist deine Meinung zu der Ansicht des Zeichners?

Lerntempo-Duett

Diese Methode ermöglicht es dir, nach deinem eigenen Tempo zu arbeiten und mit einem Partner oder einer Partnerin zusammenzuarbeiten.

1. Bearbeite zunächst eine Aufgabe in Einzelarbeit.
2. Wenn du fertig bist, stehst du auf oder gehst zu einer „Haltestelle" im Klassenzimmer. Du wartest, bis ein anderer Schüler oder eine andere Schülerin ebenfalls aufsteht oder zur „Haltestelle" kommt.
3. Vergleiche mit diesem Partner die Ergebnisse und gehe anschließend wieder auf deinen Platz zurück.

Mindmap

Eine Mindmap ist eine Gedankenlandkarte. Mit ihrer Hilfe kann man Zusammenhänge sichtbar machen. Man geht von einem zentralen Begriff aus und verfeinert diesen nach und nach durch weitere Einfälle. Mindmaps helfen bei der Gliederung komplizierter Themen.

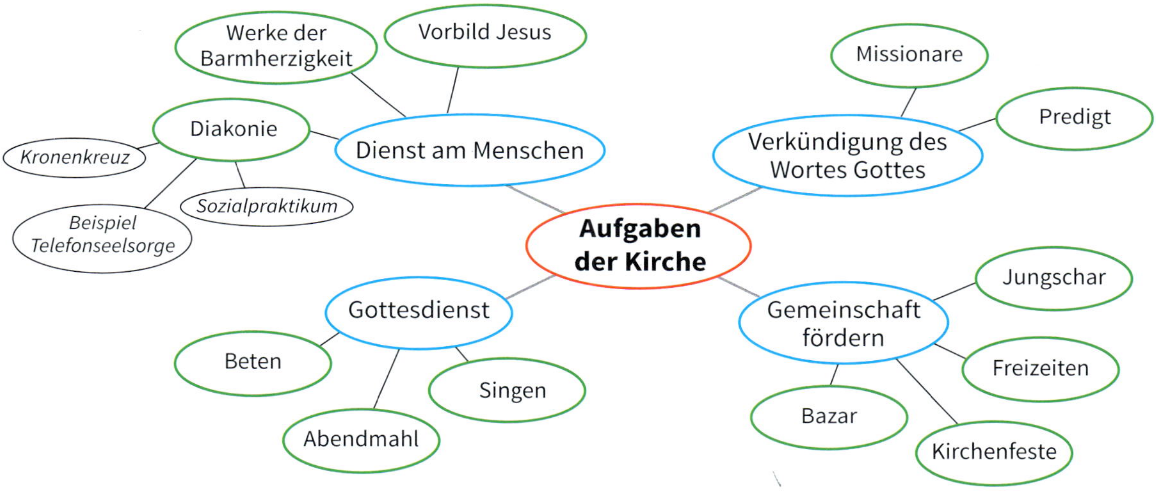

Pozek-Schlüssel

Mit dem Pozek-Schlüssel kannst du einen Bibeltext besser verstehen.
Folgende Fragen helfen dir dabei:

P erson: Wer handelt oder redet hier?
O rt: Wo geschieht das Ereignis?
Z eit: Wann geschieht es? (Tageszeit, Jahreszeit, an welchem Zeitpunkt im Leben der beteiligten Personen)
E reignis: Was geschieht hier eigentlich? Was spielt sich ab? Was ist das Besondere an diesem Ereignis?
K ern: Was sagt der Text mir persönlich? Welche Aussage, welche Botschaft ist mir besonders wichtig?

Pro und Kontra

Phase 1: Sammeln von Pro- und Kontra-Argumenten

Es gibt viele Themen, zu denen es unterschiedliche Meinungen gibt.
Um möglichst viele verschiedene Argumente und Begründungen kennenzulernen, könnt ihr zunächst die Meinungen in zwei Gruppen unterteilen:
In der Pro-Gruppe sammelt ihr alles, was für eine Aussage spricht, und in der Kontra-Gruppe sammelt ihr alles, was gegen eine Aussage spricht.

Phase 2: Diskussion

Jetzt bildet ihr in der Klasse zwei Gruppen: Eine Gruppe, die Pro-Gruppe, vertritt die Pro-Seite, d.h. sie spricht für die Sache oder das Thema. Die andere Gruppe vertritt die „Kontra-Seite“, d.h. sie argumentiert dagegen.
Ein Moderator leitet das Gespräch.

Rollenspiel

Mit einem Rollenspiel könnt ihr euch in die Rolle einer anderen Person hineinversetzen. Beim Spielen lernt ihr nachzuempfinden, wie sich diese Person fühlt. Außerdem könnt ihr im Spiel ein bestimmtes Verhalten ausprobieren, das euch in einem echten Konflikt helfen kann. Wenn ihr die Rollen wechselt, erlebt ihr die Situation vielleicht anders. Das bedeutet aber auch, dass im Rollenspiel nicht einfach etwas nachgespielt wird. Rollenspiele sind offen und verlangen eine *eigene kreative Gestaltung*. So kann man eine Geschichte oder Bibelstelle weiterspielen. Man kann auch Menschen, die aus verschiedenen Zeiten stammen, in einem Rollenspiel zusammentreffen lassen. Manchmal kann ein Kleidungsstück oder eine Verkleidung hilfreich sein.

Beispiele:

- Mose erzählt seiner Frau von seinem Erlebnis am Dornbusch und vom Auftrag Gottes ...
- Sofia ist von ihrer besten Freundin Amelie enttäuscht, weil diese ein Geheimnis weitererzählt hat. Sofia stellt Amelie zur Rede ...
- Max trifft Martin Luther an der Kirchentür mit Nägeln und einem Hammer. Er fragt ihn, was er vorhat.

Schreibgespräch

Nicht alles muss gesagt werden. Das Schreibgespräch bietet die Möglichkeit, in einer Atmosphäre der Ruhe in einen Austausch zu treten.
Ihr bildet Gruppen mit drei bis fünf Teilnehmern und legt ein großes Blatt in die Mitte. Ihr könnt das Schreibgespräch zu einem Stichwort, einer Frage, einem Bild oder zu einer interessanten Aussage führen. Nacheinander schreibt ihr eure Meinung zu dem Gegenstand des Schreibgesprächs auf das Blatt. Es hilft, wenn ihr eure Aussagen als Ich-Aussagen formuliert, also „Ich finde ...“, „Ich denke ...“.
In der Folge könnt ihr euren eigenen Text oder den der anderen ergänzen und kommentieren. Achtet dabei darauf, mit der Meinung der anderen sorgsam umzugehen. Ziel ist es, ein möglichst umfassendes Bild von dem Gegenstand des Schreibgesprächs zu bekommen.

Folgende Regeln gelten:

- Es wird nicht gesprochen: Alles, was mitgeteilt werden muss, wird schriftlich und schweigend ausgeführt.
- Das Thema wird groß in die Mitte eines Blattes geschrieben.
- Wer einen Gedanken dazu zu Papier bringen will, schreibt ihn auf das Blatt.
- Es können gleichzeitig mehrere Personen schreiben. Es liegen 3 – 4 (oder jeder/jede hat eine eigene Farbe) Filzstifte bereit.
- Es gibt viele Möglichkeiten, sich auszudrücken: Alle Beteiligten sind frei, was sie schreiben oder mitteilen möchten. Man kann einen Satz oder ein einzelnes Wort schreiben, man kann unterstreichen oder zeichnen.
- Durch Ergänzungen, Anmerkungen, Pfeile, Einkreisungen, Verbindungslinien, Fragezeichen oder Ausrufezeichen kann man auf andere eingehen.
  Die einzige Regel: Man streicht nichts durch. Entscheidend bleibt, dass während des ganzen Schreibgesprächs nicht gesprochen werden darf. Meditative Musik im Hintergrund kann hilfreich sein.

Standbild

Ein Standbild ist eine mit Körpern von Personen gestaltete Darstellung. Beim Standbild geht es darum, sichtbar zu machen, was in Menschen vorgeht.

Variante 1

Das Standbild wird in Partner- oder Kleingruppenarbeit entwickelt. Ein „Bildhauer“ modelliert zu einem Thema ein Bild. Sein „Werkstoff“ sind Mitschüler, die er bittet, sich in einer bestimmten Art und Weise aufzustellen. So kann der Bildhauer die Mitschüler bestimmte Körperhaltungen einnehmen lassen. Er kann die einzelnen Personen zueinander gruppieren und damit ihre Beziehungen oder Einstellungen verdeutlichen. Die Mitschülerinnen und Mitschüler bleiben in der Körperhaltung, die ihnen der Baumeister gibt, „eingefroren“ eine Minute stehen.

Variante 2
Die Schülerinnen und Schüler entscheiden selbst, jeder für sich, wie eine Person oder ein Sachverhalt dargestellt wird, und stellen sie mit ihrem eigenen Körper dar.

Bei beiden Varianten kommentieren die nichtbeteiligten Schülerinnen und Schüler anschließend das Standbild.

Textmeditation

Lies dir den Text langsam und in Ruhe durch.
Lies ihn laut.

„Höre" in den Text hinein. Was gefällt *dir* an dem Text, was stört *dich*?
Beziehe den Text auf dich. Was hat der Text mit *dir* zu tun? Was sagt *dir* der Text?
Welche Erfahrungen verbindest *du* mit dem Text? Welche Gedanken, welche Bilder löst der Text in *deinem* Kopf aus? Welche Ereignisse oder Geschichten verbindest *du* mit diesem Text?

Was könnte der Text mit Gott zu tun haben?

Reli-Lexikon

A

Abendmahl
Als Jesus kurz vor seinem Tod zum letzten Mal mit seinen Jüngern das Passamahl aß, gab er dem Brot und dem Wein einen neuen Sinn: Immer wenn die Jünger davon essen und an Jesus denken, ist er selbst dabei anwesend. Deshalb feiern Christen bis heute regelmäßig das Abendmahl. Sie glauben, dass Jesus anwesend ist, wenn sie das Brot brechen und den Wein teilen, und bitten um die Vergebung der Sünden.

Abraham
Nach jüdischem Glauben verließ Abraham mit seiner Familie im Vertrauen auf Gott seine Heimat. Unter der Führung Gottes siedelten sie sich im Land Kanaan an. Aus Abrahams Familie entstand das Volk Israel.
Abraham gilt für Juden, Christen und Muslime als Stammvater des Glaubens.

Altes Testament (abgekürzt AT)
Die Bücher des AT sind die heilige Schrift der Juden und bilden auch den größten Teil der christlichen Bibel. Im AT stehen die Geschichten von der Erschaffung der Welt und von den Erfahrungen, die das Volk Israel mit Gott gemacht hat.

Apostel
Ein Apostel ist jemand, der von Jesus direkt als „Gesandter“ beauftragt worden ist.
In der Bibel steht, dass Jesus selbst zwölf Jünger erwählt hat und diese dann als Apostel einsetzte. Darüber hinaus werden noch weitere Apostel genannt.

B

Baal
Baal ist der altorientalische Regen- und Fruchtbarkeitsgott, der in Kanaan vor der Einwanderung der Israeliten verehrt wurde. Auch später war der Baalskult für die Israeliten immer wieder attraktiv. Das haben die Propheten aufs Schärfste kritisiert: Der Gott Israels ist der einzige, den man verehren darf.

Bergpredigt
Diese berühmte Rede von Jesus steht im Matthäusevangelium, Kapitel 5 – 7. Matthäus hat diese Rede aus wichtigen Jesus-Worten zusammengestellt. In der Bergpredigt finden sich einige der wichtigsten Bibeltexte des Neuen Testaments: die Seligpreisungen, das Gebot der Nächsten- und Feindesliebe, die goldene Regel, das Vaterunser und vieles mehr.

Bibel
Die Bibel ist das heilige Buch der Christen. Die Bibel besteht aus zwei großen Teilen, dem Alten Testament (AT) und dem Neuen Testament (NT). Das AT erzählt die Geschichten von Gott und dem Volk Israel. Im NT stehen die Geschichten von Jesus und den ersten christlichen Gemeinden.

Bonifatius
Bonifatius, der eigentlich Winfried hieß, wurde 675 in England geboren. Bonifatius war Missionar, Klostergründer und Bischof. Aufgrund seiner umfangreichen Missionarstätigkeit im damals überwiegend heidnischen Germanien wird er seit dem 16. Jahrhundert als „Apostel der Deutschen“ verehrt.

Bund Gottes mit seinem Volk Israel
Gott schließt auf dem Berg Sinai einen Bund, d.h. einen Vertrag mit dem Volk Israel. Gott gibt dem Volk Israel die Zehn Gebote und verspricht: Ich will immer für euch da sein und ihr sollt mein Volk sein. Dafür sollt ihr meine Gebote einhalten.

C

Christus
Das griechische Wort Christus und das hebräische Wort Messias heißen übersetzt „der Gesalbte“. Als Gesalbten bezeichnete man einen Retter, den Gott schickt, um die Welt zum Guten zu verändern und dem Volk Israel Frieden und Heil zu bringen. Die Menschen gaben Jesus die Beinamen Christus und Messias, um seine ganz besondere Nähe zu Gott auszudrücken.

D

Diakonie
Das Wort „Diakonie“ kommt aus dem Griechischen und bedeutet „Dienst“. Zur christlichen Nächstenliebe gehört es, anderen Menschen zu helfen und ihnen beizustehen. Daher ist Diakonie eine wichtige Aufgabe der Kirche. In der evangelischen Kirche gibt es das „Diakonische Werk“, in dem die unterschiedlichsten Hilfsangebote organisiert sind.

Doppelgebot der Liebe
Als Jesus gefragt wurde, was das wichtigste Gebot sei, antwortete er mit dem Doppelgebot der Liebe (Mt 22,37-39): 1. Man soll Gott über alles lieben. 2. Man soll seine Mitmenschen lieben wie sich selbst.

E

evangelisch
Evangelisch kommt von dem Wort Evangelium. Die evangelische Kirche heißt so, weil für sie das Evangelium, d.h. die frohe Botschaft, die Jesus verkündet hat, am wichtigsten ist.

Evangelium
Der Begriff Evangelium kommt aus dem Griechischen und bedeutet „frohe Botschaft“. Damit ist die Botschaft von Jesus gemeint, dass Gott die Menschen liebt und ihnen ihre Fehler vergibt, wenn sie an ihn glauben.

In der Bibel gibt es vier Bücher, in denen die Geschichten von Jesus erzählt werden. Jedes dieser Bücher nennt man Evangelium. Die Schreiber dieser Evangelien nennt man Evangelisten. Die vier Evangelisten heißen: Matthäus, Markus, Lukas und Johannes.

G

Gethsemane
Gethsemane ist der Ort in Jerusalem am Fuße des Ölbergs, an dem Jesus in der Nacht vor seiner Kreuzigung betete und wo er verhaftet wurde. Weil hier schon in biblischen Zeiten viele Olivenbäume wuchsen, spricht man auch vom Garten Gethsemane.

Gleichnis
Jesus erzählt oft Gleichnisse. Gleichnisse sind kurze Vergleichserzählungen mit Situationen, die die Menschen damals gut kannten, z.B. Geschichten von Bauern, Hirten oder auch Königen. Jesus will mit seinen Gleichnissen zum Nachdenken, Umdenken und Handeln auffordern. Darum muss man bei einem Gleichnis immer genau überlegen, was Jesus eigentlich damit sagen will.

Goldene Regel
Die goldene Regel ist ein alter und weit verbreiteter Grundsatz. Jesus formulierte es so: Behandle andere Menschen so, wie du von ihnen behandelt werden willst (Matthäus 7,12).

H

Hebräer
Alte Bezeichnung für das jüdische Volk bzw. Angehörige davon. Später nannten sie sich Israeliten – nach ihrem Stammvater Jakob, der von Gott den Beinamen Israel bekam.

Heiliger Geist
Der Heilige Geist ist neben Gott dem Vater und dem Sohn die dritte Person der Dreieinigkeit. Er bewirkt, dass Menschen Christen werden. Er verändert und tröstet sie. Pfingsten ist das Fest des Heiligen

Geistes. Seither begleitet er die christliche Gemeinde, d.h. die Kirche. Symbol des Heiligen Geistes sind die Taube und Feuerflammen.

Hohepriester

Der Hohepriester war das Oberhaupt der Priester im Jerusalemer Tempel. Zur Zeit Jesu hieß der Hohepriester Kaiphas. Kaiphas war mitverantwortlich, dass Jesus verurteilt wurde.

Hoher Rat

Der Hohe Rat war das oberste religiöse, gerichtliche und politische Gremium im Judentum während der Zeit der römischen Besatzung. Er bestand aus dem Hohepriester sowie Vertretern der Pharisäer und der Oberschicht.

I

Ikone

Das Wort kommt aus dem Griechischen und bedeutet Bild. Ikonen sind Bilder von Jesus, Maria und anderen Heiligen. Besonders in der orthodoxen Kirche werden Ikonen sehr verehrt. Orthodoxe Christen glauben, dass diese Personen durch ihr Bild im Gottesdienst selbst anwesend sind.

J

Jerusalem

Jerusalem ist für Juden, Christen und Muslime eine heilige Stadt. Für Juden ist die Klagemauer, der Überrest des Tempels, der wichtigste Ort ihres Glaubens. Christen denken an den Tod und die Auferstehung von Jesus. Für Muslime ist es der Ort, an dem Mohammed mit einer Leiter in den Himmel aufstieg. Der Felsendom und die Al-Aksa-Moschee gehören zu ihren wichtigsten Heiligtümern.

Jünger

Die Anhänger von Jesus werden auch Jünger genannt. Das ist im Sinne von „Schüler“ gemeint. Die Jünger zogen zum Teil jahrelang mit Jesus durch das Land, haben viel von ihm gelernt und standen ihm sehr nahe. Unter den Anhängern von Jesus waren auch viele Frauen.

K

katholisch

Das Wort katholisch bedeutet ursprünglich „die ganze Erde umspannend“. Als Bezeichnung für die Kirchen sagt das Wort aus, dass die Botschaft der Kirche alle Menschen der Erde betrifft. Meist wird es jedoch als Abkürzung für die römisch-katholische Konfession gebraucht.

Konfession

Konfession kommt aus dem Lateinischen und heißt Bekenntnis. Eine Konfession ist eine Untergruppe innerhalb einer Religion. Im Christentum gibt es die evangelische und die katholische Konfession, aber auch noch viele andere wie die orthodoxen Konfessionen.

L

Luther, Martin

Der Mönch Martin Luther war unzufrieden mit der katholischen Kirche. Seiner Meinung nach kümmerte sie sich zu sehr um Reichtum und Macht statt um die Verkündigung des Evangeliums und das Heil der Menschen. Er forderte eine Reformation, d.h. eine Erneuerung der Kirche. Doch der Papst und die Bischöfe wollten diese Veränderungen nicht. Es gab heftige Auseinandersetzungen, und Martin Luther wurde aus der katholischen Kirche ausgeschlossen. Seine Anhänger folgten Martin Luther, einige Fürsten unterstützten ihn, und so entstand die evangelische Kirche.
Martin Luther hat die Bibel ins Deutsche übersetzt. Diese Übersetzung wird bis heute gelesen.

M

Messias

Das hebräische Wort Messias und das griechische Wort Christus bedeuten „der Gesalbte“. Als Gesalbten bezeichnet man einen Retter, den Gott schickt, um die

Welt zum Guten zu verändern und dem Volk Israel Frieden und Heil zu bringen. Die Menschen gaben Jesus die Beinamen Christus und Messias, um seine ganz besondere Nähe zu Gott auszudrücken.

Mose
In der Bibel gibt es im Alten Testament fünf Bücher Mose, die von seinem Leben und seinen Erfahrungen mit Gott und dem Volk Israel erzählen. Mose führte das Volk Israel in Gottes Auftrag aus der Sklaverei in Ägypten durch die Wüste in das Land Kanaan, das Gott schon Abraham versprochen hatte. Am Berg Sinai empfing Mose von Gott zwei Steintafeln mit den Zehn Geboten.

N

Neues Testament
Das Neue Testament enthält Schriften, die durch und nach Jesus entstanden sind. Dazu gehören die vier Evangelien und viele Briefe an die ersten christlichen Gemeinden, vor allem von Paulus. Gemeinsam mit dem Alten Testament bildet es die Bibel.

O

Ökumene
Ökumene bedeutet die Einheit der Christen. Man benutzt diesen Begriff, um das Gemeinsame der verschiedenen christlichen Kirchen zu betonen.

Ostern
Ostern ist das Fest zur Erinnerung an die Auferstehung Jesu von den Toten.

P

Passionszeit
Die Passionszeit beginnt am Aschermittwoch und endet am Samstag vor Ostern. Passion heißt Leiden. Wir denken in dieser Zeit an das Leiden Jesu auf seinem Weg zum Kreuz, aber auch an das Leiden vieler Menschen in unserer Welt.

Pfingsten
An Pfingsten feiern Christen die Entsendung des Heiligen Geistes und damit den Geburtstag der Kirche.

Pharisäer
Zur Zeit von Jesus gab es verschiedene religiöse Gruppen im Judentum. Eine davon waren die Pharisäer. Den Pharisäern war die Einhaltung der Gebote der Tora und aller jüdischer Gesetze sehr wichtig.

Prophet
Ein Prophet ist jemand, der von Gott berufen ist und in Gottes Auftrag spricht und handelt.

R

Rabbi
Rabbi ist ein hebräisches Wort und bedeutet Lehrer. Jesus wurde häufig mit Rabbi angeredet.

Reich Gottes
Jesus spricht immer wieder vom Reich Gottes. Er meint damit eine Welt, in der es so zugeht, wie Gott es will. Jesus selbst hat dieses Reich verkörpert.

Reformation
Reformation bedeutet Erneuerung. Damit meint man eine kirchliche Erneuerungsbewegung, die von Martin Luther angestoßen wurde und die schließlich zur Spaltung der christlichen Kirche in eine evangelische und eine katholische Kirche führte.

S

Sabbat
Sabbat bedeutet Ruhetag. Für Juden ist der siebte Tag heilig. An diesem Tag darf nicht gearbeitet werden. Der Sabbat beginnt am Freitagabend und endet am Samstagabend. Der Sonntag ist eigentlich der erste Tag der Woche und wird von den Christen besonders gefeiert, weil Jesus am ersten Tag der Woche auferstanden ist.

Schöpfung

Wenn jemand von der Schöpfung spricht, will er damit sagen, dass die Welt nicht durch Zufall entstanden ist, sondern von Gott geschaffen wurde und wir ihm dafür danken können.

Schöpfungsauftrag

In der Bibel steht, dass Gott dem Menschen den Auftrag gegeben hat, dass er die Schöpfung bebaue und bewahre. Er darf die Natur als seine Lebensgrundlage benutzen, sie aber nicht zerstören.

T

Taufe

Durch die Taufe werden Menschen in die Kirche aufgenommen. Das Wasser bei der Taufe bedeutet, dass die Getauften von ihren Sünden reingewaschen sind und dass ihnen die Sünden vergeben sind. Die Taufe ist eine Sakramentshandlung.

Tempel in Jerusalem

Der Tempel in Jerusalem war das wichtigste Heiligtum der Juden. In ihm befand sich die Bundeslade mit den Steintafeln und den Zehn Geboten. Der Tempel galt auch als der Wohnort Gottes auf Erden. Jedes Jahr am Passafest kamen die Juden nach Jerusalem, um Gott im Tempel ein Tier zu opfern, wie Gott es geboten hatte. Nach der Zerstörung des Tempels im Jahr 70 n.Chr. ist nur noch ein großer Mauerrest geblieben. An ihm beten und klagen die Juden bis heute – das Gebet ist das einzige Opfer, das man im zerstörten Tempel noch darbringen kann. Dieser Mauerrest wird Klagemauer genannt.

V

Vaterunser

Das Vaterunser ist das wichtigste Gebet des Christentums. Jesus selbst hat es seine Jünger gelehrt. In fast allen Gottesdiensten wird es laut gebetet. Alle Christen auf der ganzen Welt beten es in ihrer Sprache.

W

Wunder

Ein Wunder ist ein erstaunliches Ereignis, das durch Gottes Eingreifen erklärt wird. Im Neuen Testament gibt es etwa 30 Wundergeschichten von Jesus, in denen Menschen von Erfahrungen erzählen, die sie mit Jesus gemacht haben. Wunder sagen deshalb etwas über Jesus und das Reich Gottes aus. Sie zeigen, dass Gottes Macht auch in unserem Leben wirksam werden kann.

Z

Zehn Gebote

Nachdem das Volk Israel aus der Gefangenschaft in Ägypten befreit worden ist, steigt Mose auf den Berg Sinai. Dort bekommt er von Gott auf zwei Steintafeln die Zehn Gebote. Die Zehn Gebote sind der wichtigste Teil des Bundes, den Gott mit dem Volk Israel schließt. Sie regeln das Leben mit Gott und das Leben der Menschen untereinander. Die Zehn Gebote gelten als Grundlage des Zusammenlebens auch über Judentum und Christentum hinaus. Es gibt in der Bibel noch viele weitere Gebote.

Zeloten

Zur Zeit von Jesus gab es verschiedene religiöse Gruppen. Eine davon waren die Zeloten. Wie alle Juden hofften auch sie auf einen Befreier, den Messias. Aber sie glaubten, dass man sich die Freiheit und den Frieden mit Waffen erkämpfen muss. Von der Herrschaft der Römer wollten sie sich mit Gewalt befreien.

Kompetenz-Check

1. Erwachsen werden – Verantwortung für mein Leben

Du kannst ...
- verschiedene Phasen auf dem Weg zum Erwachsenwerden nennen (S. 8/9)
- an Beispielen unterschiedliche Stationen eines Lebensweges aufzeigen (S. 10/11)
- typische Probleme und Verhaltensweisen Jugendlicher in der Pubertät beschreiben (S. 12/13)
- unterscheiden zwischen dem Bild, das du von dir hast, und dem, das andere von dir haben, sowie zwei Möglichkeiten im Umgang mit Misserfolgen erklären (S. 14/15)
- den Umgang mit Stars und Vorbildern differenziert betrachten (S. 16/17)
- Gefahren von Süchten an Beispielen aufzeigen (S. 18/19)
- die Aussage von Jesus in der Geschichte mit der Ehebrecherin erklären und auf die Gegenwart übertragen (S. 20/21).

2. Liebe – Manchmal ganz schön kompliziert!

Du kannst ...
- vier Bedeutungen des Begriffs „Liebe“ unterscheiden (S. 24/25)
- verschiedene Vorstellungen und Erwartungen an eine feste Beziehung benennen (S. 26/27)
- die Entwicklung einer Liebesbeziehung sowie die Phasen von Liebeskummer an Beispielen erklären (S. 28/29)
- die Gefahren von Sexting an Beispielen aufzeigen (S. 30/31)
- berühmte Liebespaare aus der Bibel vorstellen (S. 32/33).

3. Konflikte – „Gleich gibt’s Krach“ – Muss das sein?

Du kannst ...
- deine Empfindungen zum Thema „Konflikte“ formulieren (S. 36/37)
- definieren, was ein Konflikt ist (S. 38/39)
- verschiedene Konfliktarten unterscheiden und diesen Konfliktarten Beispiele zuordnen (S. 40/41)
- mehrere Möglichkeiten nennen, wie man in einem Konfliktfall reagieren kann, und ein Konfliktgespräch nach vorgegebenen Regeln führen (S. 42-45).

4. Gewissen – Wie soll ich mich entscheiden?

Du kannst ...
- beschreiben, was das Gewissen ist (S. 48/49)
- darlegen, wie das Gewissen entsteht und warum es unterschiedliche Gewissen geben kann (S. 50/51)
- an Beispielen aufzeigen, was ein Gewissenskonflikt ist (S. 52/53)
- erklären, warum die Zehn Gebote, das Doppelgebot der Liebe oder die goldene Regel in Gewissenskonflikten helfen können (S. 54/55)
- die Geschichte von Jesus und Petrus auf unseren Umgang mit Schuld und Vergebung übertragen (S. 56/57).

5. Gott – Glaube verändert sich

Du kannst ...

- deine Vorstellungen von Gott artikulieren (S. 60/61)
- erklären, inwiefern der eigene Glaube von Erfahrungen abhängt (S. 62/63)
- anhand verschiedener Äußerungen darlegen, wie sich Glaube entwickeln kann (S. 64/65)
- Gottes Schöpfungsauftrag sowie Möglichkeiten der Umsetzung nennen (S. 66/67).
- darlegen, was es bedeutet, dass jeder Mensch ein Ebenbild Gottes ist (S. 68/69).

6. Propheten – Eintreten für Gerechtigkeit

Du kannst ...

- verschiedene Situationen im Blick auf Ungerechtigkeit analysieren (S. 72/73)
- die politische Lage in Israel um das Jahr 760 v. Chr. beschreiben sowie die Visionen des Propheten Amos und seine Deutung erklären (S. 74/75)
- soziale Ungerechtigkeiten in Israel um das Jahr 760 v. Chr. benennen und ihnen Anklagen des Amos zuordnen (S. 76/77)
- anhand von Beispielen ungerechte Verteilungen in der Welt von heute aufzeigen (S. 78/79)
- die Geschichte von Nabots Weinberg wiedergeben und die Ungerechtigkeit im Verhalten des Königs Ahab nachweisen (S. 80/81)
- den Gottestest Elias auf dem Berg Karmel erklären und den Ausgang bewerten (S. 82/83).

7. Jesus Christus – Das Reich Gottes wird sichtbar

Du kannst ...

- verschiedene Aussagen und Bilder zu Jesus unterscheiden und bewerten (S. 86/87)
- an einem Beispiel aufzeigen, dass Geschichten eine tiefere Bedeutung haben können (S. 88/89)
- das Gleichnis vom verlorenen Sohn in eigenen Worten zusammenfassen und darlegen, was Jesus damit sagen will (S. 90/91)
- verschiedene Deutungsmöglichkeiten für Wunder nennen (S. 92/93)
- die Geschichte von der Sturmstillung Jesu wiedergeben und erklären, inwiefern Jesus in der Angst helfen kann (S. 94/95).

8. Passion und Ostern – Jesu Sterben, Tod und Auferstehung

Du kannst ...

- verschiedene Stationen auf dem Lebensweg Jesu nennen (S. 98/99)
- begründen, warum Jesus auch Feinde hatte (S. 100/101)
- beschreiben, wie Jesus in Jerusalem eingezogen ist und was sich im Tempel ereignet hat (S. 102/103)
- die letzten 24 Stunden im Leben von Jesus im Überblick darstellen (S. 104/105)
- die Ereignisse bei der Auferstehung von Jesus in eigenen Worten wiedergeben und die Veränderung der beiden Jünger auf dem Weg nach Emmaus begründen (S. 106/107)
- erklären, was die Auferstehung Jesu für uns heute bedeuten kann (S. 108/109)
- Beispiele nennen, wie Menschen heute in der Nachfolge Jesu leben können (S. 110/111).

9. Kirche – Gute Zeiten, schlechte Zeiten

Du kannst ...

- erklären, was die Begriffe „Pfingsten“, „Paulus“, „Christenverfolgung“ und „Konstantinische Wende“ mit der Entstehung der christlichen Kirche zu tun haben (S. 116/117)
- beschreiben, wann und wie die ersten Klöster entstanden sind und wie Germanien christlich wurde (S. 118/119)
- darlegen, wie es zur Trennung in Ost- und Westkirche kam, Beispiele für Positives und Negatives in der Kirchengeschichte nennen und den Begriff „Inquisition“ erklären (S. 120/121)
- wichtige Ereignisse in der Geschichte der Kirche von 1500 bis heute erläutern (S. 122/123)
- an Beispielen darstellen, was „typisch evangelisch“ ist und was der Begriff Ökumene bedeutet (S. 124/125).

10. Martin Luther – Ein Mönch verändert die Welt

Du kannst ...

- dein Vorwissen zu Martin Luther wiedergeben (S. 128/129)
- verschiedene Meinungen zu Martin Luther vergleichen und bewerten (S. 130/131)
- Luthers Lebensweg bis zum Eintritt ins Kloster darstellen (S. 132/133)
- Luthers reformatorische Entdeckung vor dem Hintergrund seiner Glaubenszweifel erklären (S. 134/135)
- den Ablasshandel erläutern und begründen, was dieser mit Luthers Thesenanschlag an der Schlosskirche zu Wittenberg zu tun hat (S. 136/137)
- die Bedeutung des Reichtags in Worms darlegen und skizzieren, wie es mit der Reformation weiterging (S. 138/139).

11. Kirche und Diakonie – Helfen im Auftrag des Herrn

Du kannst ...

- deine Meinung zu notwendigem Handeln der Kirche darlegen und begründen (S. 142/143)
- vier Aufgaben der Kirche nennen und mit Hilfe von Beispielen erläutern (S. 144/145)
- den Begriff Diakonie erklären und den Bezug zu den sechs Werken der Barmherzigkeit aufzeigen (S. 146/147)
- verschiedene Angebote des Diakonischen Werks vorstellen und diesen Angeboten Fallbeispiele zuordnen (S. 148/149)
- unterschiedliche Erfahrungen aus Sozialpraktika auswerten und vergleichen (S. 150/151).

12. Judentum – Jüdischer Glaube und jüdisches Leben

Du kannst ...

- mit Hilfe von Symbolen, Gegenständen und Begriffen dein Vorwissen zum Judentum wiedergeben (S. 154/155)
- das Leben jüdischer Jugendlicher in Deutschland anhand von Beispielen beschreiben (S. 156/157)
- Merkmale des jüdischen Glaubens nennen und erklären (S. 158/159)
- wichtige Stationen in der Geschichte des Judentums erläutern (S. 160/161)
- anhand aktueller Beispiele die Vielseitigkeit Israels aufzeigen und begründen, warum Jerusalem für das Judentum, das Christentum und den Islam eine heilige Stadt ist (S. 162/163).

13. Islam – Mehr als Kopftuch und Ramadan

Du kannst ...

- mit Hilfe von Symbolen, Gegenständen und Begriffen dein Vorwissen zum Islam wiedergeben (S. 166/167)
- anhand von Beispielen beschreiben, wie unterschiedlich das Leben von Muslimen in Deutschland sein kann (S. 168/169)
- Regeln für einen Dialog zwischen Angehörigen unterschiedlicher Religionen anwenden (S. 168/169)
- einen Überblick über das Leben des Propheten Mohammed geben (S. 170/171)
- wichtige Merkmale des Islam nennen und erklären (S. 172/173)
- die fünf Säulen des Islam nennen und mit Hilfe von Beispielen erklären sowie zwischen Islam und Islamismus unterscheiden (S. 174/175).

14. Symbole – Mehr als man sieht

Du kannst ...

- verschiedene Symbole deuten sowie zwischen weltlichen, religiösen und christlichen Symbolen unterscheiden (S. 178/179)
- wichtige christliche Symbole erkennen und erklären (S. 180/181)
- die Symbole einer Kirche bewusst wahrnehmen und deren Bedeutung erläutern (S. 182/183)
- die symbolische Bedeutung eines Labyrinths am Beispiel des Labyrinths von Chartres aufzeigen und die Farbsymbolik der Lutherrose erklären (S. 184/185)
- religiöse Spuren im Alltag identifizieren (S. 186/187).

Textnachweis

S. 49: Text verändert nach: Heinz-Lothar Worm, Ethik an Stationen 5/6, S. 24. © Auer Verlag, AAP Lehrerfachverlage GmbH, Hamburg. – S. 95: Komisch, jetzt habe ich gerade keine Angst, aus: Inger Hermann: Halt's Maul, jetzt kommt der Segen. Kinder auf der Schattenseite des Lebens fragen nach Gott, © Calwer Verlag Stuttgart 11. Auflage, Stuttgart 2016, S. 130f. – S. 125: Vier Schritte auf dem ökumenischen Weg, aus: Gerda und Ulrich Harpath: Das Kinderbuch zur Ökumene, Verlag Sankt Michaelsbund, München 2010, S. 49.

Bildnachweis

Umschlag: Kerzen Simon Dannhauer; kleine Bilder im Uhrzeigersinn: Peter Bernik; dnaveh; Martin Bowra; Ollyy; Jacek Chabraszewski; Hintergrundfoto: gajus/alle Shutterstock.com. – S. 6f. Roland Ziehlmann/Shutterstock.com. – S. 8f. Privat. – S. 16: vlnr.: Angela Merkel: 360b/Shutterstock.com; Til Schweiger: Joachim Zimmermann/picture-alliance; Sido: Caroline Seidel, © dpa; Mark Zuckerberg: Peter da Silva, © dpa; Miley Cyrus: Liam Goodner/Shutterstock.com; Cristiano Ronaldo: picture-alliance/Pressefoto Ulmer. – S. 21: Foto © AKG-images, Berlin. – S. 30: Axel Bueckert/Shutterstock.com. – S. 31: Boudikka/Shutterstock.com. – S. 32: Abraham und Sara aus: Die große Bibel für Kinder, Text: Tanja Jeschke, Illustrationen: Marijke ten Cate; 2008, 2013 Deutsche Bibelgesellschaft, Stuttgart, © Royal Jongbloed; Jean-Baptiste Nattier: Joseph und Potiphars Weib, 1711; Foto © AKG-images, Berlin; Julius Schnorr von Carolsfeld (1794-1874): David erblickt Bathseba; Foto © AKG-images, Berlin. – S. 33: Adam und Eva aus: Leive-Bibel, © Ulrich Leive; Simson und Delila: Illustration zum 2. Akt der Oper von Camille Saint-Saëns, (1835–1921); Foto © AKG-images, Berlin; Salomo und die Königin von Saba: Unbekannter Künstler. Foto © Hartmut Assmann, Tübingen. – S. 35: Julius Schnorr von Carolsfeld (1794-1874): Joseph und Potiphars Weib; Foto © AKG-images, Berlin. – S. 36: studiostoks/Shutterstock.com. – S. 40f.: A: Dejan Lazarevic; E: Ververidis Vasilis; H: Monkey Business Images; N: Aitormmfoto/alle Shutterstock.com. – S. 42: ollyy/Shutterstock.com (Ausschnitt). – S. 47: Ribéry foult Castro; Foto: Peter Kneffel, © dpa. – S. 48: Christian Moser: Monster des Alltags: Das schlechte Gewissen, © Carlsen Verlag, Hamburg. – S. 55: Couperfield/Shutterstock.com. – S. 57: José Vela Zanetti (1913-1999): Der Apostel Petrus. © VG Bildkunst, Bonn 2017. Foto © AKG-images, Berlin. – S. 59: Christian Moser: Monster des Alltags: Das schlechte Gewissen, © Carlsen Verlag, Hamburg. – S. 61f.: Michelangelo Buonarroti (1475–1564): Die Erschaffung Adams, Deckenfresko in der Sixtinischen Kapelle, Vatikan. Foto © AKG-images, Berlin. – S. 63: GDmitry (Hintergrund); SpeedKingz (jung/alt); Denis Kuvaev (fröhliche Mädchen); Elena Elisseeva (traurige Mädchen); Levente Gyori (Händenetz); Antlio (alte/junge Hände); alle Shutterstock.com. – S. 65: Foto: Sergii Korshun/Shutterstock.com. – S. 66: Patrick Poendl/Shutterstock.com (Hühnertransport); Svitlana Andrieianova/Shutterstock.com (Gänseblümchen); Celiafoto/Shutterstock.com (Hundezwinger); Volker Rauch/Shutterstock.com (Nestbox). – S. 67: Geo-grafika/Shutterstock.com; condruzmf/Shutterstock.com. – S. 68: wrangler (Trinker); Thaweekeirt (Asiatin); VaLiza (Junge); belushi (Rollstuhlfahrer); Rafal Cichawa (Afrikanerin); Egyptian Studio (Ägypter)/alle Shutterstock.com. – S. 69: Foto © Werner Kuhnle, Freiberg. – S. 71: Blend Images/Shutterstock.com; Alexandra Kaufman/Shutterstock.com; picture-alliance/dpa. – S. 72: Der Prophet Amos, Miniatur, 14. Jh. Foto © AKG-images, Berlin/Fototeca Gilardi; Foto: Lisa S./Shutterstock.com. – S. 73: monotoomono/Shutterstock.com; rkl_foto/Shutterstock.com. – S. 77: Gustav Doré: Illustration aus einer Bibelausgabe von 1888. Foto: Nicku/Shutterstock.com. – S. 85: Lucas Cranach der Jüngere: Elias und die Baalspriester (1545), Sächsische Kunstsammlung, Dresden. – S. 86: Bildcollage von Rainer E. Rühl, © Calwer Verlag, Stuttgart. – S. 87: A: Schwarze Madonna in Chartres. Foto Elena Dijour/Shutterstock.com; B: Film „Die Passion Christi" von Mel Gibson (2004). Foto picture-alliance/KPA; C: Italienisches Altarbild (16. Jh.). Foto AKG-images, Berlin; D: Foto Freedom Studio/Shutterstock.com (Ausschnitt); E: Vorlage Pure Sight lab/Shutterstock.com; F: Film „Jesus" (1979). Foto picture-alliance/Everett collection; G: Paul Gauguin: Der gelbe Christus (1889). – S. 90: Rembrandt van Rijn: Die Rückkehr des verlorenen Sohnes (1666-1669). Foto © AKG-images, Berlin. – S. 92: Foto © AKG-images, Berlin. – S. 94: Tatiana Gladskikh/Shutterstock.com. – S. 95: Hintergrundgrafik: Frederic Bahr. – S. 96f.: Gino Santa Maria; askib; Kirchengemälde aus Prcanj/Montenegro. Foto: Robert Hoetink; Zvonimir Atletic/alle Shutterstock.com. – S. 98f: Großes Bild: Livia Scholz-Breznay: Menschen unter dem Kreuz, © Calwer Verlag Stuttgart. – S. 100: Tidarat Tiemjai/Shutterstock.com. – S. 102: Fotos Roland Breitschuh. – S. 106: Thoom/Shutterstock.com. – S. 108: Picture-alliance/dpa. – S. 110f.: Fotos khorzhevska/fotolia.com; olgavolodina/fotolia.com; first flight/fotolia.com; epd-Bild; alephcomo1/fotolia.com. – S. 112f.: Zeichnungen: Angelica Guckes, © Calwer Verlag Stuttgart. – S. 114: Stadtbild von Melle. Foto: Michael Woll. – S. 125: Karikatur: © Nel – Ioan Cozacu, Erfurt. – S. 127: Daumen: Aha-Soft/Shutterstock.com. – S. 128: 800 kleine Lutherstatuen des Aktionskünstlers Ottmar Hörl auf dem Marktplatz in Wittenberg. Foto: picture-alliance/dpa. – S. 130: Umschläge der Lutherbibel in der Revision von 2017: © Deutsche Bibelgesellschaft, Stuttgart. – S. 131: Lutherstatue: Foto Jürgen Moers, Dorsten. – S. 134: Lucas Cranach der Ältere: Portrait Martin Luthers, 1520. – S. 138f.: Stiche aus dem 19. Jh., aus: Dieter Petri/Jörg Thierfelder: Grundkurs Martin Luther und die Reformation, Calwer Verlag, Stuttgart 2015. – S. 141: Fotos © Tobias Schneider, Obersulm-Willsbach. Mit freundlicher Genehmigung von Playmobil. – S. 142: Manfred Bofinger: Gemeinsam Wege finden. © Diakonie Deutschland, Berlin. – S. 146f.: Julius Schnorr von Carolsfeld: Der barmherzige Samariter. Foto © AKG-images, Berlin; Zeichnungen: Werner „Tiki" Küstenmacher; Logo: www.diakonie.de/kronenkreuz. – S. 148f.: Peter Bauer: Trau dich!; Manfred Bofinger: Die Perspektive wechseln, beide © Diakonie Deutschland, Berlin. – S. 150: epd-Bild/Reinhard Elbracht; Oksana Shufrych/Shutterstock.com; Photographee.eu/Shutterstock.com; martin bowra/Shutterstock.com. – S. 153: Werner „Tiki" Küstenmacher; Foto: epd-Bild/Lars Kaletta. – S. 154: Foto: www.rentajew.de. – S. 155: Foto © Evangelischer Schuldekan Heidenheim. – S. 156: sylv1rob1/Schutterstock.com. – S. 157: dnaveh; Chameleonseye/beide Shutterstock.com. – S. 158: Donna Ellen Coleman/Shutterstock.com. – S. 161: David Ben-Gurion verliest im Mai 1948 die Unabhängigkeitserklärung des Staates Israel. Foto: picture-alliance/AP Photo. – S. 162f.: dnaveh/Shutterstock.com; alle anderen: Privat. – S. 165: Foto: Privat. – S. 166: © Yasuyoshi Chiba/Staff. – S. 167: Foto © Evangelischer Schuldekan Heidenheim. –S. 168: AJR_photo; lightunteralp; Focus and Blur; Zurijeta (2x)/alle Shutterstock.com. – S. 169: beide Fotos picture-alliance/dpa. – S. 171: Blick auf Mekka: Sapsiwai/Shutterstock.com; Berg Hira: Nufa Qaiesz/Shutterstock.com; Mohammed wird vom Erzengel Gabriel auserwählt, Miniatur, 16. Jh. Foto © AKG-images/Bildarchiv Steffens. – S. 172: Zurijeta/Shutterstock.com; wikipedia. – S. 174f.: Grafik: Roman Shcherbakov/Shutterstock.com; picture-alliance/dpa. – S. 177: Monkey Business Images/Shutterstock.com. – S.178: vlnr: editionahoi.de; BOLDG/Shutterstock.com; ChameleonsEye; pola36; lazyllama; Dean Bertoncelj; studio Barcelona; Varvara Gorbash/alle Shutterstock.com. – S. 179: vlnr: picture-alliance/dpa; Lisa-Lisa; ilolab; FotograFFF; Astrid Lenz; fridhelm; Zoart Studio; Christos Georghiou; kulvinder singh/alle Shutterstock.com. – S. 180: Regenbogen: RFV/Shutterstock.com; Fisch: Tim Large/Shutterstock.com; Gipfelkreuz: outdoorpixel/Shutterstock.com; Sternsinger: epd-Bild/Rainer Oettel; Friedenstaube: Wikimedia; Osterlamm: epd-Bild/Steffen Schellhorn. – S. 184: Schema des Fußbodenlabyrinths von Chartres, Abbildung: EcOasis/Shutterstock.com. – S. 185: Lutherrose, Foto: Peter Hermes Furian/Shutterstock.com. – S. 186: © yd. yourdelivery GmbH, Berlin; © fritz-konsumgüter GmbH, Hamburg, Foto: www.spiesser-alfons.de. – S. 189: picture-alliance/dpa; ilolab/Shutterstock.com; Varvara Corbash/Shutterstock.com; Peter Hermes Furian/Shutterstock.com; © yd. yourdelivery GmbH, Berlin.